住房和城乡建设部"十四五"规划教材
高等职业教育本科市政工程类专业系列教材

市政道路桥梁检测技术

丁王飞 李和志 高彦芝 主编

梁 伟 主审

中国建筑工业出版社

图书在版编目（CIP）数据

市政道路桥梁检测技术 / 丁王飞，李和志，高彦芝主编. — 北京：中国建筑工业出版社，2024.8.
（住房和城乡建设部"十四五"规划教材　高等职业教育本科市政工程类专业系列教材）. — ISBN 978-7-112-29978-2

Ⅰ. U41；U446

中国国家版本馆 CIP 数据核字第 20241BB641 号

本教材系统介绍了市政道路桥梁检测技术的内容和要点。全书共分三篇，第一篇是概述，主要内容包括：试验检测的目的和意义、试验检测的内容和依据、试验检测数据处理。第二篇是路基路面试验检测，主要内容包括：现场测试随机选点及选样、几何尺寸检测、压实度检测、平整度检测、土基现场 CBR 值测试和回弹模量检测、弯沉检测、路面抗滑性能检测、渗水、车辙、错台检测。第三篇是桥梁工程试验检测，主要内容包括：桥梁地基检测、混凝土灌注桩检测、结构混凝土强度检测、桥梁荷载试验与承载力评定、构件材质状况无损检测。

本教材既可作为市政工程技术、道路与桥梁工程技术、道路工程检测技术、工程监理、土木工程检测技术、道路养护与管理等专业教材，也可作为交通土建类相关专业的工程技术和管理人员的参考用书。

为便于教学，作者特别制作了配套课件，任课教师可以通过如下途径申请：
1. 邮箱：jckj@cabp.com.cn，12220278@qq.com
2. 电话：(010) 58337285
3. 建工书院 http://edu.cabplink.com

责任编辑：吕　娜　王美玲
责任校对：赵　力

住房和城乡建设部"十四五"规划教材
高等职业教育本科市政工程类专业系列教材
市政道路桥梁检测技术
丁王飞　李和志　高彦芝　主编
梁　伟　主审
*
中国建筑工业出版社出版、发行（北京海淀三里河路9号）
各地新华书店、建筑书店经销
北京红光制版公司制版
北京云浩印刷有限责任公司印刷
*
开本：787毫米×1092毫米　1/16　印张：15　字数：354千字
2024年8月第一版　　2024年8月第一次印刷
定价：48.00元（附数字资源及赠教师课件）
ISBN 978-7-112-29978-2
（43107）

版权所有　翻印必究
如有内容及印装质量问题，请与本社读者服务中心联系
电话：(010) 58337283　QQ：2885381756
（地址：北京海淀三里河路9号中国建筑工业出版社604室　邮政编码：100037）

出 版 说 明

党和国家高度重视教材建设。2016年，中办国办印发了《关于加强和改进新形势下大中小学教材建设的意见》，提出要健全国家教材制度。2019年12月，教育部牵头制定了《普通高等学校教材管理办法》和《职业院校教材管理办法》，旨在全面加强党的领导，切实提高教材建设的科学化水平，打造精品教材。住房和城乡建设部历来重视土建类学科专业教材建设，从"九五"开始组织部级规划教材立项工作，经过近30年的不断建设，规划教材提升了住房和城乡建设行业教材质量和认可度，出版了一系列精品教材，有效促进了行业部门引导专业教育，推动了行业高质量发展。

为进一步加强高等教育、职业教育住房和城乡建设领域学科专业教材建设工作，提高住房和城乡建设行业人才培养质量，2020年12月，住房和城乡建设部办公厅印发《关于申报高等教育职业教育住房和城乡建设领域学科专业"十四五"规划教材的通知》（建办人函〔2020〕656号），开展了住房和城乡建设部"十四五"规划教材选题的申报工作。经过专家评审和部人事司审核，512项选题列入住房和城乡建设领域学科专业"十四五"规划教材（简称规划教材）。2021年9月，住房和城乡建设部印发了《高等教育职业教育住房和城乡建设领域学科专业"十四五"规划教材选题的通知》（建人函〔2021〕36号）。为做好"十四五"规划教材的编写、审核、出版等工作，《通知》要求：（1）规划教材的编著者应依据《住房和城乡建设领域学科专业"十四五"规划教材申请书》（简称《申请书》）中的立项目标、申报依据、工作安排及进度，按时编写出高质量的教材；（2）规划教材编著者所在单位应履行《申请书》中的学校保证计划实施的主要条件，支持编著者按计划完成书稿编写工作；（3）高等学校土建类专业课程教材与教学资源专家委员会、全国住房和城乡建设职业教育教学指导委员会、住房和城乡建设部中等职业教育专业指导委员会应做好规划教材的指导、协调和审稿等工作，保证编写质量；（4）规划教材出版单位应积极配合，做好编辑、出版、发行等工作；（5）规划教材封面和书脊应标注"住房和城乡建设部'十四五'规划教材"字样和统一标识；（6）规划教材应在"十四五"期间完成出版，逾期不能完成的，不再作为《住房和城乡建设领域学科专业"十四五"规划教材》。

住房和城乡建设领域学科专业"十四五"规划教材的特点，一是重点以修订教育部、住房和城乡建设部"十二五""十三五"规划教材为主；二是严格按照专业标准规范要求编写，体现新发展理念；三是系列教材具有明显特点，满足不同层次和类型的学校专业教学要求；四是配备了数字资源，适应现代化教学的要求。规划教材的出版凝聚了作者、主审及编辑的心血，得到了有关院校、出版单位的大力支持，教材建设管理过程有严格保障。希望广大院校及各专业师生在选用、使用过程中，对规划教材的编写、出版质量进行反馈，以促进规划教材建设质量不断提高。

住房和城乡建设部"十四五"规划教材办公室

2021 年 11 月

前 言

市政道路桥梁检测技术是道桥工程技术人员必须掌握的基本技能，尤其是在我国道路桥梁设施建设步伐不断加快的今天，加强对道路桥梁的检测更显重要。

本教材共三篇十四章，第一篇是概述，第二篇是路基路面试验检测，第三篇是桥梁工程试验检测。教材在编写过程中力求将检测技术的概念通过简明的语言进行阐述，同时结合最新行业规范和行业实际特点来组织有关章节的内容，也能够给在相应岗位工作的工程检测及管理人员以帮助。

教学单元1~3由重庆建筑工程职业学院丁王飞编写，教学单元4由湖南城建职业技术学院周文芳编写，教学单元5由湖南城建职业技术学院洪阳编写，教学单元6由湖南城建职业技术学院周密编写，教学单元7、8、14由四川建筑职业技术学院高彦芝编写，教学单元9由四川建筑职业技术学院高彦芝、杨丹编写，教学单元10、11由重庆建筑工程职业学院蒋云锋编写，教学单元12由湖南城建职业技术学院李和志编写，教学单元13由湖南城建职业技术学院谭旭编写。全书由于洪江、曾杰、杨丹统稿。丁王飞、李和志、高彦芝担任主编，蒋云锋、谭旭担任副主编，广西建设职业技术学院梁伟担任主审。

本教材在编写过程中参考了许多专家的著作及文献资料，在此一并表示诚挚的谢意。

由于编者水平有限，教材中难免有错误和不完善之处，敬请读者批评指正。

编 者

2024年5月

目 录

第一篇 概 述

教学单元 1　概述 ··· 3
　1.1　试验检测的目的和意义 ·· 3
　1.2　试验检测的内容和依据 ·· 4
　1.3　试验检测数据处理 ·· 5
　【复习思考】 ··· 12

第二篇　路基路面试验检测

教学单元 2　现场测试随机选点及选样 ·· 15
　2.1　路基路面现场测试随机选点 ··· 15
　2.2　现场取样 ··· 22
　【复习思考】 ··· 24

教学单元 3　几何尺寸检测 ··· 25
　3.1　概述 ··· 25
　3.2　路基路面几何尺寸检测 ··· 25
　3.3　挖坑法及钻芯法测定路面厚度 ·· 29
　3.4　短脉冲雷达测定路面厚度 ·· 33
　【复习思考】 ··· 36

教学单元 4　压实度检测 ·· 37
　4.1　概述 ··· 37
　4.2　土的击实试验 ··· 37
　4.3　室内 CBR 试验 ··· 41
　4.4　挖坑灌砂法测定压实度 ··· 45
　4.5　环刀法测定压实度 ··· 49
　4.6　钻芯法测定沥青面层压实度 ··· 52
　4.7　核子密湿度仪测定压实度 ·· 54
　4.8　无核密度仪测定压实度 ··· 57
　【复习思考】 ··· 59

教学单元 5　平整度检测 ·· 60
　5.1　概述 ··· 60
　5.2　3m 直尺测定平整度 ··· 62

5.3	连续式平整度仪测定平整度	63
5.4	车载式颠簸累积仪测定平整度	65
5.5	车载式激光平整度仪测定平整度	68
	【复习思考】	70

教学单元 6　土基现场 CBR 值测试和回弹模量检测　71

6.1	概述	71
6.2	土基现场 CBR 值测试	72
6.3	承载板测定土基回弹模量	74
6.4	贝克曼梁测定路基路面回弹模量	77
6.5	动力锥贯入仪测定路基路面回弹模量	78
6.6	落球仪测定土基回弹模量	81
	【复习思考】	83

教学单元 7　弯沉检测　84

7.1	弯沉检测概述	84
7.2	贝克曼梁测定路基路面回弹弯沉	85
7.3	自动弯沉仪测试路面弯沉方法	89
7.4	落锤式弯沉仪测试弯沉方法	92
7.5	激光式高速路面弯沉测定仪测试路面弯沉	94
	【复习思考】	97

教学单元 8　路面抗滑性能检测　98

8.1	路面抗滑性能检测概述	99
8.2	手工铺砂法测定路面构造深度	99
8.3	电动铺砂仪测试路面构造深度	101
8.4	车载式激光构造深度仪测定路面构造深度	103
8.5	摆式仪测定路面摩擦系数	104
8.6	数字式摆式仪测试路面摩擦系数	107
8.7	单轮式横向力系数测试系统测定路面摩擦系数	109
	【复习思考】	112

教学单元 9　渗水、车辙、错台检测　113

9.1	沥青路面渗水系数测试	113
9.2	沥青路面车辙测试	116
9.3	路面错台测试	120
	【复习思考】	121

第三篇　桥梁工程试验检测

教学单元 10　桥涵地基检测　125

| 10.1 | 概述 | 125 |
| 10.2 | 动力触探确定地基承载力 | 126 |

10.3　平板载荷试验确定地基承载力 ……………………………………………… 129
　　10.4　规范法确定地基承载力 ……………………………………………………… 133
　　【复习思考】 ………………………………………………………………………… 143

教学单元 11　混凝土灌注桩检测　144
　　11.1　概述 …………………………………………………………………………… 144
　　11.2　成孔质量检测 ………………………………………………………………… 144
　　11.3　桩身完整性检测 ……………………………………………………………… 147
　　11.4　基桩承载力检测 ……………………………………………………………… 150
　　【复习思考】 ………………………………………………………………………… 155

教学单元 12　结构混凝土强度检测　156
　　12.1　概述 …………………………………………………………………………… 156
　　12.2　回弹法检测结构混凝土强度 ………………………………………………… 157
　　12.3　超声回弹综合法检测结构混凝土强度 ……………………………………… 165
　　12.4　钻芯法检测结构混凝土强度 ………………………………………………… 171
　　【复习思考】 ………………………………………………………………………… 176

教学单元 13　桥梁荷载试验与承载力评定　177
　　13.1　概述 …………………………………………………………………………… 177
　　13.2　桥梁静载试验 ………………………………………………………………… 178
　　13.3　桥梁动载试验 ………………………………………………………………… 192
　　13.4　桥梁实际承载能力评定 ……………………………………………………… 199
　　【复习思考】 ………………………………………………………………………… 203

教学单元 14　构件材质状况无损检测　204
　　14.1　无损检测概述 ………………………………………………………………… 205
　　14.2　钢筋锈蚀电位的检测与判定 ………………………………………………… 205
　　14.3　混凝土碳化深度的检测与评定 ……………………………………………… 209
　　14.4　混凝土结构厚度检测 ………………………………………………………… 211
　　14.5　混凝土中钢筋分布及保护层厚度的检测 …………………………………… 214
　　14.6　混凝土结构内部缺陷的检测 ………………………………………………… 217
　　14.7　混凝土的裂缝检测 …………………………………………………………… 225
　　【复习思考】 ………………………………………………………………………… 230

参考文献 …………………………………………………………………………………… 231

#　第一篇　概　述

第一章
緒論

教学单元 1 概 述

【教学目标】
了解市政道路桥梁工程试验检测工作的目的和意义；熟悉试验检测人员应具备的基本素质要求；熟悉市政道路桥梁工程试验检测工作的主要内容、方法和依据；能够对给定试验数据进行修约、运算等相关处理。

1.1 试验检测的目的和意义

1. 检测目的

市政道路桥梁工程检测是指从工程的施工准备直至竣工验收和工程缺陷责任期的全过程中，根据技术标准、有关规程、规范设计和施工技术要求对各种原材料、构配件、成品、半成品，以及各单项工程、隐蔽工程、各个部位逐项进行的工程质量检查中，由试验检测人员使用一定的仪器设备，对目的物进行测试检测，采集有关质量指标或数据的活动，其目的如下：

（1）评价市政道路桥梁的总体工作状况和质量状态。

（2）评估市政道路桥梁的实际承载能力及安全运营状况。

（3）检查市政道路桥梁是否存在重大安全隐患，若存在则提出相应的加固方案及建议以排除桥梁的安全隐患。

（4）对拟检测市政道路桥梁的剩余寿命和耐久性进行研究。

（5）为工程的运营、养护和维修提供必要的参考资料。

2. 检测意义

市政道路桥梁工程检测工作是工程质量管理中的一个重要组成部分，同时也是各类工程质量控制评定验收的一个主要环节，其重要意义主要体现在以下几个方面：

（1）便于充分利用当地出产的材料（如建设地点的砂石、填料等）。通过工程检测确定上述材料是否满足施工技术规定的要求，有利于就地取材，降低工程造价。

（2）有利于推广新技术、新工艺和材料的应用。及时有效地对某一新材料、新技术、新工艺进行检测，以鉴别其可行性、适用性、有效性、先进性，从而为工程施工积累经验，这对于推动施工技术进步，提高工程进度、质量等起到积极的作用。

（3）有利于合理地控制并科学地评价施工质量。一项工程质量的好坏包括施工过程中的质量控制和竣工后的评定验收，试验检测无疑是一种科学有效的方法和手段。

（4）对于使用中的各类工程、建筑物，随着在役时间的推移，不可避免地出现老化和性能低下的现象，通过相应的试验检测可以对其性能进行合理的评估，从而在保障安全的同时，为养护加固提供依据。

3. 检测人员要求

随着检测和试验手段的不断丰富和完善，特别是现场检测涉及交叉作业，影响因素众多，因此要求相关试验检测人员应具备坚实的理论基础、丰富的实践经验和灵活的现场应变能力。一般而言，对试验检测人员的要求如下：

（1）检测人员应熟悉检测任务、内容、项目，合理选择检测仪器，熟悉仪器的性能；使用精密、贵重、大型检测仪器设备者，应经过培训，考核合格，取得操作证书后方可上岗操作；会进行日常养护和一般或常规仪器的检验与校正。

（2）检测人员应掌握与所检测项目相关的技术标准，了解本领域国内外检测技术、检测仪器的现状及发展方向，并具有学习与应用国内外最新技术进行检测的能力。

（3）检测人员应能正确如实地填写原始记录。原始记录不得用铅笔填写，必须有检测人员、计算和校核人员的签名。原始记录如确需更改，应在作废数据上画两条水平线，并将正确数据填在上方，盖更改人的印章。原始记录保管期不得少于两年。检测结果必须由在本领域具有五年以上工作经验者校核。校核者必须在检测记录和报告中签字，以示负责。

（4）检测人员应了解计量法常识及国际单位制基本内容，能运用数理统计方面的知识对检测结果进行数据处理。

（5）检测人员要坚持原则、忠于职守、作风正派、秉公办事，要以数据说话，不受行政或其他方面的影响。

1.2　试验检测的内容和依据

1. 试验检测内容

（1）技术标准、规定要求、检测方法、操作规程等。

（2）抽样方法及样本大小。

（3）检测项目、被测参数大小及允许变化范围。

（4）检测人员组成和检测系统框图。

（5）对检测仪器的检查标定项目和结果。

（6）对检测仪器和样品或试件的基本要求。

（7）对环境条件的检查，即从保证计量检测结果可靠角度出发，运用允许变化范围的规定。

（8）在检测过程中发生异常现象的处理办法。

（9）在检测过程中发生意外事故的处理办法。

（10）检测结果计算整理分析方法。

2. 试验检测的方法

（1）抽样方法。确定样本大小后，一般由委托试验检测单位提供编号进行随机抽样。原则上抽样人不得与产品直接见面，样本应在生产单位已经检测合格的基础上抽取。特殊情况下，也允许在生产场所已经检测合格的产品中抽取。

抽样前，不得事先通知被检产品单位；抽样结束后，样品应立即封存，连同出厂检测合格证一同送往试验检测地点。

（2）样本大小的确定。凡产品技术标准中已规定样本大小的，按规定标准执行，凡产品技术标准中未明确规定样本大小的，按试验检测规程或相应技术标准中规定的方法确定，也可按百分比抽样，但抽样基数不得小于样本的5倍；在生产场所抽样时，当天产量不小于均衡生产时的基本日均产量；在使用抽样时，抽样基数不得小于样本的2倍。

（3）样本的保存。样本确定后，抽样人应以适当的方式封存，由样本所在部门以适当的方式运往检测部门。运输方式应以不损坏样本的外观及性能为标准要求。样品箱、样品桶、样品的包装也应满足上述要求。

（4）样本登记表的内容。抽样结束后，由抽样人填写样品登记表，登记表应包括以下内容：产品生产单位、产品名称、产品型号、样品中单件产品编号及封样编号；抽样依据、样本大小、抽样基数、抽样地点、运输方式、抽样日期、抽样人姓名、封样人姓名等。

3. 试验检测的依据

试验检测机构的依据是设计文件、技术标准及试验检测规程，特殊情况下也可由用户提供检测要求。目前，国家试验检测常用的规程、规范和标准有：

（1）《公路土工试验规程》JTG 3430—2020。
（2）《公路工程沥青及沥青混合料试验规程》JTG E20—2011。
（3）《公路工程水泥及水泥混凝土试验规程》JTG 3420—2020。
（4）《城镇道路工程施工与质量验收规范》CJJ 1—2008。
（5）《城市桥梁工程施工与质量验收规范》CJJ 2—2008。

1-1 概述

1.3　试验检测数据处理

1. 误差

由于实验方法和实验设备的不完善，周围环境的影响，以及受人们认识能力所限等，测量和实验所得数据和被测量的真值之间，不可避免地存在着差异，这在数值上即表现为误差。随着科学技术的日益发展和人们认识水平的不断提高，虽可将误差控制得愈来愈小，但终究不能完全消除它。大量实践证明误差存在的必然性和普遍性。为了充分认识并进而减小或消除误差，必须对测量过程和科学实验中始终存在着的误差进行研究。

（1）误差的定义及表示法

所谓误差就是测得值与被测量的真值之间的差，可用下式表示：

$$误差 = 测得值 - 真值 \tag{1-1}$$

例如在长度计算测试中，测某一尺寸的误差公式具体形式为

$$误差 = 测得尺寸 - 真实尺寸 \tag{1-2}$$

测量误差可用绝对误差表示，也可用相对误差表示。

1) 绝对误差

某测量值的测得值和真值之差为绝对误差,通常简称为误差,即

$$\text{绝对误差} = \text{测得值} - \text{真值} \tag{1-3}$$

由式(1-3)知,绝对误差可能是正值或负值。

所谓真值是指在观测个量时,该量本身所具有的真实大小,量的真值是一个理想的概念,一般是不知道的,但在某些特定情况下,真值又是可知的。例如,三角形三个内角之和为180°;一个整圆周角为360°;按定义规定的国际千克基准的值可认为真值是1kg等。为了使用上的需要,在实际观测中,常用被测值的实际值来代替真值,而实际值的定义是满足规定精确度并用来代替真值使用的量值。例如,在检定工作中,把高一等级精度的标准所测得的量值称为实际值。如用二等标准活塞压力计测量某压力,测得值为 9000.2N/cm²,若该压力用高一等级的精确方法测得值为 9000.5N/cm²,则后者可视为实际值,此时二等标准活塞压力计的测量误差为 -0.3N/cm²。

在实际学习、工作中,经常使用修正值。为消除系统误差用代数法加到测量结果上的值称为修正值。将测得值加上修正值后可得近似的真值,即

$$\text{真值} \approx \text{测得值} + \text{修正值} \tag{1-4}$$

由此得

$$\text{修正值} = \text{真值} - \text{测得值} \tag{1-5}$$

修正值与误差值的大小相等而符号相反,测得值加修正值后可以消除该误差的影响。但必须注意,一般情况下难以得到真值,因为修正值本身也有误差,修正后只能得到较测得值更为准确的结果。

2) 相对误差

绝对误差与被测量的真值之比值称为相对误差。因测得值与真值接近,故也可近似用绝对误差与测得值之比值作为相对误差:

$$\text{相对误差} = \frac{\text{绝对误差}}{\text{真值}} \approx \frac{\text{绝对误差}}{\text{测得值}} \tag{1-6}$$

由于绝对误差可能为正值或负值,因此相对误差也可能为正值或负值。

相对误差是无名数,通常以百分数(%)来表示。例如,用水银温度计测得某一温度为 20.3℃,该温度用高一等级的温度计测得值为 20.2℃,因后者精度高,故可认为 20.2℃接近真实温度,而水银温度计测量的绝对误差为 0.1℃,其相对误差为

$$\frac{0.1}{20.2} \approx \frac{0.1}{20.3} \approx 0.5\%$$

对于相同的被测量,绝对误差可以评定其测量精度的高低,但对于不同的被测量以及不同的物理量,绝对误差就难以评定其测量精度的高低,而采用相对误差来评定较为确切。

例如,用两种方法来测量 $L_1=100$mm 的尺寸,其测量误差分别为 $\delta_1 = \pm 10\mu m$,$\delta_2 = \pm 8\mu m$,根据绝对误差大小,可知后者的测量精度高。但若用第三种方法测量 $L_2=80$mm 的尺寸,其测量误差为 $\delta_3 = \pm 7\mu m$,此时用绝对误差就难以评定它与前两种方法精度的高低,必须采用相对误差来评定。

第一种方法的相对误差为：

$$\frac{\delta_1}{L_1} = \pm \frac{10\mu m}{100mm} = \pm \frac{10}{100000} = \pm 0.01\%$$

第二种方法的相对误差为：

$$\frac{\delta_2}{L_2} = \pm \frac{8\mu m}{100mm} = \pm \frac{8}{100000} = \pm 0.008\%$$

第三种方法的相对误差为：

$$\frac{\delta_3}{L_3} = \pm \frac{7\mu m}{80mm} = \pm \frac{7}{80000} = \pm 0.009\%$$

由此可知，第一种方法精度最低，第二种方法精度最高。

3) 引用误差

所谓引用误差指的是一种简化和实用方便的仪器仪表示值的相对误差，它是以仪器仪表某一刻度点的示值误差为分子，测量范围上限值或全量程为分母，所得的比值称为引用误差，即

$$引用误差 = \frac{示值误差}{测量范围上限} \tag{1-7}$$

例如，测量范围上限为 19600N 的工作测力计（拉力表）作用力为 14778.4N，则此测力计在该刻度点的引用误差为：

$$\frac{14700N - 14778.4N}{19600N} = \frac{-78.4}{19600} = -0.4\%$$

在仪器全量程范围内有多个刻度点，每个刻度都有相应的引用误差，其中绝对值最大的引用误差称为仪器的最大引用误差。

【例 1-1】某台标称示值范围为 0～150V 的电压表（即满量程为 150V），在示值为 100V 处。用标准电压表检定得到的电压表实际示值为 99.4V，求使用该电压表在测得示值为 100V 时的绝对误差、相对误差和引用误差。

由式（1-3）、式（1-6）、式（1-7），可得该电压表在 100V 处的

绝对误差 = 100V − 99.4V = 0.6V

相对误差 = $\frac{0.6V}{99.4V} \times 100\% \approx \frac{0.6V}{100V} \times 100\% = 0.6\%$

引用误差 = $\frac{100V - 99.4V}{150V} \times 100\% = 0.4\%$

(2) 误差来源

在测量过程中，误差产生的原因可归纳为以下几个方面。

1) 测量装置误差

① 标准量具误差

以固定形式复现标准量值的器具，如氪 86 灯管、标准量块、标准线纹尺、标准电池、标准电阻、标准砝码等，它们本身体现的量值，不可避免地都含有误差。

② 仪器误差

凡用来直接或间接将被测量和已知量进行比较的器具设备，称为仪器或仪表，如阿贝比较仪、天平等比较仪器，压力表、温度计等指示仪表，它们本身都具有误差。

③ 附件误差

仪器的附件及附属工具，如测长仪的标准环规、千分尺的调整量棒等的误差，也会引起测量误差。

2）环境误差

由于各种环境因素与规定的标准状态不一致而引起的测量装置和被测量本身的变化所造成的误差，如温度、湿度、气压（引起空气各部分的扰动）、振动（外界条件及测量人员引起的振动）、照明（引起视差）、重力加速度、电磁场等所引起的误差。通常仪器仪表在规定的正常工作条件所具有的误差称为基本误差，而超出此条件时所增加的误差称为附加误差。

3）方法误差

由于测量方法不完善所引起的误差，如采用近似的测量方法而造成的误差。例如，用钢卷尺测量大轴的圆周长 s，再通过计算求出大轴的直径 $d=s/\pi$，因近似数 π 取值的不同，将会引起误差。

4）人员误差

由于测量者受分辨能力的限制，因工作疲劳引起的视觉器官的生理变化，固有习惯引起的读数误差，以及精神上的因素产生的一时疏忽等所引起的误差。

总之，在计算测算结果的精度时，对上述四个方面的误差来源，必须进行全面的分析，力求不遗漏、不重复，特别要注意对误差影响较大的那些因素。

（3）误差分类

按照误差的特点与性质，误差可分为系统误差、随机误差和粗大误差三类。

1）系统误差

在同一条件下，多次测量同一量值时，绝对值和符号保持不变，或在条件改变时，按一定规律变化的误差称为系统误差。例如，标准量值的不准确、仪器刻度的不准确而引起的误差。

系统误差又可按下列方法分类。

① 按对误差掌握的程度分

a. 已定系统误差，是指误差绝对值和符号已经确定的系统误差。

b. 未定系统误差，是指误差绝对值和符号未能确定的系统误差，但通常可估计出误差范围。

② 按误差出现的规律分

a. 不变系统误差，是指误差绝对值和符号固定的系统误差。

b. 变化系统误差，是指误差绝对值和符号变化的系统误差。按其变化规律，又可分为线性系统误差、周期性系统误差和复杂规律系统误差等。

2）随机误差

在同一测量条件下，多次测量同一量值时，绝对值和符号以不可预定方式变化的误差称为随机误差。例如，仪器仪表中传动部件的间隙和摩擦、连接件的弹性变形等引起的示值不稳定。

3) 粗大误差

超出在规定条件下预期的误差称为粗大误差，或称"寄生"误差。此误差值较大，明显歪曲测量结果，如测量时对错了标志、读错或记错了数、使用有缺陷的仪器以及在测量时因操作不细心而引起的过失性误差等。

上面虽将误差分为三类，但必须注意各类误差之间在一定条件下可以相互转化。对某项具体误差，在此条件下为系统误差，而在另一条件下可为随机误差，反之亦然。如按规定基本尺寸制造的量块，存在着制造误差。对某一块量块的制造误差是确定数值，可认为是系统误差；但对一批量块而言，制造误差是变化的，又称为随机误差。在使用某一量块时，没有检定出该量块的尺寸偏差，而按基本尺寸使用，则制造误差属随机误差；若检定出量块的尺寸偏差，按实际尺寸使用，则制造误差属系统误差。掌握误差转化的特点，可将系统误差转化为随机误差。用数据统计处理方法减小误差的影响；或将随机误差转化为系统误差，用修正方法减小其影响。

总之，系统误差和随机误差之间并不存在绝对的界限。随着对误差性质认识的深化和测试技术的发展，有可能把过去作为随机误差的某些误差分离出来作为系统误差处理，或把某些系统误差当作随机误差来处理。

2. 精度

反映测量结果与真值接近程度的量，通常称为精度，它与误差的大小相对应，因此可用误差大小来表示精度的高低，误差小则精度高，误差大则精度低。

精度可分为：

（1）准确度：反映测量结果中系统误差的影响程度。

（2）精密度：反映测量结果中随机误差的影响程度。

（3）精确度：反映测量结果中系统误差和随机误差综合的影响程度，其定量特征可用测量的不确定度（或极限误差）来表示。

精度在数量上有时可用相对误差来表示，如相对误差为 0.01%，可笼统说其精度为 10^{-4}，若纯属随机误差引起，则说其精密度为 10^{-4}，若是由系统误差与随机误差共同引起，则说其精确度为 10^{-4}。

对于具体的测量，精密度高的准确度不一定高，准确度高的精密度也不一定高，但精确度高，则精密度与准确度都高。

3. 有效数字与数据运算

在测量结果和数据运算中，确定用几位数字来表示测量或数据运算的结果，是一个十分重要的问题。测量结果包含有误差，是一个近似数，在记录测量结果的数据位数或进行数据运算时的取值多少时，应以测量所能达到的精度为依据。如果认为，不论测量结果的精度如何，这个数值中小数点后面的位数愈多，这个数值就愈精确；或者在数据运算中，保留的位数愈多，精度就愈高，这两种认识都是片面的。若将不必要的数字写出来，既费时间，又无意义。一方面是因为小数点的位置决定不了精度，它仅与所采用的单位有关，如 35.6mm 和 0.0356m 的精度完全相同，而小数点位置则不同。另一方面，测量结果的精度与所用测量方法及仪器有关，在记录或数据运算时，所取的数据位数，其精度不能超过测量所能达到的精度；反之，若低于测量精度，也是不正确的，因为它将损失精度。此外，在求解方程组时，若系数为近似值，其取值多少对方程组的解有很大影响。例如，下面的方程组（a）和（b）及其对应解为

$$\begin{cases} x - y = 1 \\ x - 1.0001y = 0 \end{cases} \quad 对应解 \begin{cases} x = 10001 \\ y = 10000 \end{cases} \tag{a}$$

$$\begin{cases} x - y = 1 \\ x - 0.9999y = 0 \end{cases} \quad 对应解 \begin{cases} x = -9999 \\ y = -10000 \end{cases} \tag{b}$$

两个方程组仅有一个系数相差万分之二，但所得结果差异极大，由此也可看出研究有效数字和数据运算规则的重要性。

(1) 有效数字

含有误差的任何近似数，如果其绝对误差界是最末位数的半个单位，那么从这个近似数左起的第一个非零的数字，称为第一位有效数字。从第一位有效数字起到最末一位数字止的所有数字，不论是零或非零的数字，都叫有效数字。若具有 n 个有效数字，就说是 n 位有效位数。例如，取 $\pi = 3.14$，第一位有效数字为 3，共有 3 位有效位数；又如 0.0027，第一位有效数字为 2，共有两位有效位数，而 0.00270 则为 3 位有效位数。

若近似数的右边带有若干个零的数字，通常把这个近似数写成 $a \times 10^n$ 而 $1 \leqslant a < 10$，利用这种写法，可从 a 含有几个有效数字来确定近似数的有效位数。如 2.400×10^3 表示 4 位有效位数；2.40×10^3 和 2.4×10^3，分别表示 3 位和两位有效位数。在测量结果中，最末一位有效数字取到哪一位，是由测量精度来决定的，即最末一位有效数字应与测量精度是同一量级的。例如，用千分尺测量时，其测量精度只能达到 0.01mm，若测出长度 $l = 20.531$mm，显然小数点后第二位数字已不可靠，而第三位数字更不可靠，此时只应保留小数点后第二位数字，即写成 $l = 20.53$mm，为 4 位有效位数。由此可知，测量结果应保留的位数原则是：其最末一位数字是不可靠的，而倒数第二位数字应是可靠的。测量误差一般取 1～2 位有效数字，因此上述用千分尺测量结果 l 表示为 $l = (20.53 \pm 0.01)$mm。在进行比较重要的测量时，测量结果和测量误差可比上述原则再多取一位数字作为参考，如测量结果可表示为 15.214 ± 0.042。因此，凡遇有这种形式表示的测量结果，其可靠数字为倒数第三位数字，不可靠数字为倒数第二位数字，而最后一位数字则为参考数字。

(2) 数字修约规则

对于位数很多的近似数，当有效位数确定后，其后面多余的数字应予舍去，而保留的有效数字最末一位数字应按下面的舍入规则进行凑整：

1) 若舍去部分的数值，大于保留部分的末位的半个单位，则末位加 1。

2) 若舍去部分的数值，小于保留部分的末位的半个单位，则末位不变。

3) 若舍去部分的数值，等于保留部分的末位的半个单位，则末位奇升偶舍，即当末位为偶数时则末位不变，当末位为奇数时则末位加 1。

【例1-2】按上述舍入规则，将下面各个数据保留4位有效数字进行凑整。

原有数据	舍入后数据
1.14159	3.142
2.71729	2.717
4.51050	4.510
3.21550	3.216
6.378501	6.379
7.691499	7.691
5.4346	5.435

1-2 试验检测数据的数值修约

由于数字舍入而引起的误差称为舍入误差，按上述规则进行数字舍入，其舍入误差皆不超过保留数字最末位的半个单位。必须指出，这种舍入规则的第三条明确规定，被舍去的数字不是见5就入，从而使舍入误差成为随机误差，在大量运算时，其舍入误差的均值趋于零。这就避免了过去采用四舍五入规则时，由于舍入误差的累积而产生系统误差。

（3）数据运算规则

在近似数运算中，为了保证最后结果有尽可能高的精度，所有参与运算的数据，在有效数字后可多保留一位数字作为参考数字，或称为安全数字。

1）在近似数加减运算时，各运算数据以小数位数最少的数据位数为准，其余各数据可多取一位小数。但最后结果应与小数位数最少的数据小数位相同。

例如，求 $2643.0+987.7+4.187+0.2354=?$

$$2643.0+987.7+4.187+0.2354 \approx 2643.0+987.7+4.19+0.24$$
$$=3635.13 \approx 3635.1$$

2）在近似数乘除运算时，各运算数据以位数最少的数据位数为准，其余各数据要比有效位数最少的数据位数多取一位数字，而最后结果应与有效位数最少的数据位数相同。

【例1-3】求 $15.13 \times 4.12 =?$

$$15.13 \times 4.12 = 62.3356 \approx 62.3$$

3）在近似数平方或开方运算时，平方相当于乘法运算，开方是平方的逆运算，故可按乘除运算处理。

4）在对数运算时，n 位有效数字的数据应该用 n 位对数表，或用 $(n+1)$ 位对数表，以免损失精度。

5）三角函数运算中，所取函数值的位数应随角度误差的减小而增多，其对应关系如表1-1所示。

函数值的角度误差与位数的关系　　　　　　　　　　　表1-1

角度误差（″）	10	1	0.1	0.01
函数值位数	5	6	7	8

以上所述的运算规则，都是一些常见的最简单情况，但实际问题的数据运算皆较复

杂，往往一个问题要包括几种不同的简单运算，对中间的运算结果所保留的数据位数可比简单运算结果多取一位数字。

4. 试验检测数据整理

试验检测数据的处理是试验检测工作中的一个重要内容。由于试验检测中得到的数值都是近似值，而且在运算过程中还可能运用无理数构成的常数，因此，为了获得准确的试验检测结果，同时也为了节省运算时间，必须按误差理论的规定和数字修约规则截取所需要的数据。此外，误差表达方式反映了对试验检测结果的认识是否正确，也利于用户对试验检测结果的正确理解。

（1）数据处理时应注意：检测数据异常值的判定方法；区分可剔除异常值与不可剔除异常值；整理后的数据应填入原始记录的相应部分。

（2）检测数据的有效位数与检测系统的准确度相适应，不足部分用"0"补充，以便测试数据位数相等。

（3）同一参数检测数据个数少于 3 时，用算术平均法；测试个数大于 3 时，建议采用数理统计方法，计算代表值。

（4）同一参数异常值的判断，可根据精度采用拉依达法（即 3σ 法）、肖维纳特法和格拉布斯法等方法进行。

这里要强调一下对比检测，应使用 3 台与原检测仪器准确度相同的仪器对检测项目进行重复性试验。如检测结果与原检测数据相符，则证明此异常值是由产品性能波动造成的；如不相符，则证明此值是因仪器造成的，可以剔除。

【复习思考】
1. 试验检测的目的和意义是什么？
2. 试验检测的依据是什么？
3. 简述质量检验评定的方法。

第二篇
路基路面试验检测

教学单元 2 现场测试随机选点及选样

【教学目标】
能利用随机数表选择待测路基路面的测试区间、测定断面或测点位置；熟悉路面取芯设备操作方法。

【案例引入】
某公路工程施工结束后将开展质量检测，拟从 K56+000～K57+000 的检测路段中选择 20 个断面测定路面宽度、高程、横坡等，需确定断面桩号；选择 6 个测点进行钻孔取样，检测压实度、结构层厚度等，需确定测点位置。如何正确选择出这 20 个断面和 6 个测点位置呢，这就要用到本章讲到的随机选点的方法了。

2.1 路基路面现场测试随机选点

公路现场测试采用随机选点的方法非常重要，尽管该方法在我国已推行多年，但是使用并不普遍，主要原因是各种施工规范、质量评定标准及相关试验方法要求不明确。路基路面现场测试随机选点的方法是按数理统计原理，根据样本取得的质量数据来推测、判断总体质量，在路基路面施工现场测定时，为采取代表性数据而决定测点位置的方法。需要注意的是，对于连续测量的自动化检测设备，不适用于本方法。

1. **目的与适用范围**

（1）随机取样选点的方法是按数理统计原理在路基路面现场测定时决定测定区间、测定断面、测点位置的方法。

（2）本方法适于公路路基路面各个层次及各种现场测定时，为采取代表性试验数据而决定测定区间、测定断面、测点位置时使用。

2. **仪具与材料技术要求**

（1）量尺：钢尺、皮尺等。

（2）硬纸片：编号从 1～28 共 28 块，每块大小 2.5cm×2.5cm，装在一个布袋中。

（3）骰子：2 个。

（4）其他：毛刷、粉笔等。

3. **选点方法与步骤**

根据路面施工或验收、质量评定方法等有关规范确定需检测的路段。它可以是一个作业段、一天完成的路段或路线全程，在路基路面工程检查验收时，通常以 1km 为一个检测路段。将确定的测试路段划分为一定长度的区间或按桩号间距（一般为 20m）划分若干个断面，将其编号为第 1～n 个区间或第 1～n 个断面，其总的区间数或断面数为 T。

从布袋中随机摸出一块硬纸片，硬纸片上的号数即表2-1上的栏号，从1～28栏中选出该栏号的一栏。

按照测定区间数、断面数的频度要求（总的取样数n，当$n>30$时应分次进行），依次找出与A列中1、2、……、n对应的B列中的值，共n对对应的A、B值。

将n个B值与总的区间数或断面数T相乘，四舍五入成整数，即得到n个断面的编号："即可根据该编号确定实际断面位置"。

例如：按照有关规范规定，拟从K0+000～K1+000的1km检测路段中选择20个断面测定路面宽度、高程、横坡度等外形尺寸，断面决定方法如下：

（1）1km总长的断面数$T=1000/20=50$个，编号1、2、……、50。

（2）从布袋中摸出一块硬纸片，其编号为14，即使用表2-1的第14栏。

（3）从第14栏A列中挑出小于或等于20所对应的B列数值，将B与T相乘，四舍五入得到20个断面号，并得到20个断面的桩号，如表2-2所列。

一般取样的随机数　　　　表2-1

栏号1			栏号2			栏号3			栏号4			栏号5			栏号6		
A	B	C	A	B	C	A	B	C	A	B	C	A	B	C	A	B	C
15	0.033	0.578	5	0.048	0.879	21	0.013	0.220	18	0.089	0.716	17	0.024	0.863	30	0.030	0.901
21	0.101	0.300	17	0.074	0.156	30	0.036	0.853	10	0.102	0.330	24	0.060	0.032	21	0.096	0.198
23	0.129	0.916	18	0.102	0.191	10	0.052	0.746	14	0.111	0.925	26	0.074	0.639	10	0.100	0.161
30	0.158	0.434	6	0.105	0.257	25	0.061	0.954	28	0.127	0.840	7	0.167	0.512	29	0.133	0.388
24	0.177	0.397	28	0.179	0.447	29	0.062	0.507	24	0.132	0.271	28	0.194	0.776	24	0.138	0.062
11	0.202	0.271	26	0.187	0.844	18	0.087	0.887	19	0.285	0.899	3	0.219	0.166	20	0.168	0.564
16	0.204	0.012	4	0.188	0.482	24	0.105	0.849	1	0.326	0.037	29	0.264	0.284	22	0.232	0.953
8	0.208	0.418	2	0.208	0.577	7	0.139	0.159	30	0.334	0.938	11	0.282	0.262	14	0.259	0.217
19	0.211	0.798	3	0.214	0.402	1	0.175	0.647	22	0.405	0.295	14	0.379	0.994	1	0.275	0.195
29	0.233	0.700	7	0.245	0.080	23	0.196	0.873	5	0.421	0.282	13	0.394	0.405	6	0.277	0.475
7	0.260	0.073	15	0.248	0.831	26	0.240	0.981	13	0.451	0.212	6	0.410	0.157	2	0.296	0.497
17	0.262	0.308	29	0.261	0.037	14	0.255	0.374	2	0.461	0.023	15	0.438	0.700	27	0.311	0.144
25	0.271	0.180	30	0.302	0.883	6	0.310	0.043	6	0.487	0.539	22	0.453	0.635	5	0.351	0.141
6	0.302	0.672	21	0.318	0.088	11	0.316	0.653	8	0.497	0.396	21	0.472	0.824	17	0.370	0.811
1	0.409	0.406	11	0.376	0.936	13	0.324	0.585	25	0.503	0.893	10	0.488	0.118	9	0.388	0.484
13	0.507	0.693	14	0.430	0.814	12	0.351	0.275	15	0.594	0.603	1	0.525	0.222	4	0.410	0.073
2	0.575	0.654	27	0.438	0.676	20	0.371	0.535	27	0.620	0.894	12	0.561	0.980	25	0.471	0.530
18	0.591	0.318	8	0.467	0.205	8	0.409	0.495	21	0.629	0.841	8	0.652	0.508	13	0.486	0.779
20	0.610	0.821	9	0.474	0.138	16	0.445	0.740	17	0.691	0.583	18	0.668	0.271	15	0.515	0.867
12	0.631	0.597	10	0.492	0.474	3	0.494	0.929	9	0.708	0.689	30	0.736	0.634	23	0.567	0.798
27	0.651	0.281	13	0.498	0.892	27	0.543	0.387	7	0.709	0.012	2	0.763	0.253	11	0.618	0.502
4	0.661	0.953	19	0.511	0.520	17	0.625	0.171	11	0.714	0.049	23	0.804	0.140	28	0.636	0.148
22	0.692	0.089	23	0.591	0.770	2	0.699	0.073	23	0.720	0.695	25	0.828	0.425	26	0.650	0.741

续表

栏号1			栏号2			栏号3			栏号4			栏号5			栏号6		
A	B	C	A	B	C	A	B	C	A	B	C	A	B	C	A	B	C
5	0.779	0.346	20	0.604	0.730	19	0.702	0.934	3	0.748	0.413	10	0.843	0.627	16	0.711	0.508
9	0.787	0.173	24	0.654	0.330	22	0.816	0.802	2	0.781	0.603	16	0.858	0.849	19	0.778	0.812
10	0.818	0.837	12	0.728	0.523	4	0.838	0.166	26	0.830	0.384	4	0.903	0.327	7	0.804	0.675
14	0.905	0.631	16	0.753	0.344	15	0.904	0.116	4	0.843	0.002	9	0.912	0.382	8	0.806	0.952
26	0.912	0.376	1	0.806	0.134	28	0.969	0.742	12	0.884	0.582	27	0.935	0.162	18	0.841	0.414
28	0.920	0.163	22	0.878	0.884	9	0.974	0.046	29	0.926	0.700	20	0.970	0.582	12	0.918	0.114
3	0.945	0.140	25	0.939	0.162	5	0.977	0.494	16	0.951	0.601	19	0.975	0.327	3	0.992	0.399

栏号7			栏号8			栏号9			栏号10			栏号11			栏号12		
A	B	C	A	B	C	A	B	C	A	B	C	A	B	C	A	B	C
12	0.029	0.386	9	0.042	0.070	14	0.061	0.935	26	0.038	0.023	27	0.074	0.779	16	0.078	0.987
18	0.112	0.284	17	0.141	0.411	2	0.065	0.097	30	0.066	0.371	6	0.084	0.396	23	0.087	0.056
20	0.114	0.848	2	0.143	0.221	3	0.094	0.228	27	0.073	0.876	24	0.098	0.524	17	0.096	0.076
3	0.121	0.656	5	0.162	0.899	16	0.122	0.945	9	0.095	0.568	10	0.133	0.919	4	0.153	0.163
13	0.178	0.640	3	0.285	0.016	18	0.156	0.430	5	0.180	0.741	15	0.187	0.079	10	0.254	0.834
22	0.209	0.421	28	0.291	0.034	25	0.193	0.469	12	0.200	0.851	17	0.227	0.767	6	0.284	0.628
16	0.221	0.311	8	0.369	0.557	24	0.224	0.672	13	0.259	0.327	20	0.236	0.571	12	0.305	0.616
29	0.235	0.356	1	0.436	0.386	10	0.225	0.223	21	0.264	0.681	1	0.245	0.988	25	0.319	0.901
28	0.254	0.941	20	0.450	0.289	9	0.233	0.338	17	0.283	0.645	4	0.317	0.291	1	0.320	0.212
11	0.287	0.199	18	0.455	0.789	20	0.290	0.120	23	0.363	0.063	29	0.350	0.911	8	0.416	0.372
2	0.336	0.992	23	0.488	0.715	1	0.297	0.242	20	0.364	0.366	26	0.380	0.104	13	0.432	0.556
15	0.393	0.488	14	0.498	0.276	11	0.337	0.760	16	0.395	0.363	28	0.425	0.864	2	0.489	0.827
19	0.437	0.655	15	0.503	0.342	19	0.389	0.064	2	0.423	0.540	22	0.487	0.526	29	0.503	0.787
24	0.466	0.773	4	0.515	0.693	13	0.411	0.474	8	0.432	0.736	5	0.552	0.571	15	0.518	0.717
14	0.531	0.014	16	0.532	0.112	30	0.447	0.893	10	0.475	0.468	14	0.564	0.357	28	0.524	0.998
9	0.562	0.678	22	0.557	0.357	22	0.478	0.321	3	0.508	0.774	11	0.572	0.306	3	0.542	0.352
6	0.601	0.675	11	0.559	0.620	29	0.481	0.993	1	0.601	0.417	21	0.594	0.197	19	0.585	0.462
10	0.612	0.859	12	0.650	0.216	27	0.562	0.403	22	0.687	0.917	9	0.607	0.524	5	0.695	0.111
26	0.673	0.112	21	0.672	0.320	4	0.566	0.179	29	0.697	0.862	19	0.650	0.572	7	0.733	0.838
23	0.738	0.770	13	0.709	0.273	8	0.603	0.758	11	0.701	0.605	18	0.664	0.101	11	0.744	0.948
21	0.753	0.614	7	0.745	0.687	15	0.632	0.927	7	0.728	0.498	25	0.674	0.428	18	0.793	0.748
30	0.758	0.851	30	0.780	0.285	6	0.707	0.107	14	0.745	0.679	2	0.697	0.674	27	0.802	0.967
27	0.765	0.563	19	0.845	0.097	28	0.737	0.161	24	0.819	0.444	3	0.767	0.928	21	0.826	0.487
7	0.780	0.534	26	0.846	0.366	17	0.846	0.130	15	0.840	0.823	16	0.809	0.529	24	0.835	0.832
4	0.818	0.187	29	0.861	0.307	7	0.874	0.491	25	0.863	0.568	30	0.838	0.294	26	0.855	0.142
17	0.837	0.353	25	0.906	0.874	5	0.880	0.828	6	0.878	0.215	13	0.845	0.470	14	0.861	0.462
5	0.854	0.818	24	0.919	0.809	23	0.931	0.659	18	0.930	0.601	8	0.855	0.524	20	0.874	0.625
1	0.867	0.133	10	0.952	0.555	26	0.960	0.365	4	0.954	0.827	7	0.867	0.718	30	0.929	0.056
8	0.915	0.538	6	0.961	0.504	21	0.978	0.194	28	0.963	0.004	12	0.881	0.722	9	0.935	0.582
25	0.975	0.584	27	0.969	0.811	12	0.982	0.183	19	0.988	0.020	23	0.937	0.872	22	0.947	0.797

续表

栏号13			栏号14			栏号15			栏号16			栏号17			栏号18		
A	B	C	A	B	C	A	B	C	A	B	C	A	B	C	A	B	C
3	0.033	0.091	26	0.035	0.175	15	0.023	0.979	19	0.062	0.588	13	0.045	0.004	25	0.027	0.290
7	0.047	0.391	17	0.089	0.363	11	0.118	0.465	25	0.080	0.218	18	0.086	0.878	6	0.057	0.571
28	0.064	0.113	10	0.149	0.681	7	0.134	0.172	9	0.131	0.295	26	0.126	0.990	26	0.059	0.026
12	0.066	0.360	28	0.238	0.075	1	0.139	0.230	18	0.136	0.381	12	0.128	0.661	7	0.105	0.176
26	0.076	0.552	13	0.244	0.767	16	0.145	0.122	5	0.147	0.864	30	0.146	0.337	18	0.107	0.358
30	0.087	0.101	24	0.262	0.366	20	0.165	0.520	12	0.158	0.365	5	0.169	0.470	22	0.128	0.827
2	0.127	0.187	8	0.264	0.651	6	0.185	0.481	28	0.214	0.184	21	0.244	0.433	23	0.156	0.440
6	0.144	0.068	18	0.285	0.311	9	0.211	0.316	14	0.215	0.757	23	0.270	0.849	15	0.171	0.157
25	0.202	0.674	2	0.340	0.131	14	0.248	0.348	13	0.224	0.846	25	0.274	0.407	8	0.220	0.097
1	0.247	0.025	29	0.353	0.478	25	0.249	0.890	15	0.227	0.809	10	0.290	0.925	20	0.252	0.066
23	0.253	0.323	6	0.359	0.270	13	0.252	0.577	11	0.280	0.898	1	0.323	0.490	4	0.268	0.576
24	0.320	0.651	30	0.387	0.248	30	0.273	0.088	1	0.331	0.925	24	0.352	0.291	14	0.275	0.302
10	0.328	0.365	14	0.392	0.694	18	0.277	0.689	10	0.399	0.992	15	0.361	0.155	11	0.297	0.589
27	0.338	0.412	3	0.408	0.077	22	0.372	0.958	30	0.417	0.787	29	0.374	0.882	1	0.358	0.305
13	0.356	0.991	27	0.440	0.280	10	0.461	0.075	8	0.439	0.921	8	0.432	0.139	9	0.412	0.089
16	0.401	0.792	22	0.461	0.830	28	0.519	0.536	20	0.472	0.484	4	0.467	0.266	16	0.429	0.834
17	0.423	0.117	16	0.527	0.003	17	0.520	0.090	24	0.498	0.712	22	0.508	0.880	10	0.491	0.203
21	0.481	0.838	20	0.531	0.486	3	0.523	0.519	4	0.516	0.396	27	0.632	0.191	28	0.542	0.306
8	0.560	0.401	25	0.678	0.360	26	0.573	0.502	3	0.548	0.688	16	0.661	0.836	12	0.563	0.091
19	0.564	0.190	21	0.725	0.014	19	0.634	0.206	23	0.597	0.508	19	0.675	0.629	2	0.593	0.321
5	0.571	0.054	5	0.787	0.595	24	0.635	0.810	21	0.681	0.114	14	0.680	0.890	30	0.692	0.198
18	0.587	0.584	15	0.801	0.927	21	0.679	0.841	2	0.739	0.298	28	0.714	0.508	19	0.705	0.445
15	0.604	0.145	12	0.836	0.294	27	0.712	0.368	29	0.792	0.038	6	0.719	0.441	24	0.709	0.717
11	0.641	0.298	4	0.854	0.982	5	0.780	0.497	22	0.829	0.324	9	0.735	0.040	13	0.820	0.739
22	0.672	0.156	11	0.884	0.928	23	0.861	0.106	17	0.834	0.647	17	0.741	0.906	5	0.848	0.866
20	0.674	0.887	19	0.886	0.832	12	0.865	0.377	16	0.909	0.608	11	0.747	0.205	27	0.867	0.633
14	0.752	0.881	7	0.929	0.932	29	0.882	0.635	6	0.914	0.420	20	0.850	0.047	3	0.883	0.333
9	0.774	0.560	9	0.932	0.206	8	0.902	0.020	27	0.958	0.356	2	0.859	0.356	17	0.900	0.443
29	0.921	0.752	1	0.970	0.692	4	0.951	0.482	26	0.981	0.976	7	0.870	0.612	21	0.914	0.483
4	0.959	0.099	23	0.973	0.082	2	0.977	0.172	7	0.983	0.624	3	0.916	0.463	29	0.950	0.753

栏号19			栏号20			栏号21			栏号22			栏号23			栏号24		
A	B	C	A	B	C	A	B	C	A	B	C	A	B	C	A	B	C
12	0.052	0.075	20	0.030	0.881	1	0.010	0.946	12	0.051	0.032	26	0.051	0.187	8	0.015	0.521
30	0.075	0.493	12	0.034	0.291	10	0.014	0.939	11	0.068	0.980	3	0.530	0.256	16	0.068	0.994
28	0.120	0.341	22	0.043	0.893	9	0.032	0.346	17	0.089	0.309	29	0.100	0.159	11	0.118	0.400
27	0.145	0.689	28	0.143	0.073	6	0.093	0.180	1	0.091	0.371	13	0.102	0.465	21	0.124	0.565

续表

栏号19			栏号20			栏号21			栏号22			栏号23			栏号24		
A	B	C	A	B	C	A	B	C	A	B	C	A	B	C	A	B	C
2	0.209	0.957	3	0.150	0.937	15	0.151	0.012	10	0.100	0.709	24	0.110	0.316	18	0.153	0.158
26	0.272	0.818	4	0.154	0.867	16	0.185	0.455	30	0.121	0.774	18	0.114	0.300	17	0.190	0.159
22	0.299	0.317	19	0.158	0.359	7	0.227	0.227	2	0.166	0.056	11	0.123	0.208	26	0.192	0.676
18	0.306	0.475	29	0.304	0.615	2	0.304	0.400	23	0.179	0.529	9	0.138	0.182	1	0.237	0.030
20	0.311	0.653	6	0.369	0.633	30	0.316	0.074	21	0.187	0.051	6	0.194	0.115	12	0.283	0.077
15	0.348	0.156	18	0.390	0.536	18	0.328	0.799	22	0.205	0.543	22	0.234	0.480	3	0.286	0.318
16	0.381	0.710	17	0.403	0.392	20	0.352	0.288	28	0.230	0.688	20	0.274	0.107	10	0.317	0.374
1	0.411	0.607	23	0.404	0.182	26	0.371	0.216	19	0.243	0.001	21	0.331	0.292	5	0.337	0.844
13	0.417	0.715	1	0.415	0.457	19	0.448	0.754	27	0.267	0.990	8	0.346	0.085	25	0.441	0.336
21	0.472	0.484	7	0.437	0.696	13	0.487	0.598	15	0.283	0.440	27	0.382	0.979	27	0.469	0.786
4	0.478	0.885	24	0.446	0.546	12	0.546	0.640	16	0.352	0.089	7	0.387	0.865	24	0.473	0.237
25	0.479	0.080	26	0.485	0.768	24	0.550	0.038	3	0.377	0.648	28	0.411	0.776	20	0.475	0.761
11	0.566	0.104	15	0.511	0.313	3	0.604	0.780	6	0.397	0.769	16	0.444	0.999	6	0.557	0.001
10	0.576	0.859	10	0.517	0.290	22	0.621	0.930	9	0.409	0.428	4	0.515	0.993	7	0.610	0.238
29	0.665	0.397	30	0.556	0.853	21	0.629	0.154	14	0.465	0.406	17	0.518	0.827	9	0.617	0.041
19	0.739	0.298	25	0.561	0.837	11	0.634	0.908	13	0.499	0.651	5	0.539	0.620	13	0.641	0.648
14	0.748	0.759	9	0.574	0.699	5	0.696	0.459	4	0.539	0.972	2	0.623	0.271	22	0.664	0.291
8	0.758	0.919	13	0.613	0.762	23	0.710	0.078	18	0.560	0.747	30	0.637	0.374	4	0.668	0.856
7	0.798	0.183	11	0.698	0.783	29	0.726	0.585	26	0.575	0.892	14	0.714	0.364	19	0.717	0.232
23	0.834	0.647	14	0.715	0.179	17	0.749	0.916	29	0.756	0.712	15	0.730	0.107	2	0.776	0.504
6	0.837	0.978	16	0.770	0.128	4	0.802	0.186	20	0.760	0.920	19	0.771	0.552	29	0.797	0.548
3	0.849	0.964	8	0.815	0.385	14	0.835	0.319	5	0.847	0.925	23	0.780	0.662	14	0.823	0.223
24	0.851	0.109	5	0.872	0.490	8	0.870	0.546	25	0.872	0.891	10	0.924	0.888	23	0.848	0.264
5	0.859	0.835	21	0.885	0.999	28	0.871	0.539	24	0.874	0.135	12	0.929	0.204	30	0.892	0.817
17	0.863	0.220	2	0.958	0.177	25	0.971	0.369	8	0.911	0.215	1	0.937	0.714	28	0.943	0.190
9	0.883	0.147	27	0.961	0.980	27	0.984	0.252	7	0.946	0.065	25	0.974	0.398	15	0.975	0.962

栏号25			栏号26			栏号27			栏号28		
A	B	C	A	B	C	A	B	C	A	B	C
2	0.039	0.006	16	0.026	0.102	21	0.050	0.952	29	0.042	0.039
16	0.061	0.599	1	0.033	0.886	17	0.085	0.403	7	0.105	0.293
26	0.068	0.054	4	0.088	0.686	10	0.141	0.624	25	0.115	0.420
11	0.073	0.812	22	0.090	0.602	5	0.154	0.157	9	0.126	0.612
7	0.123	0.649	13	0.114	0.614	6	0.164	0.841	10	0.205	0.144
5	0.126	0.658	20	0.136	0.576	7	0.197	0.013	3	0.210	0.054
14	0.161	0.189	5	0.158	0.228	16	0.125	0.363	23	0.234	0.533
18	0.166	0.040	10	0.216	0.565	8	0.222	0.520	13	0.266	0.799

续表

栏号25			栏号26			栏号27			栏号28		
A	B	C	A	B	C	A	B	C	A	B	C
28	0.248	0.171	2	0.233	0.610	13	0.269	0.477	20	0.305	0.603
6	0.255	0.117	7	0.278	0.357	2	0.288	0.012	5	0.372	0.223
15	0.261	0.928	30	0.405	0.273	25	0.333	0.633	26	0.385	0.111
10	0.301	0.811	6	0.421	0.807	28	0.348	0.710	30	0.422	0.315
24	0.363	0.025	12	0.426	0.583	20	0.362	0.961	17	0.453	0.783
22	0.378	0.792	8	0.471	0.708	14	0.511	0.989	2	0.460	0.916
27	0.389	0.959	18	0.473	0.738	26	0.540	0.903	27	0.467	0.841
19	0.420	0.557	19	0.510	0.207	27	0.587	0.643	14	0.483	0.095
21	0.467	0.943	3	0.512	0.329	12	0.603	0.745	12	0.507	0.375
17	0.494	0.225	15	0.640	0.329	29	0.619	0.895	28	0.509	0.748
9	0.620	0.081	9	0.665	0.354	23	0.623	0.333	21	0.583	0.804
30	0.623	0.106	14	0.680	0.884	22	0.629	0.076	22	0.587	0.993
3	0.625	0.777	26	0.703	0.622	18	0.670	0.904	16	0.689	0.339
8	0.651	0.790	29	0.739	0.394	11	0.711	0.253	6	0.727	0.298
12	0.715	0.599	25	0.759	0.386	1	0.790	0.392	4	0.731	0.814
23	0.782	0.093	24	0.803	0.602	4	0.813	0.611	8	0.807	0.983
20	0.810	0.371	27	0.842	0.491	19	0.843	0.732	15	0.833	0.757
1	0.841	0.726	21	0.870	0.435	3	0.844	0.511	19	0.896	0.464
29	0.862	0.009	28	0.906	0.397	30	0.858	0.289	18	0.916	0.384
25	0.891	0.873	23	0.948	0.367	9	0.929	0.199	1	0.948	0.610
4	0.917	0.264	11	0.956	0.142	24	0.931	0.263	11	0.976	0.799
13	0.958	0.990	17	0.993	0.989	15	0.939	0.947	24	0.978	0.636

4. 测点位置确定方法

（1）从布袋中任意取出一块硬纸片，纸片上的号数即为表2-1中的栏号，从1～28栏中选出该栏号的一栏。

（2）按照测点数的频度要求（总的取样为n）依次找出栏号的取样位置数，每个栏号均有A、B、C三列。根据检验数量n（当n大于30时应分次进行），在所定栏号的A列，找出等于所需取样位置数的全部数，如1、2、……、n。

（3）确定取样位置的纵向距离，找出与A列中相对应的B列中的数值，以此数乘以检测区间的总长度，并加在该段的起点桩号上，即得出取样位置距该段起点的距离或桩号。

（4）确定取样位置的横向距离，找出与A列中相对应的C列中的数值，以此数乘以检查路面的宽度，再减去宽度的一半，即得取样位置离路面中心线的距离。如差值是正值（＋），表示在中心线的右侧；如差值是负值（－），表示在中心线的左侧。

路面宽度、高程、横坡度检测断面随机选点计算表　　　表 2-2

断面编号	14 栏 A 列	B 列	B×T	断面号	桩号
1	17	0.089	4.45	4	K0+080
2	10	0.149	7.45	7	K0+140
3	13	0.244	12.2	12	K0+240
4	08	0.264	13.2	13	K0+260
5	18	0.285	14.25	14	K0+280
6	06	0.340	17.05	17	K0+340
7	06	0.359	17.95	18	K0+360
8	20	0.387	19.35	19	K0+380
9	14	0.392	19.60	20	K0+400
10	03	0.408	20.40	20	K0+420
11	16	0.527	26.35	26	K0+520
12	05	0.797	39.85	40	K0+800
13	15	0.801	40.05	40	K0+820
14	12	0.836	41.8	42	K0+840
15	04	0.854	42.7	43	K0+860
16	11	0.884	44.2	44	K0+880
17	19	0.886	44.3	44	K0+900
18	07	0.929	46.45	46	K0+920
19	09	0.932	46.6	47	K0+940
20	01	0.970	48.5	49	K0+980

【例 2-1】按照有关规范规定，检查验收时拟在 K0+000～K1+000 的 1km 检测路段中选择 6 个测点进行钻孔取样检验压实度、沥青用量和矿料级配等，钻孔位置决定方法如下：

(1) 选定的随机栏号为 3。

(2) 栏号 3 中 A 列从上至下小于或等于 6 的数为：1、6、3、2、4 及 5。

(3) 表 2-1 栏号 3B 列中与这 6 个数相应的 6 个小数为 0.175、0.310、0.494、0.699、0.838 及 0.977。

(4) 取样路段长度 1000m，计算得出 6 个乘积（取样位置与该段起点的距离，m）分别为 175、310、494、699、838、977。

(5) 表 2-1 栏号 3C 列中与这 6 个数相应的 6 个小数为 0.647、0.043、0.929、0.073、0.166 及 0.494。

(6) 路面宽度为 10m，计算得 6 个乘积（m）分别是 6.47、0.43、9.29、0.73、1.66 及 4.94。再减去路面宽度的一半，6 个取样的横向位置分别是右侧 1.47m、左侧 4.57m、右侧 4.29m、左侧 4.27m、左侧 3.34m 及左侧 0.06m。

上述计算结果可采用表 2-3 的方式表示。

2-1 现场测试
随机选点

钻孔位置随机取样选点计算表　　　　　　　　　表 2-3

测点编号	栏号 3		取样路段长度 1000m		路面宽度 10m	测点数 6 个
	A 列	B 列	距起点距离 (m)	桩号	C 列	距路边缘距离（m）	距中线位置 (m)
NO.1	1	0.175	175	K0+175	0.647	6.47	右 1.47
NO.2	6	0.310	310	K0+310	0.043	0.43	左 4.57
NO.3	3	0.494	494	K0+494	0.929	9.29	右 4.29
NO.4	2	0.699	699	K0+699	0.073	0.73	左 4.27
NO.5	4	0.838	838	K0+838	0.166	1.66	左 3.34
NO.6	5	0.977	977	K0+977	0.494	4.94	左 0.06

2.2 现场取样

从路面上钻孔取样是近年来广泛采用的标准试验方法，钻孔试样可用来测定厚度、密度、材料级配及其他许多指标。

1. 目的与适用范围

（1）本方法适用于路面取芯钻机或路面切割机在现场钻取或切割路面的代表性试样。

（2）本方法适用于对水泥混凝土面层、沥青混合料面层或水泥、石灰、粉煤灰等无机结合料稳定基层取样，以测定其密度或其他物理力学性质。

（3）本方法钻孔采取芯样的直径不宜小于最大集料粒径的 3 倍。

2. 仪具与材料技术要求

（1）路面取芯钻机：牵引式（可手推）或车载式，钻机由发动机或电力驱动。钻头直径根据需要决定，选用直径 100mm 或 150mm 的金刚石钻头，均有淋水冷却装置。常见的路面取芯钻机如图 2-1 所示。

图 2-1　路面取芯钻机

图 2-2　路面切割机

（2）路面切割机：手推式或牵引式，由发动机或电力驱动，也可利用汽车动力由液压泵驱动，附金刚石锯片，有淋水冷却装置。常见的路面切割机如图2-2所示。

（3）台秤。

（4）盛样器（袋）或铁盘等。

（5）干冰（固体CO_2）。

（6）试样标签。

（7）其他：镐、铁锹、量尺（绳）、毛刷、硬纸、棉纱等。

钻头有两类，一类适用于水泥混凝土路面与无机结合料稳定基层，另一类适用于沥青面层，均有淋水冷却装置。芯样的直径取决于钻头，通常有50mm、100mm、150mm，按照试件直径大于最大集料粒径3倍的要求，对沥青混合料及水泥混凝土路面通常采用直径100mm的钻头，对水泥、石灰等无机结合料稳定基层，细粒土可采用直径100mm的钻头，粗粒土可采用直径150mm的钻头。

3. 方法与步骤

（1）准备工作

1）确定路段。可以是一个作业段、一天完成的路段，或按相关规范的规定选取一定长度的检查路段。

2-2 钻芯取样

2）按2.1节路基路面现场测试随机选点的方法确定取样的位置。

3）将取样位置清扫干净。

（2）采样步骤

1）在选取采样地点的路面上，先用粉笔对钻孔位置作出标记或画出切割路面的大致面积，切割路面的面积根据目的和需要确定。

2）用钻机在取样地点垂直对准路面放下钻头，牢固安放钻机，使其在运转过程中不得移动。

3）开放冷却水，启动电动机，徐徐压下钻杆，钻取芯样，但不得使劲下压钻头。待钻透全厚后，上抬钻杆，拔出钻头，停止转动，不使芯样损坏，取出芯样。沥青混合料芯样及水泥混凝土芯样可用清水漂洗干净备用。

注：由于试验需要不能用水冷却时，应采用干钻孔，此时为保护钻头，可先用干冰约3kg放在取样位置上，冷却路面约1h，钻孔时通以低温CO_2等冷却气体以代替冷却水。

4）用切割机切割时，将锯片对准切割位置，开放冷却水，启动电动机，徐徐压下锯片到要求深度（厚度），仔细向前推进，到需要长度后抬起锯片，四面全部锯毕后，用镐或铁锹仔细取出试样。取得的路面试块应保持边角完整，颗粒不得散失。

5）采取的路面混合料试样应整层取样，试样不得破碎。

6）将钻取的芯样或切割的试块，妥善盛放于盛样器中，必要时用塑料袋封装。

7）填写样品标签，一式两份，一份粘贴在试样上，另一份作为记录备查。试样标签的示例如图2-3所示。

8）对取样的钻孔或被切割的路面坑洞，应采用同类型材料填补压实，但取样时留下的水分应用棉纱等吸走，待干燥后再补充。

```
试样编号：_____
路线或工程名称：_____
材料品种：_____
施工日期：_____
取样日期：_____
取样位置：桩号_____ 中心线左_____m 右_____m
取样人：_____
试样保管人：_____
备注：_____
（注明试样用途或试验结果等）
```

图 2-3　试样标签示例

【复习思考】

判断题，正确的打√，错误的打×。

1. 钻取路面混合料试样可不整层取样，但试样不得破碎。　　　　　　　　　（　　）
2. 对取样时留下的水分应用棉纱等吸走，待干燥后再补充。　　　　　　　　（　　）
3. 路面取芯钻机可针对钻取材料决定是否放置淋水冷却装置。　　　　　　　（　　）

教学单元 3　几何尺寸检测

【教学目标】

理解检测公路工程结构物几何尺寸的意义；掌握路基路面几何尺寸检测方法和操作步骤；掌握挖坑法和钻芯法测定路面厚度的方法和操作步骤，并能对测试结果进行分析处理；了解短脉冲测试系统的基本原理和设备组成，能对测试结果进行分析处理。

【案例引入】

某公路改造施工项目中，原设计方案的路面：混凝土层厚 24cm，砂砾层厚 18cm，石灰稳定层厚 16cm。现要求提高行驶质量，在双向车道的要求基础上，设计行驶速度为 100km/h，路基厚度设计为 23cm，路面加铺厚度为 15cm，采用沥青混凝土进行补强处理。为确保工程质量，要求检测该工程中的沥青混凝土路面的厚度。

3.1　概　　述

在公路路基路面工程的设计、施工和养护质量评定中，路基路面现场测试是其中的重要工作内容。为适应我国公路建设和管理的需要，保证公路路基路面工程的施工和养护质量，规范各类现场检测仪具与设备、试验方法和操作要求，交通运输部制定了《公路路基路面现场测试规程》JTG 3450—2019，作为公路路基路面现场调查工程质量检测以及技术状况检测等工作的依据。

为了检查道路修筑的位置、几何形状和结构尺寸，需要进行有关几何尺寸检测。《公路工程质量检验评定标准　第一册　土建工程》JTG F80/1—2017 要求检测的路基路面几何尺寸主要包括纵断高程、中线偏位、宽度、横坡、边坡、厚度、相邻板高差、纵横缝顺直度等项目。纵断高程和横坡一般用水准仪检测。中线偏位用经纬仪检测。宽度和边坡可用尺量。路面厚度可采用挖坑法或钻芯取样法进行检测，也可以采用短脉冲雷达进行无损检测。路面结构层厚度的检测一般与压实度同时进行，当用灌砂法进行压实度检测时，可通过量取试坑的深度，从而得到结构层的厚度；当用钻芯取样法检测压实度时，可直接量取芯样的高度。

3.2　路基路面几何尺寸检测

1. 目的与适用范围

本方法适用于路基路面各部分的宽度、纵断面高程、横坡及中线平面偏位等几何尺寸的检测,以供道路施工过程、路面交竣工验收及旧路调查使用。

2. 检测项目与要求

在路基路面施工过程中、交工验收期间及旧路调查中,都需要检测路基路面各部分的几何尺寸,以保证其符合规定。几何尺寸检测所用的仪器与材料有:钢尺、全站仪、精密水准仪、塔尺、粉笔等。路基路面常见结构层几何尺寸检测项目及要求如表 3-1 所示。其他结构层检测项目的要求参见《公路工程质量检验评定标准 第一册 土建工程》JTG F80/1—2017。

几何尺寸检测项目及要求　　　　表 3-1

结构名称	检测项目		规定值或允许偏差		检查频率
			高速、一级公路	其他公路	
土方路基	纵断高程(mm)		+10, −15	+10, −20	水准仪:中线位置每200m测2点
	中线偏位(mm)		50	100	全站仪:每200m测2点,弯道加 HY、YH 两点
	宽度(mm)		满足设计要求		尺量:每200m测4点
	横坡(%)		±0.3	±0.5	水准仪:每200m测2个断面
	边坡		满足设计要求		尺量:每200m测4点
石方路基	纵断高程(mm)		+10, −20	+10, −30	水准仪:中线位置每200m测2点
	中线偏位(mm)		≤50	≤100	全站仪:每200m测2点,弯道加 HY、YH 两点
	宽度(mm)		满足设计要求		尺量:每200m测4点
	横坡(%)		±0.3	±0.5	水准仪:每200m测2个断面
	边坡	坡度	满足设计要求		尺量:每200m测4点
		平顺度	满足设计要求		
稳定粒料(碎石、砂砾或矿渣等)底基层	纵断高程(mm)		+5, −15	+5, −20	水准仪:每200m测2个断面
	宽度(mm)		满足设计要求		尺量:每200m测4点
	横坡(%)		±0.3	±0.5	水准仪:每200m测2个断面
稳定粒料(碎石、砂砾或矿渣等)基层	纵断高程(mm)		+5, −10	+5, −15	水准仪:每200m测2个断面
	宽度(mm)		满足设计要求		尺量:每200m测4点
	横坡(%)		±0.3	±0.5	水准仪:每200m测2个断面
沥青混凝土面层和沥青碎(砾)石面层	中线平面偏位(mm)		20	30	全站仪:每200m测2点
	纵断高程(mm)		±15	±20	水准仪:每200m测2个断面
	宽度(mm)	有侧石	±20	±30	尺量:每200m测4个断面
		无侧石	不小于设计值		
	横坡(%)		±0.3	±0.5	水准仪:每200m测2个断面
水泥混凝土面层	中线平面偏位(mm)		20		全站仪:每200m测2点
	路面宽度(mm)		±20		尺量:每200m测4点
	纵断高程(mm)		±10	±15	水准仪:每200m测2个断面
	横坡(%)		±0.15	±0.25	水准仪:每200m测2个断面

3. 方法与步骤

（1）准备工作

1）在路基或路面上准确恢复桩号。

2）按随机取样的方法，在一个检测路段内选取测定的断面位置及里程桩号，在测定断面作上记号。通常将路面宽度、横坡、高程及中线偏位选在同一断面位置，且宜在整数桩号上。

3）根据道路设计的要求，确定路基路面各部分设计宽度的边界位置，在测定位置上用粉笔作上记号。

4）根据道路设计的要求，确定设计高程的纵断面位置，在测定位置上用粉笔作上记号。

5）根据道路设计的要求，在与中线垂直的横断面上确定成型后的路面的实际中线位置。

6）根据道路设计的路拱形状，确定曲线与直线部分的交界位置及路面与路肩（或硬路肩）的交界处，作为横坡检验的标准；当有路缘石或中央分隔带时，以两侧路缘石边缘为横坡测定的基准点，用粉笔作上记号。

（2）路基路面宽度测定

路基宽度是指行车道与路肩宽度之和，以 m 计；路面宽度包括行车道、路缘带、变速车道、爬坡车道、硬路肩和紧急停车带的宽度，以 m 计。其测定方法如下：

用钢尺沿中心线垂直方向水平量取路基路面各部分的宽度，以 m 计，如图 3-1 所示。对于高速公路及一级公路，准确至 0.005m；对于其他公路，准确至 0.01m。

图 3-1　路面宽度测量

测量时量尺应保持水平，不得将尺紧贴路面量取，也不得使用皮尺。各测定断面的实测宽度 B_i 与设计宽度 B_{0i} 之差 ΔB_i 为：

$$\Delta B_i = B_i - B_{0i} \tag{3-1}$$

（3）纵断面高程测定

1）将水准仪架设在路上平顺处整平，以路线附近的水准点高程为基准，依次将塔尺竖立在中线的测定位置上，如图 3-2 所示，侧记测定点的高程读数，以 m 计，准确至 0.001m。

图 3-2　道路中线

2）连续测定全部测点，并与水准点闭合。

各测点的实测高程 h_i 与设计高程 h_{0i} 差为：

$$\Delta h = h_i - h_{0i} \tag{3-2}$$

（4）路面横坡测定

对于无中央分隔带的公路路面横坡是指路拱两侧直线部分的坡度；对于有中央分隔带的公路路面横坡是指路面与中央分隔带交界处及路面边缘与路肩交界处两点的高程差与水平距离的比值，以‰表示。

1）对设有分隔带的路面，测定横坡时，将水准仪架设在路面平顺处整平，将塔尺分别竖立在路面与中央分隔带分界的路缘带边缘 d_1 处以及路面与路肩交界（或外侧路缘石边缘）的标记 d_2 处，d_1 和 d_2 测点必须在同一横断面上。测量 d_1 和 d_2 处的高程，记录高程读数，以 m 计，准确至 0.001m。

2）对无中央分隔带的路面，测定横坡时，将水准仪架设在路面平顺处整平，如图 3-3 所示，将塔尺分别竖在路拱曲线与直线部分的交界位置 d_1 处以及路面与路肩交界位置 d_2 处，d_1 和 d_2 测点必须在同一横断面上。测量 d_1 与 d_2 处的高程，记录高程读数，以 m 计，准确至 0.001m。

用钢尺测量两测点的水平距离 B_i，以 m 计。对于高速公路及一级公路，准确至 0.005m；对于其他等级公路，准确至 0.01m。

各测点断面的横坡度 i_i 按式（3-3）计算，准确至一位小数。按式（3-4）计算实测横坡 i_i 与设计横坡 i_{0i} 之差 Δi_i。

$$i_i = \frac{h_{d_1} - h_{d_2}}{B_i} \times 100 \tag{3-3}$$

式中　h_{d_1}、h_{d_2}——各测定断面两测点 d_1 和 d_2 的高程读数。

图 3-3 用水准仪检测路面横坡

$$\Delta i_i = i_i - i_{0i} \tag{3-4}$$

(5) 路面中线偏位测试

路面实际中心线偏离设计中心线的距离为路面中线偏位，以 mm 计。

1) 有中线坐标的道路：首先从设计资料中查出待测点 P 的设计坐标，用全站仪对该设计坐标进行放样，并对放样点 P' 做好标记，量取 PP' 的长度，即为中线平面偏位 Δ_{CL}，以 mm 计。对高速公路及一级公路，准确至 5mm；对其他等级公路，准确至 10mm。

2) 无中线坐标的低等级道路：应首先恢复交点或转点，实测偏角和距离，然后采用链距法、切线支距法或偏角法等传统方法敷设道路中线的设计位置，量取设计位置与施工中线位置之间的距离，即为中线平面偏位 Δ_{CL}，以 mm 计，准确至 10mm。

4. 数据整理

1) 计算一个评定路段内各测定断面的宽度、纵断面高程、横坡以及中线平面偏位的平均值、标准差、变异系数，但加宽及超高部分的测定值不参与计算。

2) 以评定路段为单位列出桩号、宽度、高程、横坡以及中线偏位测定的记录表，记录平均值、标准差、变异系数。注明不符合规范要求的断面。

3) 纵断面高程测试报告中应报告实测高程与设计高程的差值，低于设计高程为负，高于设计高程为正。

4) 路面横坡测试报告中应报告实测横坡与设计横坡的差值。实测横坡小于设计横坡差值为负，实测横坡大于设计横坡差值为正。

3.3 挖坑法及钻芯法测定路面厚度

路面结构层厚度的检测一般与压实度同时进行，当用灌砂法进行压实度检测时，可通过量取试坑的深度，从而得到结构层的厚度；当用钻芯取样法检测压实度时，可直接量取芯样的高度。上述两种方法均会对路面造成一定的损坏，需要作填补处理。结构层的厚度也可以采用水准仪量测法求得。即在同一测点量出结构层底面及顶面的高程，然后求其差值。这种方法无须破坏路面，准确性也较高，但是要受制于施工周期，不能实时实施检测。另外，利用短脉冲雷达等无损测试手段进行路面结构层厚度的检测，已在我国广泛使用。此类方法测试效率高，准确性能满足工程需要，且不受施工周期的限制，能对隐蔽工程实时检测。但由于它是一种无损的、间接的厚度测试手段，加之人们的认识程度有所差异，故遇到检测结果争议时，还需要通过开挖或钻芯来进一步检验。

1. 目的与适用范围

本方法适用于路面各层施工完成后的厚度检验及工程交工验收检查。

2. 路面厚度代表值与极值的允许偏差

路面各结构层厚度的检测方法与结构层的层位和种类有关，基层和砂石路面的厚度可用挖坑法测定，沥青面层及水泥混凝土路面板的厚度应用钻孔法测定。对于路面各层施工完成后及工程交工验收、检查使用时，必须进行厚度的检测。几种常用的路面结构层厚度的代表值与合格值的允许偏差如表 3-2 所示。

几种常用的路面结构层厚度的代表值与合格值的允许偏差　　　　表 3-2

类型与层位		厚度（mm）					检查频率
		代表值		合格值		极值	
		高速、一级公路	其他公路	高速、一级公路	其他公路	高速、一级公路、其他公路	
水泥混凝土面层		−5	−5	−10	−10	−15	按《公路工程质量检验评定标准　第一册　土建工程》JTG F80/1—2017 附录 H 检查，每 200m 测 2 点
沥青混凝土、沥青碎（砾）石面层		总厚度：−5%H；上面层：−10%h	−8%H	总厚度：−10%H；上面层：−20%h	−15%H	—	按《公路工程质量检验评定标准　第一册　土建工程》JTG F80/1—2017 附录 H 检查，每 200m 测 1 点
沥青贯入式面层		—	−8%H 或 −5	—	−15%H 或 −10	—	按《公路工程质量检验评定标准　第一册　土建工程》JTG F80/1—2017 附录 H 检查，每 200m 测 2 点
稳定土	基层	—	−10	—	−20	—	
	底基层	−10	−12	−25	−30	—	
稳定粒料	基层	−8	−10	−10	−20	—	
	底基层	−10	−12	−25	−30	—	

3. 仪具与材料技术要求

（1）挖坑用的镐、铲、凿子、锤子、小铲、毛刷。

（2）路面取芯样钻机及钻头、冷却水。钻头的标准直径为 100mm，如芯样仅供测量厚度，不作其他试验时，对沥青面层与水泥混凝土板也可用直径 50mm 的钻头；对基层材料有可能损坏试件时，也可用直径 150mm 的钻头，但钻孔深度均必须达到层厚。

(3) 量尺：钢板尺、钢卷尺、卡尺。

(4) 补坑材料：与检查层位的材料相同。

(5) 补坑用具：夯、热夯、水等。

(6) 其他：搪瓷盘、棉纱等。

4. 挖坑法测定路面厚度

(1) 按随机选点法决定挖坑检查的位置。如为旧路，测点有坑洞等显著缺陷或处于接缝处时，可在其旁边检测。

(2) 选一块约 40cm×40cm 的平坦表面作为试验地点，用毛刷将其清扫干净。

(3) 根据材料坚硬程度，选择镐、铲、凿子等适当的工具开挖这一层材料，直至层位底面。在便于开挖的前提下，开挖面积应尽量缩小，坑洞大体呈圆形。边开挖边将材料铲出置于搪瓷盘中。

(4) 用毛刷将坑底清扫干净，确认为下一层的顶面。

(5) 将一把钢板尺平放横跨于坑的两边，用另一把钢尺或卡尺等量具在坑的中部位置垂直伸至坑底，测量坑底至钢板尺底面的距离，即为检查层的厚度，以 mm 计，准确至 1mm。

5. 钻芯法测定路面厚度

(1) 按随机选点法决定钻孔检查的位置。如为旧路，测点有坑洞等显著缺陷或处于接缝处时，可在其旁边检测。

3-1 路面厚度检测方法

(2) 按钻取芯样的方法用路面取芯钻机钻孔，如图 3-4 所示，钻孔深度必须达到层厚，沥青路面钻芯后待取出的芯样如图 3-5 所示。

图 3-4　沥青路面钻芯取样

图 3-5　沥青路面钻芯后待取出的芯样

(3) 用专用钳子仔细取出芯样，如图 3-6 所示，清除表面灰土，找出与下层的分界。

(4) 用钢板尺或卡尺沿圆周对称的十字方向四处量取表面至上下层界面的高度，取其平均值，即为该层的厚度，准确至 1mm。

(5) 在沥青路面施工过程中，当沥青混合料尚未冷却时，可根据需要随机选择测点，用大螺钉旋具插入至沥青层底面深度后用尺读数，量取沥青层的厚度，以 mm 计，准确至1mm。

6. 填补挖坑或钻孔

(1) 适当清理坑中残留物，钻孔时留下的积水应用棉纱吸干。

(2) 对无机结合料稳定层及水泥混凝土路面板，应按相同配合比用新拌的材料分层填补并用小锤压实。水泥混凝土中宜掺加少量快凝早强剂，水泥混凝土路面钻孔后取出的芯样如图3-7所示。

图3-6 沥青路面芯样

图3-7 水泥混凝土路面芯样

(3) 对无结合料粒料基层，可用挖坑时取出的材料，适当加水拌合后分层填补，并用小锤压实。

(4) 对正在施工的沥青路面，用相同级配的热拌沥青混合料分层填补并用加热的铁锤或热夯压实。旧路钻孔也可用乳化沥青混合料修补。

(5) 所有补坑结束时，宜比原面层略鼓出少许，用重锤或压路机压实平整。

7. 结果计算

(1) 按式（3-5）计算路面实测厚度 T_{1i} 与设计厚度 T_{0i} 之差。

$$\Delta T_i = T_{1i} - T_{0i} \tag{3-5}$$

式中　T_{1i}——路面的实测厚度（mm）；

　　　T_{0i}——路面的设计厚度（mm）；

　　　ΔT_i——路面实测厚度与设计厚度的差值（mm）。

(2) 计算一个评定路段检测厚度的平均值、标准差、变异系数，并计算代表厚度。评定路段内路面结构层厚度应按代表值和单个合格值的允许偏差进行评定。

厚度代表值为厚度的算术平均值的下置信界限值，即

$$X_L = \bar{X} - t_a \frac{S}{\sqrt{n}} \tag{3-6}$$

式中　X_L——厚度代表值（算术平均值的下置信界限值）；

　　　$\bar{X}$——厚度平均值，$\bar{X} = \frac{\sum X_i}{n}$；

S——标准差，$S = \sqrt{\dfrac{\sum(X_i - \bar{X})^2}{n-1}}$；

n——检查数量；

t_α——t 分布表中随测点数和保证率（或置信度 α）。

采用的保证率：

高速公路、一级公路：基层、底基层为 99%，面层为 95%。

其他公路：基层、底基层为 95%，面层为 90%。

变异系数：$C_V = \dfrac{S}{\bar{X}} \times 100\%$

当厚度代表值大于或等于设计厚度减去代表值允许偏差时，则按单个检查值的偏差不超过单点合格值来计算合格率；当厚度代表值小于设计厚度减去代表值允许偏差时，该评定路段厚度不合格，相应分项工程应评为不合格。

沥青面层宜按沥青铺装层总厚度进行评定，高速公路和一级公路分 2～3 层铺筑时，还应进行上面层厚度检查和评定。

3.4　短脉冲雷达测定路面厚度

用钻芯法检测路面面层厚度时，对面层有一定的破坏作用。随着科学技术的发展，西方发达国家自 20 世纪 80 年代开始研究用地质雷达检测路面厚度技术，并取得了成功。该项检测技术是一种先进的、高效的、不损坏路面的、连续的检测路面面层厚度的方法。

随着检测技术的发展，新型路面厚度检测设备也应运而生，其中车载式雷达检测仪（图 3-8）的探路雷达依据的是反射原理，向地下发射雷达波，穿透沥青底层后再反射回来。整个反射过程的时间长短会被仪器自动记录，根据记录就可以测出所铺沥青面层

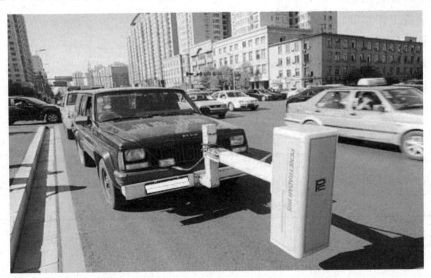

图 3-8　车载式雷达检测仪进行路面厚度检测

的厚度。

1. 目的与适用范围

（1）本方法适用于采用短脉冲雷达无损检测路面面层厚度。

（2）本方法的数据采集、传输、记录和数据处理分别由专用软件自动控制进行。

（3）本方法适用于新建、改建路面工程质量验收和旧路加铺路面设计的厚度调查。

（4）雷达发射的电磁波在路面层传播过程中会逐渐削弱、消散、层面反射。雷达最大探测深度是由雷达系统的参数以及路面材料的电磁属性决定的。对于材料过度潮湿或饱和以及有高含铁矿渣集料的路面不适合用本方法测试。

2. 仪具与材料技术要求

（1）设备主要组成

雷达测试系统由承载车（图 3-9）、天线、雷达发射接收器和控制系统组成。

 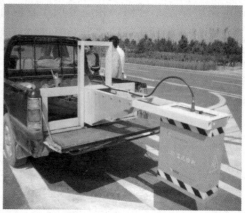

图 3-9 雷达测试系统承载车

（2）测试系统技术要求和参数

1）距离标定误差：≤0.1%。

2）设备工作温度：0~40℃。

3）最小分辨层厚：≤40mm。

4）天线：带宽能适应所选择的发射脉冲频率。

5）收发器：脉冲宽度不大于 1ns，时间信号处理能力可以适应所需的测试深度。

6）系统测量精度技术要求如表 3-3 所示。

系统测量精度技术要求　　　　表 3-3

测量深度（cm）	测量误差（mm）	测量深度（cm）	测量误差（mm）	测量深度（cm）	测量误差（mm）
<10	±3	10~25	±5	>25	±10

3. 检测方法与步骤

（1）准备工作

1）距离标定：承载车行驶超过 20000km，更换轮胎，或使用超过 1 年的情形下，需要进行距离标定。距离标定方法根据厂商提供的使用说明进行。

2) 安装雷达天线：将雷达天线按照厂商提供的安装方法牢固安装好，并将天线与主机的连线连接好。

3) 检查连接线安装无误后开机预热，预热时间不得少于厂商的规定。

4) 将金属板放置在天线正下方，启动控制软件的标定程序，获取相应参数。

5) 打开控制软件的参数设置界面，根据不同的检测目的，设置采样间隔、时间窗、增益等参数。

(2) 测试步骤

1) 将承载车停在起点，开启安全警示灯，启动软件测试程序，令驾驶员缓慢加速车辆到正常检测速度。

2) 检测过程中，操作人员应记录测试线路所遇到的桥梁、涵洞、隧道等构造物的起终点。

3) 当测试车辆到达测试终点后，操作人员停止采集程序。

4) 芯样标定：为了准确反算出路面厚度，必须知道路面材料的介电常数，通常采用在路面上钻芯取样方法获取。做法是首先令雷达天线在需要标定芯样点的上方采样，然后钻芯，最后将芯样的真实厚度数据输入到计算程序中，反算出路面材料的介电常数或者雷达波在材料中的传播速度；路面材料的介电常数会随集料类型、沥青产地、密度、湿度等而不同。测试过程中应根据实际情况增加芯样钻取数量，以保证测试厚度的准确性。

5) 操作人员检查数据文件，文件应完整，内容应正常，否则应重新测试。

6) 关闭测试系统电源，结束测试。

4. 数据处理

(1) 计算原理

由于地下介质具有不同的介电常数，造成各种介质具有不同的电导性，电导性的差异影响了电磁波的传播速度。一般用下式计算电磁波在材料介质中的传播速度：

$$v = \frac{c}{\sqrt{\varepsilon_r}} \tag{3-7}$$

式中　v——电磁波在材料介质中的传播速度（mm/ns）；

　　　c——电磁波在空气中的传播速度（取 300 mm/ns）；

　　　ε_r——介质的相对介电常数。

备注：ns 为时间单位，纳秒。

(2) 厚度计算

路面厚度的计算通常先由雷达波识别软件自动识别各层分界线，得到雷达波在各层中的双程走时，然后计算各层厚度。再根据电磁波在材料介质中的双程走时以及材料介质的相对介电常数，用下式确定面层厚度。

$$T = \frac{\Delta t \times c}{2\sqrt{\varepsilon_r}} \tag{3-8}$$

式中　T——面层厚度（mm）；

Δt——雷达波在路面面层中的双程走时（ns）；

ε_r——路面材料的相对介电常数，可以通过路面芯样获得；

其他符号意义同前。

（3）数据记录

应包括检测路段的厚度平均值、标准差、厚度代表值，并记录检测时的天气状况、气温及工作面的基本情况。

【例3-1】某高速公路的某一路段水泥混凝土路面板厚度检测数据如表3-4所示，保证率为95%，设计厚度 $h_d=25$cm，代表值允许偏差 $\Delta h=5$mm，试对该路段的板厚进行评价。

水泥混凝土路面板厚度检测结果（cm） 表3-4

序号	1	2	3	4	5	6	7	8	9	10	11	12	13	14	15
厚度 h_i	25.1	24.8	25.1	24.6	24.7	25.4	25.2	25.3	24.7	24.9	24.9	24.8	25.3	25.3	25.2
序号	16	17	18	19	20	21	22	23	24	25	26	27	28	29	30
厚度 h_i	25.0	25.1	24.8	25.0	25.1	24.7	24.9	25.0	25.4	25.2	25.1	25.0	25.0	25.5	25.4

解：经计算得：

$$\bar{h} = \frac{1}{30}\sum_{i=1}^{30} h_i = 25.05 \text{cm}$$

$$S = \sqrt{\frac{\sum_{i=1}^{30}(h_i - \bar{h})^2}{30-1}} = 0.24 \text{cm}$$

根据 $n=30$，$\alpha=95\%$，查附表2得

$$\frac{t_\alpha}{\sqrt{n}} = 0.310$$

厚度代表值为算术平均值的下置信界限，即

$$h_L = \bar{h} - S\frac{t_\alpha}{\sqrt{n}}$$

$$=25.05 - 0.310 \times 0.24 = 24.98 \text{cm}$$

因为 $h_L > h_d - \Delta h = 25 - 0.5 = 24.5$cm，所以该路段的板厚满足要求。

又因为该路段最小实测厚度为24.6cm，规范要求的高速公路水泥混凝土面层合格值为-10mm，最小实测厚度大于 $25-1=24$cm。

所以，该路段板厚合格率为100%。

【复习思考】

1. 通常采用什么方法检测路面基层、砂石路面、沥青面层及水泥混凝土路面板的厚度？
2. 简述地质雷达检测公路路面面层厚度的基本原理及其主要结构的功能。
3. 某一级公路水泥稳定级配碎石基层设计厚度为20cm，该评定路段的检测值（cm）为21、22、19、20、21、21、22、19，评定其厚度是否满足要求（已知厚度代表值容许偏差为-8mm，单值容许偏差为-15mm，$\frac{t_{0.99}}{\sqrt{9}}=0.966$），并计算合格率。

教学单元 4　压 实 度 检 测

【教学目标】

了解压实度检测的原理和目标,掌握土的击实试验及室内 CBR 试验检测原理和流程;熟悉五种压实度测试方法的特点及适用条件;掌握挖坑灌砂法测试压实度的基本原理,熟悉挖坑灌砂法的步骤;熟悉环刀法、钻芯法测试压实度的原理、基本方法及步骤。了解核子密度湿度仪和无核密度仪测定压实度的原理及步骤。

能够根据几种测试压实度方法的特点,选择适当的方法去测试路基路面压实度;能够完成土的击实试验及 CBR 试验;能够熟练运用挖坑灌砂法进行压实度检测,并能进行结果的计算及分析;能较熟练地运用环刀法、钻芯取样法、核子密度仪法、无核密度仪法检测压实度。

【案例引入】

已知某标段高速公路采用填土路基,确定采用某红黏土作为填料,项目部质检员、抽样员邀请监理工程师共同在回填料场进行取样,抽取的土样具有代表性,各个土层和性质的土都包括,土样抽取后送工地试验室作标准击实试验,确定最优含水率下的最大干密度。

路基土在填筑时严格控制含水率在最佳含水率附近,以保证达到规范压实度,施工后需要采用挖坑灌砂法对压实度进行检测,对不合格的应再次压实,并重新检测,直至符合要求。

4.1　概　　述

压实度用于反映路基、路面每一压实层的紧密强度,只有使每一压实层的紧密强度都符合规定,才能使路基、路面的整体强度、稳定性和耐久性满足要求。主要有五种检测方法:挖坑灌砂法、环刀法、钻芯取样法、核子密度仪法、无核密度仪法。当需对土方回填或填筑工程进行质量控制时,应进行击实试验,确定最大干密度和相应最佳含水量,此外,还应进行 CBR 试验检测土体强度。

4.2　土的击实试验

击实试验是指用锤击实土样以了解土的压实特性的一种方法。这个方法是用不同的击实功(锤重×落距×锤击次数)分别锤击不同含水率的土样,并测定相应的干密度,从而求得最大干密度、最优含水率,为填土工程的设计、施工提供依据。针对不同道路等级、各种压实机具等的要求，击实试验可分为轻型击实试验和重型击实试验。

1. 试验目的和试验范围

本试验分轻型击实和重型击实。应根据工程要求和试样最大粒径按表 4-1 选用击实试验方法。当粒径大于 40mm 的颗粒含量大于 5％且不大于 30％时，应对试验结果进行校正。

击实试验方法　　　　　　　　　　　　　　　　　表 4-1

试验方法	类别	锤底直径 (cm)	锤质量 (kg)	落高 (cm)	试筒尺寸		试样尺寸		层数	每层击数	最大粒径 (mm)
					内径 (cm)	高度 (cm)	高度 (cm)	体积 (cm³)			
轻型	Ⅰ-1	5	2.5	30	10	12.7	12.7	997	3	27	20
	Ⅰ-2	5	2.5	30	15.2	17	17	2177	3	59	40
重型	Ⅱ-1	5	4.5	45	10	12.7	12.7	997	5	27	20
	Ⅱ-2	5	4.5	45	15.2	17	17	2177	33	98	40

所谓干土法，就是先将击实所需的土样先烘干或将含水率降至击实样的最低含水率以下，准备 5 个以上土样，往每个试样中添加不同的水以达到预计的含水率，拌合均匀后进行闷料，以备击实所需。

湿土法，就是采集 5 个以上的高含水率土样，每个质量 3kg 左右，从天然含水率分别晾干至所需的不同含水率，其中至少 3 个土样小于此最高含水率，至少 2 个土样大于此最高含水率，然后按常规方法进行击实试验。湿土法的试验过程较干土法更接近施工实际过程。一般而言，湿土法的最大干密度小于干土法，最佳含水率高于干土法，这点对于南方地区的红黏土与高液限土等尤为明显。对于高天然含水率的土宜选用湿土法。

2. 仪器与材料技术要求

（1）试验设备

1）标准击实仪。包括击实筒、击锤和导杆，如图 4-1、图 4-2 所示。

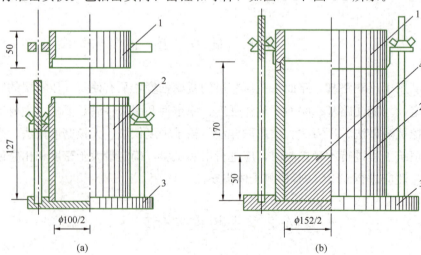

图 4-1　击实筒

（a）小击实筒；（b）大击实筒

1—套筒；2—击实筒；3—底板；4—垫板

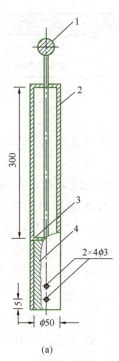
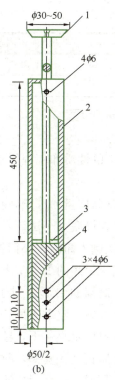

图 4-2 击锤和导杆
(a) 2.5kg 击锤（落高 30cm）；(b) 4.5kg 击锤（落高 45cm）
1—提手；2—导筒；3—硬橡皮垫；4—击锤

2）烘箱及干燥器。
3）电子天平：称量 2000g，感量 0.01g；称量 10kg，感量 1g。
4）圆孔筛：孔径 40mm、20mm 和 5mm 筛各 1 个。
5）拌合工具：400mm×600mm×70mm（长×宽×深）的金属盘、土铲。
6）其他：喷水设备、碾土器、盛土盘、量筒、推土器、铝盒、削土刀、平直尺等。

（2）试样

本试验可分别采用不同的方法准备试样，各方法可按表 4-2 准备试料，击实试验后的试料不宜重复使用。

1）干土法试样：过 40mm 筛后，按四分法至少准备 5 个试样，分别加入不同水分（按 1%～3% 含水率递增），将土样拌合均匀，拌匀后闷料一夜备用。

2）湿土法试样：对于高含水率土，可省略过筛步骤，拣除粒径大于 40mm 的石子。保持天然含水率的第一个土样，可立即用于击实试验。其余几个试样，将土分成小土块，分别风干，使含水率按 2%～4% 递减。击实试验后的试料不宜重复使用，试料用量如表 4-2 所示。

试料用量　　　　　　　　　　　　　　表 4-2

使用方法	试筒内径（cm）	最大粒径（mm）	试料用量
干土法	10	20	至少 5 个试样，每个 3kg
	15.2	40	至少 5 个试样，每个 6kg

续表

使用方法	试筒内径（cm）	最大粒径（mm）	试料用量
湿土法	10	20	至少5个试样，每个3kg
	15.2	40	至少5个试样，每个6kg

3. 检测方法和步骤

（1）检测步骤

1）根据土的性质和工程要求，按表4-1规定选择轻型或重型试验方法，选用干土法或湿土法。

2）称取试筒质量m_1，准确至1g。将击实筒放在坚硬的地面上，在筒壁上抹一薄层凡士林，并在筒底（小试筒）或垫块（大试筒）上放置蜡纸或塑料薄膜。取制备好的土样分3～5次倒入筒内。小筒按三层法时，每次约800～900g（其量应使击实后的试样等于或略高于筒高的1/3）；按五层法时，每次约400～500g（其量应使击实后的土样等于或略高于筒高的1/5）。对于大试筒，先将垫块放入筒内底板上，按三层法，每层需试样1700g左右。整平表面，并稍加压紧，然后按规定的击数进行第一层土的击实，击实时击锤应自由垂直落下，锤迹必须均匀分布于土样面，第一层击实完后，将试样层面"拉毛"然后再装入套筒，重复上述方法进行其余各层土的击实。小试筒击实后，试样不应高出筒顶面5mm；大试筒击实后，试样不应高出筒顶面6mm。

3）用削土刀沿套筒内壁削刮，使试样与套筒脱离后，扭动并取下套筒，齐筒顶细心削平试样，拆除底板，擦净筒外壁，称筒与土的总质量m_2，准确至1g。

4）用推土器推出筒内试样，从试样中心处取代表性的土样测其含水率，计算至0.1％。测定含水率用试样的数量符合表4-3的规定。

测定含水率用试样的数量　　　　表4-3

最大粒径（mm）	试样质量（g）	个数
<5	约100	2
约5	约200	1
约20	约400	1
约40	约800	1

（2）结果整理

1）按式（4-1）计算击实后各点的干密度：

$$\rho_d = \frac{\rho}{1+0.01\omega} \quad (4\text{-}1)$$

式中　ρ_d——干密度（g/cm³），计算至0.01g/cm³；

ρ——湿密度（g/cm³）；

ω——含水率（％）。

2）以干密度为纵坐标，含水率为横坐标，绘制干密度与含水率的关系曲线，曲线上峰值点的纵、横坐标分别为最大干密度和最佳含水率。如曲线不能绘出明显的峰值点，应进行补点或重做。

3) 当试样中有粒径大于 40mm 的颗粒时，应先取出粒径大于 40mm 的颗粒，并求得其百分率 p，把粒径小于 40mm 的颗粒作击实试验，按下面公式分别对试验所得的最大干密度和最佳含水率进行校正（适用于粒径大于 40mm 颗粒的含量小于 30% 时）。

最大干密度按式（4-2）校正：

$$\rho'_{dmax} = \frac{1}{\frac{(1-0.01p)}{\rho_{dmax}} + \frac{0.01p}{\rho_W G'_s}} \tag{4-2}$$

式中　ρ'_{dmax}——校正后的最大干密度（g/cm³），计算至 0.01g/cm³；

　　　ρ_{dmax}——用粒径小于 40mm 的土样试验所得的最大干密度（g/cm³）；

　　　p——试料中粒径大于 40mm 颗粒的百分率（%）；

　　　G'_s——粒径大于 40mm 颗粒的毛体积相对密度，计算至 0.01；

　　　ρ_W——水的密度（g/cm³）。

最佳含水率按式（4-3）校正：

$$\omega'_0 = \omega_0(1-0.01p) + 0.01p\omega_2 \tag{4-3}$$

式中　ω'_0——校正后的最佳含水率（%），计算至 0.1%；

　　　ω_0——用粒径小于 40mm 的土样试验所得的最佳含水率（%）；

　　　ω_2——粒径大于 40mm 颗粒的吸水量（%）。

4.3　室内 CBR 试验

4-1　路基填料 CBR 值的测定

承载比试验是由美国加州公路局于 20 世纪 30 年代初首先提出来的，简称 CBR（California Bearing Ratio 的缩写）试验，用以检验路基在不利状态下的承载能力的测试方法。所谓 CBR 值，是指试料贯入量达 2.5mm 时，单位压力对标准碎石压入相同贯入量时标准荷载强度的比值。

1. 适用范围

本试验适用于在规定的试筒内制件后，对各种土进行承载比试验。试样的最大粒径宜控制在 20mm 以内，最大粒径不得超过 40mm，且粒径在 20~40mm 的颗粒含量不宜超过 5%。

2. 仪具与材料技术要求

（1）圆孔筛：孔径 40mm、20mm 及 5mm 筛各 1 个。

（2）试筒：内径 152mm、高 170mm 的金属圆筒；套环，高 50mm；筒内垫块，直径 151mm、高 50mm；夯击底板，同击实仪。试筒的形式和主要尺寸如图 4-3 所示。

（3）夯锤和导管：夯锤的底面直径 50mm，总质量 4.5kg。夯锤在导管内的总行程为 450mm，夯锤的形式和尺寸与重型击实试验法所用的相同。

（4）贯入杆：端面直径 50mm、长约 100mm 的金属柱。

（5）路面材料强度仪或其他荷载装置，如图 4-4 所示。能调节贯入速度至每分钟贯入 1mm；测力环（kN）应包括 7.5、15、30、60、100 和 150 等型号。

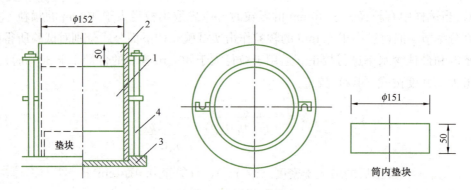

图 4-3 承载比试筒
1—试筒；2—套环；3—夯击底板；4—拉杆

（6）百分表：3 个。
（7）试件顶面上的多孔板（测试件吸水时的膨胀量）。
（8）多孔底板（试件放上后浸泡水中）。
（9）测膨胀量时支承百分表的架子。
（10）荷载板：直径 150mm，中心孔直径 52mm，每块质量 1.25kg，共 4 块，并沿直径分为两个半圆块，如图 4-5 所示。

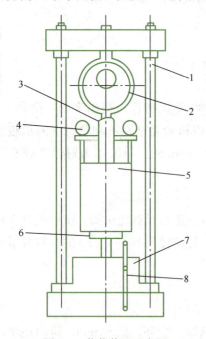

图 4-4 荷载装置示意图
1—框架；2—测力环；3—贯入杆；4—百分表；
5—试件；6—升降台；7—蜗轮蜗杆箱；8—摇把

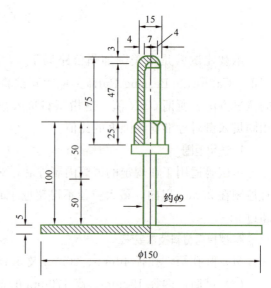

图 4-5 带调节杆的多孔板

（11）水槽：浸泡试件用，槽内水面应高出试件顶面 25mm。
（12）天平：称量 2000g，感量 0.01g；称量 50kg，感量 5g。
（13）其他：拌合盘、直尺、滤纸、推土器等与击实试验相同。

(14) 试样：将具有代表性的风干试料（必要时可在 50℃烘箱内烘干），用木碾捣碎。土团应捣碎到能通过 5mm 的筛孔。用 40mm 筛筛除粒径大于 40mm 的颗粒，并记录超尺寸颗粒的百分数。或按第一节的击实试验方法确定试料的最大干密度和最佳含水率。

3. 方法与步骤

(1) 取具有代表性的试料测定其风干含水率。按最佳含水率制备 3 个试件，掺水将试料充分拌匀后装入密闭容器或塑料口袋内浸润。浸润时间：黏性土不得小于 24h，粉性土可缩短到 12h，砂土可缩短到 6h，天然砂砾可缩短到 2h 左右。

(2) 称试筒本身质量（m_1），将试筒固定在底板上，将垫块放入筒内，并在垫块上放一张滤纸，安上套环。

(3) 取备好的试样分 3 次倒入筒内（每层约需试样 1500~1750g，其量应使击实后的试样高出 1/3 筒高 1~2mm）。整平表面，并稍加压紧，然后按规定的击数进行第一层试样的击实，击实时锤应自由垂直落下，锤迹必须均匀分布于试样面上。第一层击实完后，将试样层面"拉毛"，然后再装入套筒，重复上述方法进行其余每层试样的击实。大试筒击实后，试样不宜高出筒高 10mm。

(4) 每击实 3 筒试件，取代表性试样进行含水率试验。

(5) 卸下套环，用直刮刀沿试筒顶修平击实的试件，表面不平整处用细料修补。取出垫块，称试筒和试件的质量（m_2）。

(6) CBR 试样采用静压成型制件时，根据确定的压实度计算所需的试样量，一次静压成型。

泡水测膨胀量的步骤如下：

(1) 在试件制成后，取下试件顶面的破残滤纸，放一张好滤纸，并在其上安装附有调节杆的多孔板，在多孔板上加 4 块荷载板。

(2) 将试筒与多孔板一起放入槽内（先不放水），并用拉杆将模具拉紧，安装百分表，并读取初读数。

(3) 向水槽内注水，使水漫过试筒顶部。在泡水期间，槽内水面应保持在试筒顶面以上约 25mm。通常试件要泡水 4 昼夜。

(4) 泡水终了时，读取试件上百分表的终读数，并用式 (4-4) 计算膨胀率：

$$\delta_e = \frac{H_1 - H_0}{H_0} \times 100\% \tag{4-4}$$

式中　δ_e——试件泡水后的膨胀率（％），计算至 0.1％；

　　　H_1——试件泡水终了时的高度（mm）；

　　　H_0——试件初始高度（mm）。

(5) 从水槽中取出试件，倒出试件顶面的水，静置 15min，让其排水，然后卸去附加荷载和多孔板、底板及滤纸，并称量（m_3），以计算试件的湿度和密度的变化。

贯入试验：

(1) 应选用合适吨位的测力环，贯入结束时测力环读数宜占其量程的 1/3 以上。

(2) 将泡水试验终了的试件放到路面材料强度试验仪的升降台上，调整偏球座，对准、整平并使贯入杆与试件顶面全面接触，在贯入杆周围放置4块荷载板。

（3）先在贯入杆上施加少许荷载，以便试样与土样紧密接触，然后将测力和测变形的百分表的指针均调整至整数，并记读初始读数。

（4）加荷使贯入杆以 1～1.25mm/min 的速度压入试件，同时测记三个百分表的读数。记录测力计内百分表某些整读数（如 20、40、60）时的贯入量，并注意使贯入量为 250×10^{-2} mm 时，能有 5 个以上的读数。因此，测力计内的第一个读数应是贯入量 30×10^{-2} mm 左右。

4. 结果整理

（1）以单位压力（p）为横坐标，贯入量（l）为纵坐标，绘制 $p\text{-}l$ 关系曲线，如图 4-6 所示。图上曲线 1 是合适的。曲线 2 开始段是凹曲线，需要进行修正。修正时在变曲率点引一切线，与纵坐标交于 O' 点，O' 即为修正后的原点。

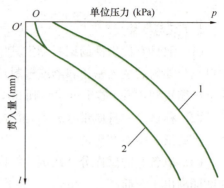

图 4-6　单位压力与贯入量的关系曲线

（2）根据式（4-5）和式（4-6）分别计算贯入量为 2.5mm 和 5mm 时的承载比（CBR）。即：

$$CBR = \frac{p}{7000} \times 100\% \tag{4-5}$$

$$CBR = \frac{p}{10500} \times 100\% \tag{4-6}$$

式中　　CBR——承载比，计算至 0.1%；
　　　　p——单位压力（kPa）；
7000、10500——分别表示，在 2.5mm、5mm 贯入量时的标准荷载强度（kPa）。

（3）试件的湿密度用下式计算：

$$\rho = \frac{m_2 - m_1}{2177} \tag{4-7}$$

式中　ρ——试件的湿密度（g/cm³），计算至 0.01g/cm³；
　　　m_2——试筒和试件的合质量（g）；
　　　m_1——试筒的质量（g）；
　　　2177——试筒的容积（cm³）。

（4）试件的干密度用式（4-8）计算：

$$\rho_d = \frac{\rho}{1+0.01\omega} \tag{4-8}$$

式中　ρ_d——试件的干密度（g/cm³），计算至 0.01g/cm³；
　　　ω——试件的含水率（%）。

（5）泡水后试件的吸水量按下式计算：

$$\omega_a = m_3 - m_2 \tag{4-9}$$

式中　ω_a——泡水后试件的吸水量（g）；
　　　m_3——泡水后试筒和试件的合质量（g）；
　　　m_2——试筒和试件的合质量（g）。

4.4　挖坑灌砂法测定压实度

4-2 挖坑灌砂法测定压实度

挖坑灌砂法是施工过程中现场测试最常用的试验方法之一，是标准方法。此方法表面上看来颇为简单，但实际操作时试验人员经常掌握不好，容易引起较大误差，它是测试压实度的依据，因此应严格遵循试验方法的每个细节。

1. 试验目的和适用范围

本方法适用于现场测试基层或底基层、砂石路面及路基结构的压实度，以评价结构层的压实质量，不适用于填石路堤等有大孔洞或大空隙的结构压实度测试。

2. 仪具与材料技术要求

灌砂设备：灌砂设备包括灌砂筒、标定罐和基板。

（1）灌砂筒：金属材质，形式和主要尺寸见图 4-7，并符合表 4-4 的要求。灌砂筒上部为储砂筒，下部为圆锥体漏斗，筒底与漏斗顶端铁板之间设有开关。

（2）标定罐：金属材质，上端有罐缘，形式和主要尺寸见图 4-7，并符合表 4-4 的要求。

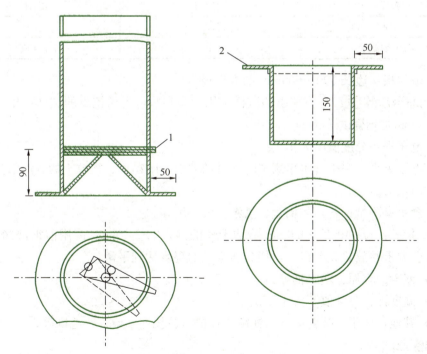

图 4-7　灌砂筒和标定罐
1—开关；2—罐缘

(3) 基板:金属材质的方盘,盘中心有一圆孔。主要尺寸应符合表4-4的规定。

灌砂设备的主要尺寸要求　　　　表 4-4

灌砂设备类型			小型灌砂设备	中型灌砂设备	大型灌砂设备
灌砂筒	储砂筒	直径（mm）	100	150	200
		容积（cm^3）	2121	4771	8482
	流砂孔	直径（mm）	10	15	20
标定罐	金属标定罐	内径（mm）	100	150	200
		外径（mm）	150	200	250
基板	金属方盘基板	边长（mm）	350	400	450
		深（mm）	40	50	60
	中孔	直径（mm）	100	150	200
	板厚	厚（mm）	≥1（铁）	≥1（铁）	≥1（铁）
			≥1.2（铝合金）	≥1.2（铝合金）	≥1.2（铝合金）

(4) 灌砂筒的选择:在测试前,应根据填料粒径及测试层厚度选择不同尺寸的灌砂筒,并符合表4-5的规定。

灌砂筒类型（mm）　　　　表 4-5

灌砂筒类型	填料最大粒径	适宜的测试层厚度
φ100	<13.2	≤150
φ150	<31.5	≤200
φ200	<63	≤300
φ250 及以上	≤100	≤400

(5) 玻璃板:边长500～600mm的方形板。

(6) 试样盘和铝盒:小筒挖出的试样可用铝盒存放,大筒挖出的试样可用300mm×500mm×40mm的搪瓷试样盘存放。

(7) 电子秤:分度值不大于1g。

(8) 电子天平:用于含水率测试时,对细粒土、中粒土、粗粒土的分度值宜分别为0.01g、0.1g、1g。

(9) 含水率测试设备:如铝盒、烘箱、微波炉等。

(10) 量砂:粒径0.3～0.6mm清洁干燥的砂,20～40kg。使用前须洗净、烘干,筛分至符合要求并放置24h以上,使其与空气的湿度达到平衡。

(11) 盛砂的容器:塑料桶等。

(12) 温度计:分度值不大于1℃。

(13) 其他:凿子、螺钉旋具、铁锤、长把勺、长把小簸箕、毛刷等。

3. 准备工作

(1) 按照有关标准和规程对结构层填料进行击实试验,得到最大干密度（ρ_c）。

(2) 按规定选用灌砂设备。

(3) 标定灌砂设备下部圆锥体内砂的质量:

1）在储砂筒筒口高度上，向储砂筒内装砂至距筒顶距离为（15±5）mm。称取装入筒内砂的质量 m_1，准确至1g。以后每次标定及试验都应该维持装砂高度与质量不变。

2）将开关打开，让砂自由流出，并使流出砂的体积与标定罐的容积相当（或等于工地所挖试坑的体积），然后关上开关。

3）不晃动储砂筒，轻轻地将罐砂筒移至玻璃板上，将开关打开，让砂流出，直到筒内砂不再下流时，将开关关上，取走灌砂筒。

4）称量留在玻璃板上的砂或称量储砂筒内砂的质量，准确至1g。玻璃板上砂的质量就是圆锥体内砂的质量（m_2）。

5）重复上述测量三次，取其平均值。

（4）标定量砂的松方密度 ρ_s（g/cm³）：

1）用15～25℃的水确定标定罐的容积 V，准确至1mL。

2）在储砂筒中装入质量为 m_1 的砂，并将灌砂筒放在标定罐上，将开关打开，让砂流出。在整个流砂过程中，不要碰灌砂筒，直到储砂筒内的砂不再下流时，将开关关闭。取下灌砂筒，称取筒内剩余砂的质量（m_3），准确至1g。

3）按下式计算填满标定罐所需砂的质量。

$$m_a = m_1 - m_2 - m_3 \tag{4-10}$$

式中　m_a——标定罐中砂的质量（g）；

m_1——装入储砂筒内砂的质量（g）；

m_2——灌砂筒下部圆锥体内砂的质量（g）；

m_3——灌砂入标定罐后，筒内剩余砂的质量（g）。

4）重复上述测量三次，取其平均值。

5）按式（4-11）计算量砂的松方密度。

$$\rho_s = m_a/V \tag{4-11}$$

式中　ρ_s——量砂的松方密度（g/cm³）；

m_a——标定罐中砂的质量（g）；

V——标定罐的体积（cm³）。

4. 测试步骤

（1）在试验地点，选一块平坦表面，将其清扫干净，面积不得小于基板面积。

（2）将基板放在平坦表面上。当表面的粗糙度较大时，将盛有量砂（m_1）的灌砂筒放在基板中孔上，做好基板位置标识。将灌砂筒的开关打开，让砂流入基板中孔内，直到储砂筒内的砂不再下流时关闭开关。取下灌砂筒，并称量储砂筒内砂的质量（m_5），准确至1g。

（3）取走基板，收回留在试验地点未混入杂质的量砂，重新将表面清扫干净。

（4）将基板放回原处并固定，沿基板中孔凿洞（洞的直径与灌砂筒直径一致）。在凿洞过程中，不应使凿出的材料丢失，并随时将凿松的材料取出装入塑料袋中或大铝盒内密封，防止水分蒸发。试洞的深度应等于测试层厚度，但不得有下层材料混入。称取洞内料质量 m_w，准确至1g。当需要测试厚度时，应先测量厚度后再称量材料总质量。

（5）从挖出的全部材料中取有代表性的试样，放在铝盒或洁净的搪瓷盘中，按照有关规定测试其含水率（ω）。单组取样数量如下：

用小灌砂筒测试时，对于细粒土，不少于100g；对于各种中粒土，不少于500g。用中灌砂筒测试时，对于细粒土，不少于200g；对于各种中粒土，不少于1000g；对于粗粒土或水泥、石灰、粉煤灰等无机结合料稳定材料，宜将取出的材料全部烘干，且不少于2000g，称其质量（m_d）。用大型灌砂筒测试时，宜将取出的材料全部烘干，称其质量（m_d）。

（6）储砂筒内放满砂到要求质量m_1，将基板安放在试坑原位上。灌砂筒安放在基板中间，下口对准基板中孔，打开灌砂筒开关，让砂流入试坑内。在此期间，不应碰灌砂筒，直到储砂筒内的砂不再下流时，关闭开关。取走灌砂筒，并称量筒内剩余砂的质量（m_4），准确至1g。

（7）如清扫干净的平坦表面粗糙度不大，也可省去（2）和（3）的操作。试洞挖好后，将灌砂筒直接对准试坑，中间不需要放基板。打开灌砂筒开关，让砂流入试坑内。在此期间，不应碰灌砂筒，直到储砂筒内的砂不再下流时，关闭开关。取走灌砂筒，并称量剩余砂的质量（m_4'），准确至1g。

（8）取出储砂筒内的量砂，以备下次试验时再用。

（9）取走基板，将留在试坑内未混入杂质的量砂收回；将坑内剩余量砂清理干净后，回填与被测结构同材质的填料，并用铁锤分3~4层夯实。

（10）回收的量砂烘干、过筛，并放置24h以上，使其与空气的湿度达到平衡后可以继续使用。若量砂中混有杂质，则应废弃。

5. 数据处理

（1）按式（4-12）或式（4-13）计算填满试坑所用砂的质量。

灌砂过程中，试坑上放有基板时：

$$m_b - m_1 - m_4 - (m_1 - m_5) \tag{4-12}$$

灌砂过程中，试坑上不放基板时：

$$m_b = m_1 - m_4' - m_2 \tag{4-13}$$

式中　m_b——填满试坑砂的质量（g）；

m_1——灌砂前灌砂筒内砂的质量（g）；

m_2——灌砂筒下部圆锥体内砂的质量（g）；

m_4、m_4'——灌砂后，储砂筒内剩余砂的质量（g）；

$m_1 - m_5$——灌砂筒下部圆锥体内及基板和粗糙表面间砂的合计质量（g）。

（2）按式（4-14）计算试坑材料的湿密度。

$$\rho_\omega = \frac{m_\omega}{m_b} \times \rho_s \tag{4-14}$$

式中　ρ_ω——试坑材料的湿密度（g/cm³）；

m_ω——试坑中取出的全部材料的质量（g）；

ρ_s——量砂的松方密度（g/cm³）。

（3）按式（4-15）计算试坑材料的干密度。

$$\rho_d = \frac{\rho_\omega}{1 + 0.01w} \tag{4-15}$$

式中 ρ_d——试坑材料的干密度（g/cm³）；

w——试坑材料的含水率（%）。

（4）当为水泥、石灰、粉煤灰等无机结合料稳定土时，可按式（4-16）计算密度。

$$\rho_d = \frac{m_d}{m_b} \times \rho_s \tag{4-16}$$

式中 ρ_d——当为水泥、石灰、粉煤灰等无机结合料稳定土时的密度（g/cm³）；

m_d——试坑中取出的稳定土的烘干质量（g）。

（5）按式（4-17）计算施工压实度。

$$K = \frac{\rho_d}{\rho_c} \times 100\% \tag{4-17}$$

式中 ρ_d——试样的干密度（g/cm³）；

ρ_c——由击实等试验得到的最大干密度（g/cm³）。

6. 报告

本方法应报告以下技术内容：

（1）测试位置信息（桩号、层位等）。

（2）干密度、最大干密度。

（3）压实度。

4.5 环刀法测定压实度

有研究表明，采用环刀法在现场测路基干密度过程中，会造成环刀内部的部分细粒土扰动，导致测试结果不准确，因此建议有条件的地区或项目开展环刀法扰动系数的测试研究，即在用击实法确定室内细粒土最大干密度时，将环刀压入筒内试验土体，确定环刀内扰动土体密度与试验土体密度比值，得到扰动系数以修正现场压实结果。

1. 适用范围

本方法适用于现场测试细粒土及龄期不超过 2d 的无机结合料稳定细粒土结构的密度，并计算施工压实度，以评价结构层的压实质量。

2. 仪具与材料技术要求

（1）人工取土器：如图 4-8 所示，包括环刀、环盖、定向筒和击实锤系统（导杆、落锤、手柄）。环刀内径 6~8cm，高 2~5.4cm，壁厚 1.5~2mm。

（2）电动取土器：如图 4-9 所示，由底座、立柱、升降机构、取芯机构、动力和传动机构组成。

1）底座：由底座平台、定位销、行走轮组成。平台是整个仪器的支撑基础；定位销用于操作时定位；行走轮用于换点时仪器近距离移动，在定位时四只轮子可扳起。

2）立柱：由立柱与立柱套组成，装在底座平台上，作为升降机构、取芯机构、动力和传动机构的支架。

3）升降机构：由升降手轮、锁紧手柄组成，用于调整取芯机构高度。松开锁紧手柄，转动升降手轮，取芯机构即可升降到所需位置后，拧紧手柄定位。

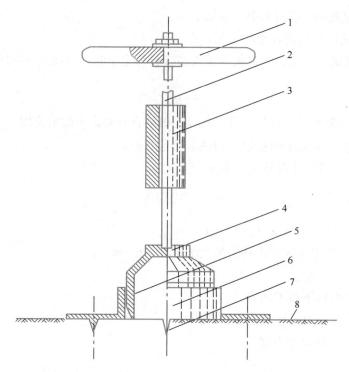

图 4-8 取土器
1—手柄；2—导杆；3—落锤；4—环盖；5—环刀；
6—定向筒；7—定向筒齿钉；8—试验地面

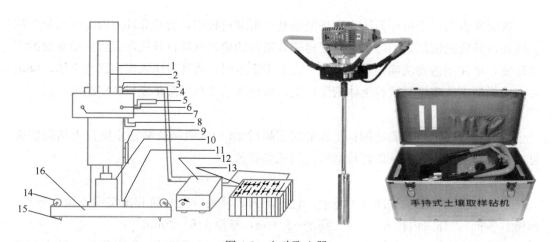

图 4-9 电动取土器
1—立柱；2—升降轴；3—电源输入；4—直流电机；5—升降手柄；6、7—电源指示；8—锁紧手柄；
9—升降手轮；10—取芯头；11—立柱套；12—调速器；13—电瓶；14—行走轮；15—定位销；16—底座平台

4）取芯机构：由取芯头、升降轴组成。取芯头为金属圆筒，下口对称焊接两个合金钢切削刀头，上口端面焊有平盖，其上焊螺母，靠螺旋接于升降轴上。取芯头有三种规格，即 50mm×50mm、70mm×70mm、100mm×100mm，取芯头可更换。配件应包括：取芯套筒、扳手、铝盒等。

5）动力和传动机构：主要由直流电机、调速器、齿轮箱组成。配件应包括：电瓶和充电器。

(3) 天平：分度值不大于0.01g。

(4) 其他：镐、小铁锹、修土刀、毛刷、直尺、钢丝锯、凡士林、木板及测试含水率设备等。

3. 方法与步骤

(1) 对结构层填料进行击实试验，得到最大干密度及最佳含水率。

(2) 在现场选取位置相邻的两处作为平行试验的测点。

(3) 用人工取土器测试黏性土及无机结合料稳定细粒土密度的步骤：

1) 擦净环刀，称取环刀质量 M_2，准确至0.1g。

2) 在试验地点将面积约30cm×30cm的地面清扫干净，并铲去压实层表面浮动及不平整的部分。

3) 将定向筒齿钉固定于铲平的地面上。顺次将环刀、环盖放入定向筒内与地面垂直。

4) 将导杆保持垂直状态，用取土器落锤将环刀打入压实层中。在施工过程控制或质量评定时，环刀中部处于压实层厚的1/2深度；用于其他需要的测试时，可按其要求深度取样。

5) 去掉击实锤和定向筒，用镐将环刀及试样挖出。

6) 轻轻取下环盖，用修土刀自边至中削去环刀两端余土，用直尺测试直至修平为止。

7) 擦净环刀外壁，用天平称取出环刀及试样合计质量 M_1，准确至0.01g。

8) 自环刀中取出试样，取具有代表性的试样（不少于100g），测试其含水率（ω）。含水率测试应参照有关规定。

(4) 用人工取土器测试砂性土或砂层密度的步骤：

1) 如为湿润的砂土，试验时不宜使用击实锤和定向筒，在铲平的地面上，挖出一个直径较环刀外径略大的砂土柱，将环刀刃口向下，平置于砂土柱上，用两手平稳地将环刀垂直压下，环刀中部处于压实层厚的1/2深度。

2) 削掉环刀口上的多余砂土，并用直尺刮平。

3) 在环刀上口盖一块平滑的木板，一手按住木板，另一手用小铁锹将试样从环刀底部切断，然后将装满试样的环刀反转过来，削去环刀刃口上部的多余砂土，并用直尺刮平。

4) 擦净环刀外壁，称环刀与试样合计质量（M_1），准确至0.01g。

5) 自环刀中取具有代表性的试样（不少于100g），测试其含水率。

6) 干燥的砂土不能挖成砂土柱时，可直接将环刀压入或打入土中至要求的深度。

(5) 用电动取土器测试无机结合料细粒土和硬塑土密度的步骤：

1) 装上所需规格的取芯头。在施工现场取芯前，选择一块平整的路段，将四只行走轮扳起，四根定位销钉采用人工加压的方法，压入路基土层中。松开锁紧手柄，旋动升降手轮，使取芯头刚好与土层接触，锁紧手柄。

2) 将电瓶与调速器接通，调速器的输出端接入取芯机电源插口。指示灯亮，显示电路已通；启动开关，电机带动取芯机构转动。根据土层含水率调节转速，操作升降手柄至规定的深度，上提取芯机构，停机，移开电动取土器。将取芯套筒套在切削好的土芯立柱上，摇动即可取出样品。

3）取出样品，立即按取芯套筒长度用修土刀或钢丝锯修平两端，制成所需规格土芯，如拟进行其他试验项目，装入密封盒中，送试验室备用。

4）称量土芯带套筒质量 M_1，从土芯中心部分取试样测试含水率。

4. 数据处理

（1）按式（4-18）、式（4-19）计算试样的湿密度及干密度。

$$\rho = \frac{4 \times (M_1 - M_2)}{\pi \cdot d^2 \cdot h} \tag{4-18}$$

$$\rho_d = \frac{\rho}{1 + 0.01\omega} \tag{4-19}$$

式中 ρ——试样的湿密度（g/cm³）；
M_1——环刀或取芯套筒与试样合计质量（g）；
M_2——环刀或取芯套筒质量（g）；
d——环刀或取芯套筒直径（cm）；
h——环刀或取芯套筒高度（cm）；
ρ_d——试样的干密度（g/cm³）；
ω——试样的含水率（%）。

（2）按式（4-20）计算施工压实度。

$$K = \frac{\rho_d}{\rho_c} \times 100 \tag{4-20}$$

式中 ρ_c——由击实等试验得到的最大干密度（g/cm³）。

（3）计算两次平行试验结果的差值，若不大于 0.03g/cm³，取其算术平均值作为测试结果；若大于 0.03g/cm³，则重新测试。

5. 报告

本方法应报告以下技术内容：

（1）测点位置信息（桩号、层位等）。

（2）试样干密度、最大干密度、压实度。

4.6 钻芯法测定沥青面层压实度

4-3 钻芯测试沥青路面压实度

1. 适用范围

本方法适用于测试从压实的沥青路面上钻取沥青混合料芯样的密度，并计算施工压实度，以评价结构层的压实质量。

2. 仪具与材料技术要求

（1）路面取芯钻机。

（2）天平：分度值不大于 0.1g。

(3) 水槽：温度控制在±0.5℃以内。

(4) 吊篮。

(5) 石蜡。

(6) 其他：卡尺、毛刷、取样袋（容器）、电风扇。

3. 方法与步骤

(1) 钻取芯样：

1) 按规定的方法钻取路面芯样，芯样直径不宜小于100mm。当一次钻孔取得的芯样包含有不同层位的沥青混合料时，应根据结构组合情况用切割机将芯样沿各层结合面锯开分层进行测试。

2) 钻孔取样应在路面完全冷却后进行，对普通沥青路面通常在第二天取样，对改性沥青及SMA路面宜在第三天以后取样。

(2) 测试试件密度：

1) 将钻取的试件在水中用毛刷轻轻刷净粘附的粉尘。如试件边角有浮松颗粒，应仔细清除。

2) 将试件晾干或用电风扇吹干不少于24h，直至恒重。

3) 按要求测试试件密度ρ_s。通常情况下采用表干法测试试件的毛体积相对密度；对吸水率大于2%的试件，宜采用蜡封法测试试件的毛体积相对密度；对吸水率小于0.5%、特别致密的沥青混合料，在施工质量检验时，允许采用水中重法测试相对密度。

(3) 根据规范的规定，确定标准密度。

4. 数据处理

(1) 当计算压实度的标准密度采用试验室实测的马歇尔击实试验密度或试验路段钻孔取样密度时，沥青面层的压实度按式（4-21）计算。

$$K = \frac{\rho_s}{\rho_0} \times 100\% \tag{4-21}$$

式中　ρ_s——沥青混合料芯样试件的实测密度（g/cm³）；

　　　ρ_0——沥青混合料的标准密度（g/cm³）。

(2) 计算压实度的标准密度采用最大理论密度时，沥青面层的压实度按式（4-22）计算。

$$K = \frac{\rho_s}{\rho_t} \times 100\% \tag{4-22}$$

式中　ρ_t——沥青混合料的最大理论密度（g/cm³）。

(3) 计算一个测试路段的压实度的平均值、标准差、变异系数，并计算压实度代表值。

5. 报告

采用钻芯取样应出具的报告，技术内容包括：

(1) 测点位置（桩号、层位等）。

(2) 实测密度、标准密度（或最大理论密度）、压实度。

（3）测试路段压实度的平均值、标准差、变异系数以及代表值。

4.7 核子密湿度仪测定压实度

核子仪法是国外用于现场控制压实度的常见方法，20世纪90年代初引入我国，曾在路基路面材料的密度、含水率的测试方面有所应用。核子仪有方便、快捷的特点，但易受测试层温度及多种环境因素的影响，测值波动性较大，因此测试过程中通常需要经过标定，同时在压实度测试时要保证与试验段测试时温度一致，对于纹理较大的路面，测试前还需用细砂填平以保证测值准确。

4-4 核子密实度仪测定压实度

核子仪对靠近表层材料的密度最为敏感，当测试材料的表面与仪器底部之间存在空隙时，测试结果可能存在表面偏差（仅对散射法）。核子仪法还经常用于监测结构层密度或压实度的变化，以确定合适的碾压遍数、机械组合等施工工艺参数，进而确定试验段密度值。对刚铺筑完的热沥青混合料路面进行测试时，为避免影响测试结果，仪器不能长时间放置在路面上，测试完成后应将仪器尽快从路面上移走冷却。

此外，从事仪器保管及使用的人员，需符合核辐射测试的相关规定。

1. 适用范围

本方法适用于用核子密湿度仪测试路基、路面材料的密度和含水率，并计算施工压实度，以评价结构层的压实质量。核子密度湿度仪可采用散射和直接透射两种方式进行。其中，散射方式宜用于测试沥青混合料面层的压实密度或硬化混凝土等难以打孔材料的密度。直接透射方式宜用于测试厚度不大于30cm的土基、基层材料或非硬化水泥混凝土等可以打孔材料的密度及含水率。

2. 仪具与材料技术要求

（1）核子密湿度仪（简称：核子仪）：应符合行业的相关要求，满足国家规定的关于健康保护和安全使用要求。核子仪应每12个月进行一次校验。密度的测试范围为$1.12\sim2.73g/cm^3$，测试允许误差不超过$\pm0.03g/cm^3$。含水量测量范围为$0\sim0.64g/cm^3$，测试允许误差为$\pm0.015g/cm^3$。核子仪主要包括下列部件：

1) 放射源：γ射线源（双层密封的同位素放射源，如铯-137、钴-60或镭-226等）或中子源[如镅（241）-铍等]。

2) 探测器：γ射线探测器（如G-M计数管）或热中子探测器（如氦-3管）。

3) 读数显示设备：如液晶显示器、脉冲计数器、数率表或直接读数表等。

4) 标准计数块：密度和含氢量均匀不变的材料块，用于标验仪器运行状况和提供射线计数的参考标准。

5) 钻杆：用于打测试孔以便插入探测杆。

6) 安全防护设备：符合国家规定要求的设备。

7) 刮平板、钻杆、接线等。

（2）细砂：粒径0.15~0.3mm。

（3）其他：毛刷等。

3. 方法与步骤

（1）准备工作

核子仪经维修或使用过程中不能满足规定的限值时，应重新校验后使用。校验后仪器在所有标定块上每一测试深度上的标定响应应达到±16kg/m³。

每天使用前或者对测试结果有怀疑时，按下列步骤测试标准值：

1）将核子仪置于表面经压实且平整的地点，距其他放射源至少 8m。

2）接通电源，按照要求预热。

3）将核子仪置于标准块上，按照要求评定标准计数。如标准计数超过规定限值时，进行二次标准计数，若仍超出规定限值时，需视作故障进行返修处理。

（2）测试步骤

1）按照规范规定的方法确定测试位置，距路面边缘或其他物体的最小距离不得小于 30cm。

2）检查核子仪周围 8m 之内是否存在其他放射源（含另外的核子仪），如果有应移开或重新选点。

3）当用散射法测试沥青路面密度时，应先用细砂填平测点表面孔隙（图 4-10），再按图 4-11 所示的方法将仪器置于测点上。

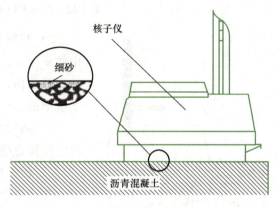

图 4-10　用细砂填平测试位置的方法

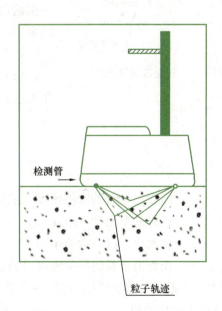

图 4-11　用散射法测试

4）当使用直接透射法测试时，用导板、钻杆等在测点表面打孔，孔深应大于测试深度，且插进探杆后仪器不倾斜（图 4-12）。按图 4-13 所示的方法将探杆插入测试孔内，前后或左右移动仪器，使之稳固。

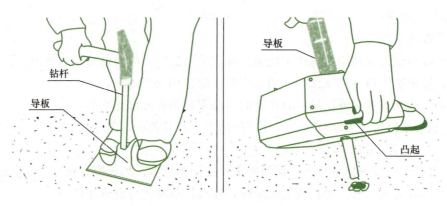

图 4-12　在路表面上打孔的方法

图 4-13　用直接透射法测试

5) 开机并选定测试时间后进行测量，测试人员退出核子仪 2m 以外。到达测试时间后，测试人员读取并记录示值，迅速关机，将手柄置于安全位置，结束本次测试。

6) 测试结束后，核子仪应装入专用的仪器箱内，放置在符合核辐射安全规定的地方。

7) 根据相关性试验结果确定材料的湿密度和含水率，并计算干密度及压实度；对于沥青混合料面层，用所确定的材料湿密度直接计算压实度。用散射法时，一组测值不应少于 13 点，取平均值作为该段落的压实结果。

4. 数据处理

(1) 按式 (4-23)、式 (4-24) 计算施工干密度及压实度。

$$\rho_d = \frac{\rho_w}{1+w} \quad (4\text{-}23)$$

$$K = \frac{\rho_d}{\rho_c} \times 100\% \quad (4\text{-}24)$$

式中　ρ_d——沥青混合料的实测密度（或路基、基层填料的干密度），g/cm³；

ρ_w——试样的湿密度（g/cm³）；

w——含水率，以小数表示；

ρ_c——沥青混合料的标准密度（或路基、基层填料的最大干密度）（g/cm³）。

(2) 按规范规定的方法，计算一个测试路段压实度的平均值、标准差、变异系数，并计算压实度代表值。

5. 相关性试验

核子仪在使用前应在试验段上确定与标准方法的相关性。在沥青混合料大规模施工前，应确定核子仪法与钻芯取样法的相关性。在基层或路基大规模施工前，应确定核子仪法与挖坑灌砂法的相关性。步骤如下：

（1）选定200m以上段落作为试验段。

（2）按照本方法准备工作步骤进行测试。

（3）对于沥青路面，按照钻芯取样法规定在测点位置测试压实度；对于基层或路基，在测点处避开测孔，按照挖坑灌砂法的规定测试压实度。

（4）对相同的路面厚度、配合比设计、碾压遍数、松铺厚度、机械组合及压实度标准的路面结构层，使用前应在试验段至少测试15处，求取两种不同方法在每处的偏差值Δ_{pi}，计算平均值作为修正值Δ，将修正值Δ输入到核子仪中，计算并保存。

（5）对相同的路面厚度、配合比设计、松铺厚度及机械组合，多种不同的压实度标准的路面结构层，使用前可选取多个试验段进行相关性试验，每个试验段至少测试10处，按照规范规定，求取两种不同方法测试密度的相关性公式，用于测试结果的修正，其相关系数R应不小于0.95。

6. 报告

本方法应报告以下技术内容：

（1）测试路段信息（桩号、结构层类型及厚度等）。

（2）实测密度、标准密度、压实度。

（3）测试路段压实度的平均值、标准差、变异系数及代表值。

（4）若进行相关性试验，还应报告修正值或相关性关系式及相关系数。

4.8　无核密度仪测定压实度

国内主流无核密度仪按照工作原理分为：电磁法无核密度仪和时域反算法无核密度仪。目前主要用在路面施工过程控制环节，不能用于交工验收或质量鉴定；对于新铺的沥青混合料路面，该仪器能快速、可靠地给出测试结果，有利于施工单位及时控制压实质量。

正在制定的智能压实监控技术行业标准，结合数字化施工，将工艺控制和传统检测控制相结合，能够实现实时、全过程、全作业面测试控制压实度，为提高测试效率、客观评价压实水平提供新的思路。

1. 适用范围

本方法适用于现场无核密度仪快速测试当日铺筑且未开放交通的沥青路面各层沥青混合料的密度，并计算压实度。测试结果不宜用于评定验收。

2. 仪具与材料技术要求

无核密度仪应内含电子模块和可充电电池。探头应无核，无电容。无核密度仪的技术要求如下：

（1）最大探测深度：≥10cm。

（2）最小探测深度：≤2.5cm。

（3）单次测量时间：不大于5s。

（4）精度：0.003g/cm^3。

（5）配有标准密度块供无核密度仪自校时使用。

3. 方法与步骤

（1）准备工作

1）无核密度仪在第一次使用前应对软件进行设置并储存，使操作者无须每次开机后都进行软件的设置。

2）使用无核密度仪前，应严格用标准密度块标定，通过相关性试验检验，确认其可靠性。

（2）测试步骤

1）按照规范规定的方法确定测试位置，与距路面边缘或其他物体的最小距离不得小于 30cm，且表面干燥。

2）把无核密度仪平稳地置于测试位置上，保证仪器不晃动。当路表结构凸凹不平时，可用细砂填平测试位置的空隙，使路表面平整，能与仪器紧密接触。

3）开机后应检查无核密度仪的工作状态，如电池电压、内部温度，设置测试日期、时间、测值编号等。

4）进入测试界面，设置沥青面层厚度、测量单位、最大公称粒径等参数，选择单点测量模式，进入待测状态。

5）按动测试键，3s 后读取数据，并记录。同时，无核密度仪上显示被测试材料表面的湿度值应在 0～10 之间，当测值超过 10 时，数据作废，应重新选点测试。

6）当采用修正值方法时，显示原始数据为 ρ_d；当采用相关性公式时，将显示的原始数据带入相关性公式，计算实测密度 ρ_d，准确至 0.01g/cm^3。

4. 数据处理

按式（4-25）计算压实度。

$$K = \frac{\rho_d}{\rho_0} \times 100\% \tag{4-25}$$

式中 ρ_d——沥青混合料的实测密度（g/cm^3）；

ρ_0——沥青混合料的标准密度（g/cm^3）。

计算一个测试路段压实度的平均值、标准差以及变异系数，并计算压实度代表值。

5. 与钻芯法压实度测试结果的相关性试验

（1）路段选择

1）选择不短于 200m 长度的试验路段。

2）按照本方法规定确定测试位置。

3）对同样的路面厚度、配合比设计、碾压遍数、松铺厚度、机械组合及压实度标准的路面结构，应确定不少于 15 处。对同样的路面厚度、配合比设计、松铺厚度及机械组合，不同的压实度标准的路面结构，应确定不少于 10 处。

（2）试验步骤

1）每处测试位置按照图 4-14 所示确定

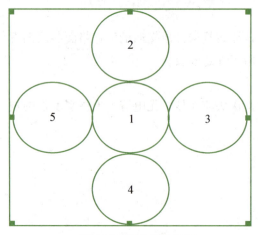

图 4-14 五点法示意图

5个点位，使用无核密度仪，按照本方法步骤对各测点进行测试，选择平均读取模式依次读取并记录显示的密度、湿度和温度等数值，取密度平均值作为该处密度测试结果。

2) 在每一处测试位置钻取芯样，按照钻芯法规定的方式进行压实度测试。

(3) 数据处理

1) 对同样的路面厚度、配合比设计、碾压遍数、松铺厚度、机械组合及压实度标准的路面结构计算每处测试位置的密度偏差值 $\Delta \rho_i$，即无核密度仪测值与钻芯法测值的差值，并计算所有位置的平均偏差值作为修正值 Δ。

2) 对同样的路面厚度、配合比设计、松铺厚度及机械组合，不同的压实度标准的路面结构，按照规定进行数据处理，得到相关性公式，其相关系数 R 应不小于 0.9。

3) 当采用修正值时，一般可将修正值输入无核密度仪，其示值即为修正后测值。当采用相关性公式时，需对无核密度仪示值进行计算处理。

6. 报告

本方法应报告以下技术内容：

(1) 测点位置（桩号、层位等）。

(2) 实测密度、标准密度、压实度。

(3) 测试路段压实度的平均值、标准差、变异系数及代表值。

(4) 若进行相关性试验，还应报告修正值或相关性关系式及相关系数。

【复习思考】

1. 简述压实度检测的基本原理。
2. 压实度检测的方法有哪些？分别适用于什么情况？
3. 简述挖坑灌砂法测试压实度的基本步骤。
4. 简述环刀法测试路基压实度的原理和步骤。
5. 简述钻芯取样检测路面压实度的原理和步骤。
6. 简述核子密湿度仪及无核密度仪检测压实度的原理和步骤。

教学单元 5　平整度检测

【教学目标】

熟悉路基路面平整度测试的内容，了解平整度测试的目的及意义，熟悉四种平整度仪测试方法的特点；掌握三米直尺测试路基路面平整度的原理，掌握测试方法及步骤，掌握数据处理方法；熟悉连续式平整度仪测试路基路面平整度的方法及步骤，熟悉数据处理方法；熟悉车载式颠簸累积仪测试平整度的方法及步骤，了解车载式颠簸累积仪测定值与国际平整度指数的相关关系；了解车载式激光平整度仪测试路基路面平整度。

【案例引入】

平整度检测，让出行体验更完美。为进一步提升道路行车舒适度，改善市民出行环境，某市城管局道桥设施管护中心检测维护所对市区 21 条道路开展了平整度检测，为路面"体检"。在道路探测车车载电子屏幕上，平整度等检测数据正不停变化，工作人员能够及时看出道路端倪，为路面精准"号脉"。路面平整度是路面服务质量的重要指标，由于路面表层直接与行驶车辆接触，若路面不平整则增加行车阻力，加剧车辆与道路的损耗，同时在雨雪天气可能产生积水，加快路面破坏速度。

针对平整度不达标的路段，可以采取局部补强、整体盖被、道路整体翻修等措施逐步开展专项整治，全力提升城市道路平整度、舒适度，确保道路安全通畅。

5.1　概　　述

平整度是指道路表面相对于理想平面的竖向偏差。路面平整度是评定路面使用质量、施工质量以及现有路面破坏程度的重要指标之一。它直接关系到行车安全性、舒适性以及营运经济性，并影响着路面使用年限。

路面平整度的检测设备分为断面类与反应类两大类。断面类检测设备是测定路面表面凸凹情况的一种仪器，如最常用的 3m 直尺及连续式平整度仪。国际平整度指数便是以此为基准建立的，这是平整度最基本的指标。反应类检测设备是测定由于路面凹凸不平引起车辆颠簸的情况，这是驾驶员和乘客直接感受到的平整度指标，因此，它实际上是舒适性能指标，最常用的是车载式颠簸累积仪，现已有更新的自动测试设备，如纵断面分析仪、路面平整度数据采集系统测定车等。本章仅介绍几种常见的平整度测定方法。水泥混凝土路面和沥青路面平整度检测设备的比较见表 5-1；有关规范对路基、路面基层和底基层、路面面层平整度的要求见表 5-2～表 5-4。

平整度测试方法对比　　　　　　　　　　　　　　　　　　　　　表 5-1

大类	仪器	特点	技术指标
断面类	3m 直尺	设备简单，结构直观，间断测试，工作效率低，人为因素大，反映凹凸程度	最大间隙 h （mm）
断面类	连续式平整度仪	设备较复杂，连续测试，工作效率高，反映凹凸程度；在工程中运用较多，但不适合已有较多坑槽、破损严重的路面	标准差 σ （mm）
断面类	激光平整度仪	设备较复杂，连续测试，工作效率高，反映凹凸程度；适合新建、改建路面工程，以及无严重坑槽、车辙等病害，无积水、积雪、泥浆等正常行车条件下使用	国际平整度指数 IRI （m/km）
反应类	颠簸累积仪	设备复杂，工作效率高，连续测试，反映舒适性；适合新建、改建路面工程，以及无严重坑槽、车辙等病害的正常行车条件下使用	单向累计值 VBI （cm/km）

路基平整度要求　　　　　　　　　　　　　　　　　　　　　　　表 5-2

结构名称	允许偏差（mm）	检查频率 范围（m）	检查频率 点数		检查方法
土方路基	≤15	20	路宽（m）	<9 : 1 9~15 : 2 >15 : 3	用 3m 直尺和塞尺连续量两尺，取较大值
填石路基	≤20	20	路宽（m）	<9 : 1 9~15 : 2 >15 : 3	用 3m 直尺和塞尺连续量两尺，取较大值

基层、底基层平整度要求　　　　　　　　　　　　　　　　　　　表 5-3

结构名称		允许偏差（mm）	检查频率 范围（m）	检查频率 点数		检查方法
石灰稳定土类、级配砂砾及级配砾石	基层	≤10	20	路宽（m）	<9 : 1 9~15 : 2 >15 : 3	用 3m 直尺和塞尺连续量两尺，取较大值
石灰稳定土类、级配砂砾及级配砾石	底基层	≤15	20	路宽（m）	<9 : 1 9~15 : 2 >15 : 3	用 3m 直尺和塞尺连续量两尺，取较大值

混凝土路面面层平整度要求　　　　　　　　　　　　　　　　　　表 5-4

结构名称		规定值或容许偏差（mm） 城市快速路、主干路	规定值或容许偏差（mm） 次干路、支路	检查频率 范围（m）	检查频率 点数	检查方法
水泥混凝土面层	标准差 σ（mm）	≤1.2	≤2	100	1	用测平仪检测
水泥混凝土面层	最大间隙 h（mm）	≤3	≤5	100	1	用 3m 直尺和塞尺连续量两尺，取较大值

5.2　3m直尺测定平整度

3m直尺测定平整度的原理是用3m直尺基准面距离路表面的最大间隙（以mm计）反映路基路面表面的凹凸情况。最大间隙值越大，说明路表面越不平整，如图5-1所示。

5-1　路基平整度的检测

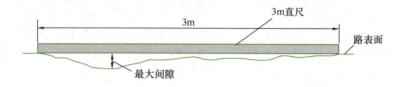

图 5-1　3m直尺测定平整度示意图

1. 试验目的和适用范围

（1）3m直尺测定平整度适用于测定压实成型的路面各层表面的平整度，以评定路面的施工质量，也可用于路基表面成型后的施工平整度检测。

（2）本方法适用于用3m直尺测试路表与3m直尺基准面的最大间隙（δ_m），用以表征路表平整度。

2. 仪具与材料技术要求

（1）3m直尺

测量基准面长度为3m，基准面应平直，用硬木或铝合金钢等材料制成，如图5-2所示。

（2）最大间隙测量器具

1）楔形塞尺：硬木或金属制的三角形塞尺，有手柄。塞尺的长度与高度之比不小于10，宽度不大于15mm，边部有高度标记，刻度读数分辨率小于或等于0.2mm，如图5-3所示。

图 5-2　3m直尺实物图

图 5-3　楔形塞尺实物图

2）深度尺：金属制的深度测量尺，有手柄。深度尺测量杆端头直径不小于10mm，刻度读数分辨率小于或等于0.2mm，如图5-4所示。

图 5-4 深度尺实物图

3. 测试方法与步骤

（1）试验前准备工作

1）确定测试方式。当测试沥青路面施工过程中的质量时，应以单尺方式，且测试位置应选在接缝处；其他情况一般以连续 10 尺方式测试。

2）选择测试位置。除特殊需要者外，应以行车道一侧车轮轮迹（距车道线 0.8～1m）作为连续测试的位置。对既有道路已形成车辙的路面，应取车辙中间位置为测试位置。

3）清扫测试位置。清扫路面测试位置处的碎石、杂物等。

（2）测试步骤

1）摆放 3m 直尺。将 3m 直尺沿道路纵向摆在测试位置的路面上。

2）确定最大间隙位置。目测 3m 直尺底面与路表面之间的间隙情况，确定最大间隙的位置。

3）测试最大间隙。将具有高度标线的塞尺塞进间隙处，测试其最大间隙的高度；或者用深度尺在最大间隙位置测试直尺上顶面距地面的深度，该深度减去尺高即为测试点的最大间隙的高度。以 mm 计，准确至 0.5mm。

4. 数据处理

单尺测试路面的平整度计算，以 3m 直尺与路面的最大间隙（δ_m）为测试结果；连续测试 10 尺时，判断每尺最大间隙（δ_m）是否合格，并计算合格率，以及 10 个最大间隙的平均值。

$$合格率 = \frac{合格尺数}{总测尺数} \times 100\% \tag{5-1}$$

单尺检测的结果应随时记录测试位置及检测结果。连续测定 10 尺时，应报告平均值、不合格尺数、合格率。

5.3　连续式平整度仪测定平整度

连续式平整度仪测定平整度的原理是按一定采样间距量测路表面与八轮仪机架的基准点之间距离的单向偏差（凸起或凹下），以一定长度区间的标准差 σ（以 mm 计），反映路面的平整度。标准差 σ 越大，路表面越不平整。

国外连续式平整度仪的种类很多，长度和结构各有不同，同样是 3m，有 4 轮式、8 轮式、16 轮式，使用最多的是 3m、8 轮平整度仪。我国目前使用的及《公路路基路面现场测试规程》JTG 3450—2019 规定的标准仪器仅限于 3m8 轮平整度仪。

连续式平整度仪的测试结果与规定的 3m 直尺连续测试的平整度在原理上相同，计算方法相同，两种不同的方法有较好的相关性关系。

5-2 连续式平整度仪测试平整度方法

1. 适用范围

连续式平整度仪测试路面纵向相对高程的标准差 σ，用以表征路面的平整度。不适用于在已有较多坑槽、破损严重的路面上测试。

2. 仪具与材料技术要求

（1）连续式平整度仪

1）整体结构：连续式平整度仪构造如图 5-5 所示，除特殊情况外，连续式平整度仪的标准长度为 3m；中间为一个 3m 长的机架，机架可缩短或折叠，前后各 4 个行走轮，前后两组轮的轴间距离为 3m。

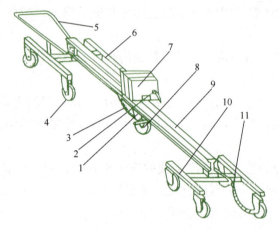

图 5-5　连续式平整度仪构造示意图

1—测量架；2—离合器；3—拉簧；4—脚轮；5—牵引架；6—前架；
7—记录计；8—测定轮；9—纵梁；10—后架；11—软轴

2）地面高差测量传感器：安装在机架中间，可以是能起落的测定轮，或激光测距仪。

3）其他辅助机构：连续式平整度仪的辅助机构有蓄电池电源，距离传感器，与数据采集、处理、存储、输出部分配套的采集控制箱及计算机、打印机等。

4）测试间距为 100mm，每一计算区间的长度为 100m 并输出一次结果。

5）可记录测试长度（m）、曲线振幅大于某一定值（如 3mm、5mm、8mm、10mm 等）的次数、曲线振幅的单向（凸起或凹下）累计值及以 3m 机架为基准的中点路面偏差曲线图，计算并打印。

6）机架装有一牵引钩及手拉柄，可用人力或汽车牵引。

（2）牵引车

小面包车或其他小型牵引汽车。

(3) 其他

皮尺或测绳。

3. 方法与步骤

(1) 试验前准备工作

1) 当为施工过程中质量控制需要时,测试地点根据需要决定;当进行路面工程质量检查验收或路况评定时,通常以行车道一侧车轮轮迹带作为连续测试的标准位置;对已形成车辙的路面,取一侧车辙中间位置为测点位置。

2) 清扫路面测试位置处的碎石、杂物等。

3) 检查仪器测试箱各部分应完好、灵敏,测定轮胎压正常,并将各连接线接妥,安装记录设备。

(2) 测试步骤

1) 将连续式平整度仪置于测试路段路面起点上,保证测定轮位置在轮迹带范围内。

2) 在牵引汽车的后部,将连续式平整度仪与牵引汽车连接好,按照要求依次完成各项操作。

3) 启动牵引汽车,沿道路纵向行驶,横向位置保持稳定。

4) 确认连续式平整度仪工作正常。牵引连续式平整度仪的速度应保持匀速且沿车道方向行驶,速度宜为5km/h,最大不得超过12km/h。在测试路段较短时,亦可用人力拖拉连续式平整度仪测试路面的平整度,但拖拉时应保持匀速前进。

4. 数据处理

(1) 连续式平整度仪测定后,按每10cm间距采集的位移值自动计算每100m计算区间的平整度标准差(mm),还可以记录测试长度(m)。

(2) 每一计算区间的路面平整度以该区间测定结果的标准差表示。以100m长度为一个计算区间,按下式计算该区间内采集的位移值 d_i 的标准差 σ_i,即该区间的平整度,以mm计,保留一位小数。

$$\sigma_i = \sqrt{\frac{\sum d_i^2 - (\sum d_i)^2/N}{N-1}} \tag{5-2}$$

式中 σ_i——各计算区间的平整度计算值(mm);

d_i——以100m为一个计算区间,每隔一定距离(自动采集间距为10cm,人工采集间距为1.5m)采集的路面凹凸偏差位移值(mm);

N——计算区间用于计算标准差的测试数据个数。

(3) 计算一个评定路段内各区间平整度标准差的平均值、标准差、变异系数以及合格率。

5.4 车载式颠簸累积仪测定平整度

用车载式颠簸累积仪测量车辆在路面上通行时,其后轴与车厢之间的单向位移累积值VBI,以此表示路面的平整度,以cm/km计。本方法适用于测定路面表面的平整度,评定路面的施工质量和使用期的舒适性。但不适用于在已有较多坑槽、破损严重的路面上测定。

车载式颠簸累积仪的工作原理是测试车以一定的速度（以 30km/h 为宜，一般不超过 40km/h）在路面上行驶，由于路面上凹凸不平，引起汽车的激振，通过机械传感器可测量后轴与车厢之间的单向位移累积值 VBI。VBI 越大，说明路面平整度越差，舒适性也越差。

1. 适用范围

车载式颠簸累积仪适用于连续采集路面颠簸产生的累积位移值，以表征路面平整度。不适用于有严重坑槽、车辙等病害路面的平整度测试。

2. 仪具与材料技术要求

测试系统由承载车、距离测量装置、颠簸累积值测试装置和主控制系统组成，基本技术参数要求如下：

(1) 测试速度：30～80km/h。
(2) 测试幅值：−0.2～0.2m。
(3) 垂直位移分辨率：1mm。
(4) 距离标定误差：<0.5%。

3. 方法与步骤

(1) 准备工作

1) 承载车出现以下情况之一时，均应进行仪器测值与国际平整度指数 IRI 的相关性试验：在正常状态下行驶超过 2000km；相关性试验的时间间隔超过 1 年；减振器、轮胎等发生更换、维修。

2) 检查测试车轮胎气压，应达到车辆轮胎规定的标准气压，车胎应清洁，不得粘附杂物，承载车载重及分布应与仪器相关性标定试验时一致。

3) 现场安装距离测量系统，应确保紧固装置安装牢固，螺栓无松动。

4) 检查测试系统，各部分应符合测试要求，不应有明显的可视性破损。

5) 打开系统电源，启动控制程序，检查系统各部分的工作状态。

(2) 测试步骤

1) 测试开始之前应让测试车以测试速度行驶 5～10km，按照规定的预热时间对测试系统进行预热。

2) 测试车停在测试起点前 300～500m 处，启动平整度测试系统程序，按照测试路段的现场技术要求设置完毕所需的测试状态。

3) 驾驶员在进入测试路段前应保持标定时的车速，沿正常行车轨迹驶入测试路段。

4) 进入测试路段后，测试人员启动系统的采集和记录程序，在测试过程中必须及时准确地将测试路段的起终点和其他需要特殊标记点的位置输入测试数据记录中。

5) 当测试车辆驶出测试路段后，测试人员停止数据采集和记录，并恢复仪器各部分至初始状态。

6) 测试人员检查数据文件应完整，内容应正常，否则需要重新测试。

7) 关闭测试系统电源，结束测试。

4. 数据处理

根据车载颠簸累积仪测试的颠簸累积值 VBI，按照本方法第 5 条的规定进行相关性试验，得到换算公式，并以 100m 为计算区间换算成国际平整度指数（IRI），以 m/km 计，保留 2 位小数。

5. 车载颠簸累积仪测值与国际平整度指数 IRI 的相关性试验

（1）基本要求

由于颠簸累积仪测值受测试速度等因素影响，因此测试系统的每一种实际采用的测试速度均应单独进行试验，建立相关性关系式。试验过程及分析结果应详细记录并存档。

（2）试验条件

1）按照 IRI 值每段间距大于 1 的范围选择不少于 4 段不同平整度水平，且有足够加速或减速长度的路段。根据实际测试道路 IRI 的分布情况，可以增加某些范围内的标定路段。

2）每路段长度不小于 300m。

3）每一段内的平整度应均匀，包括路段前 50m 的引道。

4）选择坡度变化较小的直线路段，路段交通量小，便于疏导。

5）标定宜选择在车道的正常行驶轮迹上进行，明确标出标定路段的轮迹、起终点。

（3）试验步骤

1）距离标定：

① 选择坡度变化较小的平坦直线路段，长度不小于 500m，标出起终点和行驶轨迹。

② 标定开始之前应让测试车以测试速度行驶 5～10km，按照规定的预热时间对测试系统进行预热。

③ 将测试车的前轮对准起点线，启动距离校准程序，然后令车辆沿着路段轨迹直线行驶，避免突然加速或减速，接近终点时，减速停车，确保测试车的前轮对准终点线，结束距离校准程序。重复此过程，确保距离传感器脉冲当量的准确性，应在允许误差范围之内。

2）用颠簸累积仪按选定的测试速度测试每个标定路段的反应值，重复测试至少 5 次，取其平均值作为该路段的反应值。

3）IRI 值的确定：

以精密水准仪作为标准仪具，分别测量标定路段两个轮迹的纵断面高程，要求采样间隔为 250mm，高程测试精度为 0.5mm。然后用 IRI 标准计算程序对每个轮迹的纵断面测试值进行模型计算，得到该轮迹的 IRI 值，两个轮迹 IRI 值的平均值即为该路段的 IRI 值。

（4）试验数据处理

用数理统计的方法将各标定路段的 IRI 值和相应的颠簸累积仪测值进行回归分析，建立相关性关系式，相关系数 R 应不小于 0.99。

$$IRI = a + bVBI_v \tag{5-3}$$

式中 IRI——国际平整度指数（m/km）;

VBI_v——测试速度为 v（km/h）时，颠簸累积仪测得的颠簸累积值（cm/km）;

a、b——回归系数。

5.5 车载式激光平整度仪测定平整度

5-3 面层平整度的检测

激光平整度仪为应用激光测距及加速度惯性修正技术测量路面纵断面高程，计算路面国际平整度指数 IRI 的设备。激光路面平整度测定仪是一种与路面无接触的测量仪器，测试速度快，精度高。

激光平整度仪采集的数据是路面相对高程值，应以 100m 为计算区间长度，用 IRI 标准计算程序计算 IRI 值，以 m/km 计。

1. 适用范围

车载式激光平整度仪适用于测量路面国际平整度指数（IRI），以表征路面平整度。适用于在无严重坑槽、车辙等病害及无积水、无冰雪、无泥浆的正常通车条件下的路面上进行平整度测试。

2. 仪具与材料技术要求

车载式激光平整度仪（以下简称激光平整度仪）由承载车、距离传感器、纵断面高程传感器和主控制系统组成，基本技术参数的要求如下：

(1) 测试速度：30～100km/h。

(2) 采样间隔：≤500mm。

(3) 传感器测试精度：1mm。

(4) 距离标定误差：≤0.05%。

3. 方法与步骤

(1) 准备工作

1) 检查激光平整度仪的各传感器。

2) 检查承载车轮胎气压，应达到车辆轮胎规定的标准气压，车胎应清洁，不得粘附杂物。

3) 现场安装距离测量装置，应确保机械紧固装置安装牢固，螺栓无松动。

4) 检查激光平整度仪各部分应符合测试要求，不应有破损。

5) 打开系统电源，启动控制程序，检查各部分的工作状态。

(2) 测试步骤

1) 测试开始之前应让承载车以测试速度行驶 5～10km，按照规定的预热时间对激光平整度仪进行预热。

2) 承载车停在测试起点前 50～100m 处，启动平整度测试系统程序，按照测试路段的现场技术要求设置完毕所需的测试状态。

3) 驾驶员应按照要求的测试速度范围驾驶承载车，宜为 50～80km/h，避免急加速和急减速，急弯路段应放慢车速，沿正常行车轨迹驶入测试路段。

4）进入测试路段后，测试人员启动系统的采集和记录程序，在测试过程中必须及时准确地将测试路段的起终点和其他需要特殊标记的位置输入测试数据记录中。

5）当承载车辆驶出测试路段后，测试人员停止数据采集和记录，并恢复仪器各部分至初始状态。

6）检查测试数据文件应完整，内容应正常，否则需要重新测试。

7）关闭系统电源，结束测试。

4. 数据处理

激光平整度仪采集的数据是路面相对高程值，应以 100m 为计算区间长度用 IRI 的标准计算程序计算国际平整度指数（IRI）值，以 m/km 计，保留 2 位小数。

5. 激光平整度仪测值与国际平整度指数 IRI 相关性关系试验

（1）试验条件

1）选择不少于 4 段不同平整度水平的路段，每段路 IRI 值的间距应大于 1，且有足够加速或减速长度的路段，根据实际测试道路 IRI 的分布情况，可以适当增加某些范围内的标定路段。

2）每路段长度不小于 300m。

3）每一段内的平整度应均匀，包括路段前 50m 的引道。

4）选择坡度变化较小的直线路段，路段交通量小，便于疏导。

5）一台承载车安装的多套平整度测试设备，需要分别试验。

6）宜选择在车道的正常行驶轮迹上进行，明确标记试验路段起终点位置。

（2）试验步骤

1）距离标定：

① 选择坡度变化较小的平坦直线路段，长度不小于 500m，标记起终点。

② 标定开始之前应让承载车以测试速度行驶 5～10km，按照规定的预热时间对测试系统进行预热。

③ 将承载车的前轮对准起点线，启动测试系统，然后令承载车沿着路段轨迹直线行驶，避免突然加速或减速，接近终点时，减速停车，确保承载车的前轮对准终点线，输出距离测值。重复此过程，确保距离传感器测试结果和路段标称长度的差值，应在允许误差范围之内。

2）对试验路段进行 5 次重复平整度测试，取其 IRI 计算值的平均值作为该路段的测试值。

3）IRI 值的确定：

以精密水准仪作为标准仪具，测量标定路段上测线的纵断面高程，要求采样间隔为 250mm，高程测量精度为 0.5mm。然后用 IRI 标准计算程序对纵断面测量值进行模型计算，得到标定线路的 IRI 值。

（3）试验数据处理

用数理统计的方法将各标定路段的 IRI 值和相应的平整度仪测值进行回归分析，建立相关性关系式，相关系数 R 不得小于 0.99。

【复习思考】

1. 简述常见的测试路面平整度的方法和特点。
2. 简述 3m 直尺测定路面平整度的主要步骤。
3. 简述颠簸累积仪、连续平整度仪检测结果。
4. 简述 3m 直尺、连续式平整度仪、激光平整度仪、颠簸累积仪的技术指标。

教学单元 6　土基现场 CBR 值测试和回弹模量检测

【教学目标】

了解 CBR 值和回弹模量测试的目的及意义，熟悉 CBR 值和回弹模量测试方法的特点；掌握土基现场 CBR 值测试的方法及步骤，熟悉荷载压强—贯入量关系曲线修正；熟悉承载板测定土基回弹模量的方法，了解原点修正的方法和步骤；熟悉贝克曼梁测定路基路面回弹模量的试验原理和方法步骤；了解动力锥贯入仪测定路基路面回弹模量的方法特点及试验步骤；了解落球仪测定土基回弹模量的步骤和方法。

【案例引入】

在某待建二级公路沿线取土进行粉土的室内试验研究。土的液限为 31.7，塑限为 22.6，塑指为 9.1，最大干密度为 1.94g/cm³，最佳含水率为 12.2%。规范定名为粉土，试验按照不同的压实度、不同的含水率（最佳含水率±2%、±4%、±6%，浸水 4d）制作试件，测定 CBR 值和回弹模量值。找到 CBR 值、回弹模量随压实度、含水率的变化规律及 CBR 值和回弹模量的相关关系。

根据大量的试验数据，粉质黏土、粉土的室内试验和回弹模量（修正后）与 CBR 值相关性较好，其中粉质黏土回弹模量（修正后）约等于 2.4 倍的 CBR 值；粉土的回弹模量（修正后）约等于 4.5 倍的 CBR 值，为路基的设计和施工提供了较好的指导意义。

6.1　概　　述

为了检验路基路面材料的强度是否达到要求，需要现场进行土基强度和刚度测定。目前，按我国有关规定，采用土基现场 CBR 值作为评价土基材料承载能力的指标，而 CBR 值和回弹模量之间具有良好的相关性。

回弹模量是路基、路面等筑路材料在荷载的作用下，产生的应力与其相应的回弹应变之比。土基回弹模量表示土基在弹性变形阶段，在垂直荷载作用下，抵抗竖向变形的能力。如果垂直荷载为定值，土基回弹模量越大，则产生的垂直位移就越小；如果竖向位移是定值，回弹模量越大，则土基承受外荷载的能力就越大。因此，道路检测中常采用土基回弹模量作为土基抗压强度的指标。测定回弹模量的主要方法有：承载板法、贝克曼梁法、动力锥贯入仪测定法、落球仪测定法等（表 6-1）。

土基现场 CBR 值测试和回弹模量检测的方法对比　　　　　　　　表 6-1

方法名称	特点
土基现场 CBR 值测试	测试方法成熟，速度快，属于标准方法，适用于在现场测定各种土基材料的 CBR 值，但不适用于填料粒径超过 31.5mm 的土基现场 CBR 值测试
承载板法测定土基回弹模量	适用于在现场土基表面，通过承载板对土基逐级加载、卸载，测出每级荷载下相应的土基回弹变形值，通过计算求得土基回弹模量
贝克曼梁法测定路基路面回弹模量	与采用贝克曼梁法测定路基路面回弹弯沉基本相同，适用于土基、厚度不小于 1m 的粒料整层表面，用贝克曼梁法测试各测点的回弹弯沉值，通过计算求得该材料的回弹模量值
动力锥贯入仪法测定路基路面回弹模量	动力锥贯入仪（简称 DCP）是一种轻型轻便的地基土原位测试的触探仪。特点是快速、简便，不受场地限制，适用于施工现场或老路路基承载力评价，测试效率较高。同时 DCP 与 CBR 值和回弹模量之间具有良好的相关性，可用来评价路基的强度
落球仪测定土基回弹模量	适用于快速测试黏土、粉土、砂石土、砾石土路基的压缩模量和回弹模量。不适用于最大粒径超过 100mm 的土质路基模量测试

6.2　土基现场 CBR 值测试

承载比，简称 CBR（California Bearing Ratio 的缩写）是由美国加利福尼亚州公路局首先提出的一种评定土基及其他路面材料承载能力的指标。土基的现场 CBR 值测试原理是：在公路路基施工现场，用载重汽车作为反力架，通过千斤顶连续加载，使贯入杆匀速压入土基。为了模拟路面结构对土基的附加压力，在贯入杆位置安放荷载板。路基强度越高，贯入量达到规定值所施加的荷载越大，即 CBR 值越大。

土基的现场 CBR 值是指在公路土基现场条件下按规定方法进行贯入试验，得到荷载压强-贯入量关系曲线，读取规定贯入量的荷载压强与标准压强的比值，以百分数表示。

1. 试验目的和适用范围

（1）CBR 值作为路基材料强度的现场测试指标，涉及填料选择、粒料类基层和底基层材料设计等各个方面，是检验路基强度的重要指标之一。

（2）本方法适用于在现场测定各种土基材料的 CBR 值，同时也适合于基层、底基层砂类土、天然砂砾、级配碎石等材料 CBR 值的试验，但不适用于填料粒径超过 31.5mm 的土基现场 CBR 值测试。

2. 仪具与材料技术要求

（1）反力装置：载重汽车后轴重不小于 60kN，在汽车大梁的后轴之后设有一加劲横梁作反力架用。

（2）荷载装置：由千斤顶、测力计（测力环或压力表）及球座组成，如图 6-1 所示。千斤顶可使贯入杆的贯入速度调节成 1mm/min。测力计的量程不小于土基强度，测试精度不小于测力计量程的 1%。

（3）贯入杆：直径 50mm，长约 200mm 的金属圆柱体。

（4）承载板：直径 150mm，中心孔眼直径 52mm，每块 1.25kg，共 4 块，并沿直径分为两个半圆块。

（5）贯入量测定装置：由图 6-1 中所示的刚性平台及百分表组成，百分表量程 20mm，精度 0.01mm，数量 2 个，对称固定于贯入杆上，端部与刚性平台接触，平台跨度不小于 500mm。此设备也可用两台贝克曼梁弯沉仪代替。

（6）细砂：洁净干燥的细砂，粒径 0.3～0.6mm。

3. 测试方法与步骤

（1）试验前准备工作

1）将测试地点直径约 300mm 范围的表面找平，用毛刷刷净浮土，如表面为粗粒土时，应撒布少许洁净的细砂填平，但不能覆盖全部土基表面，避免形成夹层。

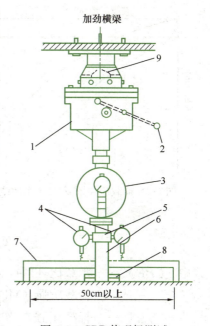

图 6-1 CBR 值现场测试
装置示意图
1—千斤顶；2—手柄；3—测力计；
4—百分表；5—百分表夹具；
6—贯入杆；7—刚性平台；
8—承载板；9—球座

2）按图 6-1 设置贯入杆及千斤顶，千斤顶顶在加劲横梁上且调节至高度适中。贯入杆应与土基表面紧密接触。

3）将支架平台、百分表（或两台贝克曼梁弯沉仪）按图 6-1 安装好。

（2）测试步骤

1）在贯入杆位置安放 4 块 1.25kg 的分开成半圆的承载板，共 5kg。

2）试验贯入前，先在贯入杆上施加 45N 荷载后，将测力计及百分表调零，记录初始读数。

3）用千斤顶连续加载，使贯入杆以 1mm/min 的速度压入土基，分别记录贯入量（mm）为 0.5、1、1.5、2、2.5、3、4、5、7.5、10 及 12.5 时的测力计和百分表读数，每级贯入量测力计和百分表的读数应保持同步。贯入量以两个百分表读数的平均值计，当两个百分表读数差值超过其平均值的 30% 时，应停止测试，并检查原因。根据情况，也可在贯入量达 7.5mm 时结束试验。

4）卸除荷载，移去测试装置。

5）在试验点取样，测试材料含水率。取样数量如下：

最大粒径不大于 4.75mm，试样数量约 120g；

最大粒径不大于 19mm，试样数量约 250g；

最大粒径不大于 31.5mm，试样数量约 500g。

6）在紧靠试验点旁边的适当位置，用灌砂法或环刀法测试土基的密度。

4. 结果计算及荷载压强-贯入量关系曲线修正

（1）将贯入试验得到的等级荷重数除以贯入断面积（1963.5mm²），得到各级压强，绘制荷载压强-贯入量关系曲线，如图 6-2 所示。图上曲线 1 不需要修正，曲线 2 在起点

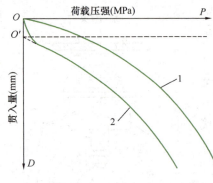

图 6-2 荷载压强-贯入量关系曲线

处有明显凹凸，需要进行修正。修正时在拐点引一切线，与纵坐标交于 O' 点，O' 即为修正后的原点。

（2）从荷载压强-贯入量关系曲线上读取贯入量为 2.5mm 及 5mm 时的荷载压强 P_1，按式（6-1）计算现场 CBR 值。一般以贯入量 2.5mm 时的测试值为准，当贯入量为 5mm 时的 CBR 值大于 2.5mm 时的 CBR 值时，应重新试验，如重新试验仍然如此时，则以贯入量 5mm 时的 CBR 值为准。

$$CBR_{现场} = \frac{P_1}{P_0} \times 100\% \tag{6-1}$$

式中　$CBR_{现场}$——承载比（%），准确至 0.1%；

　　　P_1——荷载压强（MPa）；

　　　P_0——标准压强，当贯入量为 2.5mm 时为 7MPa，当贯入量为 5mm 时为 10.5MPa。

5. 报告

本方法应报告以下技术内容：

（1）测试位置信息（桩号、现场材料类型、材料粒径等）。

（2）含水率、干密度。

（3）荷载压强、标准压强、CBR 值及相应的贯入量。

6.3　承载板测定土基回弹模量

土基的回弹模量是道路设计中一个必不可少的参数，土基回弹模量的改变将会影响路面设计的厚度，随着施工质量的提高，回弹模量值的检验成为控制施工质量的一个重要指标。

土基的回弹模量测定目前主要是使用承载板法，承载板法测定土基回弹模量的原理是：在现场土基表面，通过采用刚性承载板，对土基逐级加载、卸载的方式，测出每级荷载下相应的土基回弹变形，再根据弹性半空间体理论计算求得土基的回弹模量。

1. 适用范围

本方法适用于在现场土基表面，通过承载板对土基逐级加载、卸载，测出每级荷载下相应的土基回弹变形值，通过计算求得土基回弹模量。

2. 仪具与材料技术要求

（1）反力装置：载重汽车后轴重不小于 60kN，在汽车大梁的后轴之后设有一加劲横梁作反力架用。

（2）荷载装置，如图 6-3 所示。由千斤顶、测力计（测力环或压力表）及球座组成。

(3) 刚性承载板一块，板厚20mm，直径为300mm，两端设有立柱和可以调整高度的支座，供安放贝克曼梁测头用，承载板安放在土基表面上。

(4) 贝克曼梁、百分表及其支架2套。

(5) 液压千斤顶一台（80～100kN），装有压力表或测力环，其量程不小于土基强度，测试精度不小于测力计量程的1%。

(6) 秒表。

(7) 水平尺。

(8) 其他：细砂、毛刷、垂球、镐、铁锹、铲等。

3. 方法与步骤

(1) 试验前准备工作：

1) 根据需要选择有代表性的测点，测点应位于水平的路基上，土质均匀，不含杂物。

2) 平整土基表面，撒干燥洁净的细砂填平土基凹处，砂子不可覆盖全部土基表面，避免形成夹层。

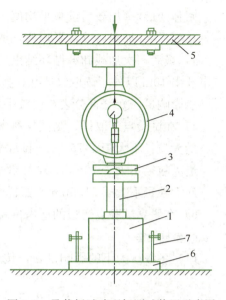

图 6-3　承载板试验现场测试装置示意图
1—千斤顶；2—钢圆筒；3—钢板及球座；
4—测力计；5—加劲横梁；6—承载板；
7—立柱及支座

3) 安置承载板，并用水平尺进行校正，使承载板处于水平状态。

4) 将试验车置于测点上，在加劲横梁中部悬挂垂球测试，使之恰好对准承载板中心，然后收起垂球。

5) 在承载板上安放千斤顶，上面衬垫钢圆筒、钢板，并将球座置于顶部与加劲横梁接触，如用测力环时，应将测力环置于千斤顶与横梁中间，千斤顶及衬垫物必须保持垂直，以免加压时千斤顶倾倒发生事故并影响测试数据的准确性。

6) 将两台贝克曼梁的测头分别置于承载板立柱的支座上。

(2) 测试步骤

1) 用千斤顶开始加载，注视测力环或压力表，至预压0.05MPa，稳压1min，使承载板与土基紧密接触，同时检查百分表的工作情况是否正常，然后放松千斤顶油门卸载，稳压1min后，将百分表调零或至其他合适的初始位置上，记录初始读数。

2) 测试土基的压力-变形曲线。用千斤顶加载，采用逐级加载卸载法，用压力表或测力环控制加载量，荷载小于0.1MPa时，每级增加0.02MPa，以后每级增加0.04MPa左右。为了使加载和计算方便，加载数值可适当调整为整数。每次加载至预定荷载（P）后，稳定1min，立即读记两个百分表数值，然后轻轻放开千斤顶油门卸载至0，待卸载稳定1min后，再次读数，每次卸载后百分表不再调零。当两个百分表读数之差小于平均值的30%时，取平均值。如超过30%，则应重测。当回弹变形值超过1mm时，即可停止加载。

3) 各级荷载的回弹变形和总变形，按以下方法计算：

回弹变形＝（加载后读数平均值－卸载后读数平均值）×贝克曼梁杠杆比

总变形＝（加载后读数平均值－加载初始前读数平均值）×贝克曼梁杠杆比

4）最后一次加载卸载循环结束后，取走千斤顶，重新读取百分表初读数，然后将汽车开出 10m 以外，读取终读数，按以下方法计算总影响量 a：

总影响量(a)＝（百分表初读数平均值－百分表终读数平均值）×贝克曼梁杠杆比

5）在试验点下取样，测试材料含水率。取样数量如下：

最大粒径不大于 4.75mm，试样数量约 120g；

最大粒径不大于 19mm，试样数量约 250g；

最大粒径不大于 31.5mm，试样数量约 500g。

6）在紧靠试验点旁边的适当位置，用灌砂法或环刀法等测试土基的密度。

4. 数据处理

（1）各级压力下的影响量 a_i，按式（6-2）计算：

$$a_i = \frac{(T_1+T_2)\pi D^2 P_i}{4T_1 Q} \times a \tag{6-2}$$

式中　　a_i——第 i 级压力的影响量（准确至 0.01mm）；

　　　　T_1——载重汽车前后轴距（m）；

　　　　T_2——加劲横梁距后轴距离（m）；

　　　　D——承载板直径（m），记为 0.3m；

　　　　P_i——第 i 级承载板压力（Pa）；

　　　　Q——载重汽车后轴重（N）；

　　　　a——总影响量（准确至 0.01mm）。

（2）回弹变形计算值（L_i）为各级压力的回弹变形值加上该级的影响量。排除显著偏离的异常点，绘出顺滑的 P-L 曲线，如曲线起始部分出现反弯，应按图 6-4 所示修正原点 O，O' 则是修正后的原点。

（3）按式（6-3）计算相应于各级荷载下的土基回弹模量 E_i 值：

$$E_i = \frac{\pi D}{4} \times \frac{P_i}{L_i} \times (1-\mu_0^2) \tag{6-3}$$

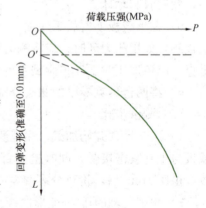

图 6-4　修正原点示意图

式中　　E_i——相应于第 i 级荷载下的土基回弹模量（MPa）；

　　　　μ_0——土的泊松比，根据《公路沥青路面设计规范》JTG D50—2017 规定取用，当无规定时，非黏性土可取 0.3，高黏性土取 0.5。一般可取 0.35 或 0.4；

　　　　L_i——相对于荷载 P_i 时的第 i 级回弹变形计算值（cm）。

5. 试验报告

本方法应报告以下技术内容：

（1）测试位置信息（桩号等）。

(2) 试验时土基的含水率、土基密度。
(3) 回弹变形、影响量及土基回弹模量。

6.4 贝克曼梁测定路基路面回弹模量

贝克曼梁测定路基路面回弹模量的原理是：在土基或者厚度不小于 1m 的粒料整层表面，用弯沉仪测试数个测点的回弹弯沉值，根据圆形均布荷载作用下的弹性半无限体理论，计算得到该材料的回弹模量值。本方法也适用于在旧路表面测定路基路面的综合回弹模量。

本方法需要的仪具与贝克曼梁测定路基路面回弹弯沉值基本相同，主要有标准车和路面弯沉仪，路面弯沉仪由贝克曼梁、百分表及表架组成。

1. 适用范围

贝克曼梁测定路基路面回弹模量适用于土基、厚度不小于 1m 的粒料整层表面，用贝克曼梁测试各测点的回弹弯沉值，通过计算求得该材料的回弹模量值，也适用于在既有道路表面测试路基路面的综合回弹模量。

2. 仪具与材料技术要求

(1) 加载车、贝克曼梁、百分表及表架、路表温度计。
(2) 其他：卷尺等。

3. 方法与步骤

(1) 准备工作

选择洁净的路基路面表面作为测点，在测点处作好标记并编号。

(2) 测试步骤

按《公路路基路面现场测试规程》JTG 3450—2019 的规定测试各测点处的路面回弹弯沉值 L_i。具体做法如下：

1) 加载车就位，安放贝克曼梁。将加载车停放在测试路段的测试位置，后轮一般应置于道路行车轮迹带上。将贝克曼梁插入加载车后轮轮隙处，与加载车行车方向一致，梁臂不得接触轮胎。贝克曼梁测头置于轮隙中心前方 30~50mm 处测点上。用路表温度计测量并记录测点附近的路表温度。

可采用两台贝克曼梁对双侧轮迹同时进行回弹弯沉测试，采用双侧同时测定时，其左右两侧测值应按单独弯沉处理。

2) 安装百分表。将百分表安装在表架上，并将百分表测头安放在贝克曼梁的测定杆顶面。注意：安装好百分表后，应轻轻叩击贝克曼梁，确保百分表能正常归位。

3) 测试读数。指挥加载车缓缓前进，速度一般为 5km/h 左右。百分表示值随路面变形持续增长，当示值最大时，迅速读取初读数 L_1，加载车继续前进，示值开始反向变化，待加载车驶出弯沉影响范围（3m 以上），百分表示值稳定后，读取终读数 L_2。

4) 测试其他位置。指挥加载车沿轮迹带前行，驶向下一个测试位置，重复上述 1)~3) 的流程，完成整个测试路段的回弹弯沉测试。

4. 计算和数据处理

(1) 计算自然误差：

计算全部测试值的算术平均值（$\bar{L}$）、标准差（S），并按式（6-4）计算自然误差（r_0）。

$$r_0 = 0.675 \times S \tag{6-4}$$

式中　r_0——回弹弯沉测试值的自然误差（准确至 0.01mm）；

　　　S——回弹弯沉测试值的标准差（准确至 0.01mm）。

(2) 计算各测点的测试值与算术平均值的偏差值 $d_i = L_i - \bar{L}$，并计算较大的偏差与自然误差之比 d_i/r_0。当某个测点的观测值的 d_i/r_0 值大于表 6-2 中的 d_i/r_0 极限值则应舍弃该测点。然后按检测路段数据统计的方法，计算所余各测点的算术平均值（$\bar{L}$）及标准差（S）。

相应于测点总数 N 的 d/r 极限值　　　　表 6-2

N	5	10	15	20	50
d/r	2.5	2.9	3.2	3.3	3.8

(3) 计算代表弯沉值：

$$L_1 = \bar{L} + S \tag{6-5}$$

式中　L_1——计算代表弯沉值（准确至 0.01mm）；

　　　$\bar{L}$——舍弃不合要求的测点后所余各测点弯沉的算术平均值（准确至 0.01mm）；

　　　S——舍弃不合要求的测点后所余各测点弯沉的标准差（准确至 0.01mm）。

(4) 计算土基、整层路基路面材料的回弹模量（E_1）或既有道路的综合回弹模量。

$$E_1 = \frac{200p\delta}{L_1}(1-\mu^2)a \tag{6-6}$$

式中　E_1——计算的土基、整层路基路面材料的回弹模量或既有道路的综合回弹模量（MPa）；

　　　p——测试车轮的平均垂直荷载（MPa）；

　　　δ——测试用加载车双圆荷载单轮传压面当量圆的半径（mm）；

　　　μ——测试层材料的泊松比，根据相关路面设计规范的规定取用；

　　　a——弯沉系数，为 0.712。

5. 报告

本方法应报告以下技术内容：

(1) 测试位置信息（桩号等）。

(2) 回弹弯沉值及代表弯沉值。

(3) 泊松比、回弹模量。

6.5　动力锥贯入仪测定路基路面回弹模量

动力锥贯入仪（DCP）是一种轻型地基土原位测试的触探仪，DCP 的优点是快速、简便,不受场地限制,适用于施工现场或老路路基承载力评价。其通过快速检测土基的贯入度可有效地克服灌砂、环刀、灌水与电动取土器等方法的缺点,是新一代土基压实性能的快速检测设备;同时 DCP 与现场路基的 CBR 值和回弹模量之间具有良好的相关性,可用来评价路基的强度。DCP 是一种轻型轻便的地基土原位测试的触探仪。

动力锥贯入仪测定路基路面 CBR 值的原理通常是:用一定质量的锤从一定高度落下,打击立在路基路面上的锥杆,测定锤击数与锥杆的贯入量;通过贯入度(即平均每次锤击的贯入量)与 CBR 值的相关关系式,推算路基路面的 CBR 值。根据动力锥贯入仪测定路基路面回弹模量相关性试验,建立现场 CBR 值与用 DCP 测试的贯入度 D_d 或动贯入阻力 Q_d 之间的相关性关系,从而确定其回弹模量。

1. 适用范围

本方法适用于 DCP 现场快速测试无结合料材料路基、路面 CBR 值,用于评估其强度。

2. 仪具与材料技术要求

(1) DCP:结构与形状如图 6-5 所示,包括手柄、落锤、导向杆、联轴器(锤座)、扶手、夹紧环、探杆、1m 刻度尺、锥头。

标准落锤质量为 10kg,落锤材料应采用 45 号碳素钢或优于 45 号碳素钢的钢材,表面淬火后硬度 $HRC=45\sim50$,探杆和接头材料应采用耐疲劳强度的钢材。

锥头锥尖角度为 60°,最大直径 20mm,允许磨损尺寸为 2mm。锥头尖端最大允许磨损尺寸为 4mm,否则必须更换。

(2) 其他:扳手、铁铲等。

3. 方法与步骤

(1) 准备工作

1) 放入落锤,将仪器的导向杆与探杆在联轴器处紧固连接,保证不会松动。

2) 将 DCP 竖直立于硬地(如混凝土)上,然后记录零读数。

3) 根据需要选择有代表性的测点,测点应位于平整的路基、路面基层、面层上。

如果要探测的层位上面有难以穿透的坚硬结构层时,应钻孔或刨挖至其顶面。

(2) 测试步骤

1) 将 DCP 放至测点位置。一人手扶仪器手柄,使探杆保持竖直。一人提起落锤至导向杆顶端,然后松开,使之呈自由落体下落。如果试验中探杆稍有倾斜,不可扶正;如果倾斜较大,造成落锤不是自由落体,则该点试验应废弃。

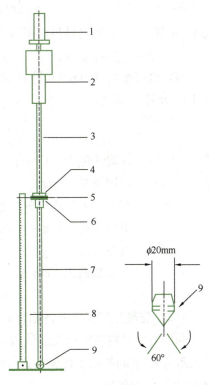

图 6-5 DCP 的结构与形状示意图
1—手柄;2—落锤;3—导向杆;
4—联轴器(锤座);5—扶手;
6—夹紧环;7—探杆;
8—1m 刻度尺;9—锥头

2）读取贯入深度。每贯入约 10mm 读一次数，记录锤击数和贯入量（mm）。对于粒料基层，可每 5 次或 10 次锤击读数一次；对于比较软弱的结构层，可每 1～2 次锤击读数一次。

3）连续锤击、测量，直到需要的结构层深度。当材料层坚硬，贯入量低到连续锤击 10 次而无变化时，可以停止试验或钻孔透过后继续试验。

4）将落锤移走，从探坑中取出 DCP 仪器。

4. 数据处理

（1）DCP 的测试结果可用以锤击次数为横坐标、贯入深度为纵坐标的贯入曲线表示。

（2）按式（6-7）计算平均每次的贯入量即贯入度 D_d，按本方法第 5 条得出的相关性公式(6-8)计算 CBR 值。

$$D_d = \frac{D}{n} \tag{6-7}$$

式中　D_d——贯入度（mm）；
　　　D——贯入量（mm）；
　　　n——锤击次数。

$$\log(CBR) = a + b \cdot \log(D_d) \tag{6-8}$$

式中　CBR——结构层材料的现场 CBR 值；
　　　a、b——换算系数。

（3）也可按公式（6-9）计算动贯入阻力 Q_d，按本方法第 5 条得出的相关性公式（6-10）计算 CBR 值。

$$Q_d = \frac{M}{M+m} \cdot \frac{MgH}{AD_d} \tag{6-9}$$

式中　Q_d——动贯入阻力（kPa）；
　　　M——落锤质量（kg）；
　　　m——贯入器被打入部分（包括锥头、探杆、锤座和导向杆等）的质量（kg）；
　　　g——重力加速度，$g=9.8\text{m/s}^2$；
　　　H——落距（m）；
　　　A——探头截面积（cm²）。

$$\log(CBR) = a + b \cdot \log(Q_d) \tag{6-10}$$

5. 动力锥贯入仪测定路基路面回弹模量相关性试验

利用当地材料进行相关性试验，建立现场 CBR 值与用 DCP 测试的贯入度 D_d 或动贯入阻力 Q_d 之间的相关性关系式（6-8）或式（6-10）。测点数宜不少于 15 个，相关系数 R 应不小于 0.95。

6. 报告

本方法应报告以下技术内容：

（1）测试位置信息（桩号等）。

（2）锤击次数及相应的贯入量。

(3) 试验停止时对应的结构层深度。
(4) CBR 值、相关性关系式及相关系数。

6.6 落球仪测定土基回弹模量

工程界一直希望能够有一种能在施工现场准确、直接、快速地检测土基力学性能的有效方法，为此落球式岩土力学检测仪作为一种新的检测方法，被纳入《公路路基路面现场测试规程》JTG 3450—2019。落球仪测定土基回弹模量的工作原理是：利用金属刚性球体，从一定高度落下发生的冲击荷载，施加到土基表面，通过弹性接触理论，并经过岩土材料的塑性修正，能够直接测定材料的变形模量、回弹模量等检测指标。用于评定路基路面承载能力，也可根据弹性理论和相关经验公式，推算出基床系数、贝克曼梁弯沉值以及土基其他相关物理指标。

1. 适用范围

本方法适用于落球仪快速测试黏土、粉土、砂石土、砾石土路基的压缩模量和回弹模量。不适用于最大粒径超过 100mm 的土质路基模量测试。

2. 仪具与材料技术要求

（1）落球仪由碰撞装置、信号采集装置、测试及解析软件等组成，其最大影响深度为 250mm，结构与形状如图 6-6 所示，主要技术要求如下：

1）碰撞装置：由球冠、把手构成，材质采用不锈钢，退火硬度不大于 235HB，淬火回火硬度不小于 192HB。球冠曲率半径为 (120±5)mm，当球冠表面有凹凸不平时应更换，球冠质量为 (19.1±0.2)kg，把手质量应小于 1.3kg。

2）信号采集装置：采用加速度传感器，该加速度传感器安装在碰撞球冠中，可记录下落体与结构对象发生碰撞时的加速度变化过程。其中：

① 系统应具有预触发机能；
② 信号增益应可调，以适应不同强度的土体；
③ A/D 卡的采样间隔不应长于 $2\mu s$，分辨率不应低于 16Bit。

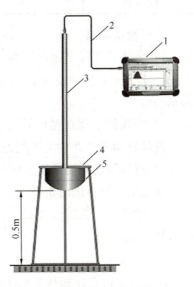

图 6-6 落球仪的结构
与形状示意图
1—主机；2—电荷电缆；3—把手；
4—限位支架；5—球冠

3）测试及解析软件：能够记录、保存测试数据，具备滤波功能并能够自动分析各测试参数。

（2）其他：卷尺、限位支架、安装工具。

3. 方法与步骤

（1）准备工作

1）选择测试区域，在测试区域做好标记并编号，每车道可 10～20m 设一测区，测区还应满足以下条件：

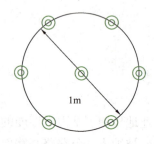

图 6-7 测点布置示意图
（◎：测点）

① 表面无明显积水或潮湿现象，无明显碎石等杂物，表面填筑材料较为均匀。
② 土基面坡度小于 10°。
③ 附近无影响测试的施工作业、磁场、静电等。

2) 每个测区至少包含 7 个测点，各测点间距应大于 500mm，并避开明显的大粒径填料。测点布置可参考图 6-7 所示。

3) 连接并调试好仪器设备。

4) 设定球冠的质量、曲率半径、模量、泊松比及其下落高度，并根据测试路段的材料种类，依据表 6-3 选取合适的泊松比（μ_s）和修正系数（κ）。

各材料泊松比及修正系数　　　　　　表 6-3

材料	砾石土	砂土	粉土	黏土
泊松比 μ_s	0.20	0.30	0.35	0.40
修正系数 κ	0.66	0.85	0.90	1.00

(2) 测试步骤

1) 将落球仪放至测点区域，调节限位支架以保证球冠底部距测点表面的距离为 0.5m。若不采用限位支架，则应用直尺量测球冠底部距测点表面的高度，并保证其为 0.5m。

2) 手扶把手垂直提升至限定位置，松开把手，让球冠作自由落体，并与测试面碰撞，设备自动采集并输出该测点的压缩或回弹模量 E_i。

3) 有效测点的测试波形应近似为半个正弦波，如果波形噪声太大（如毛刺太多），可在测点铺一层报纸或塑料薄膜，以减少土体材料与球冠的摩擦静电。

4) 确认测点数据有效后，保存采集数据。每个测点只能测试 1 次，在同一位置不能重复测试。

4. 数据处理

按式（6-11）计算每个测区的模量 $\widetilde{E}$。

$$\widetilde{E} = \frac{N}{\sum_{i=1}^{N}\left(\frac{1}{E_i}\right)} \tag{6-11}$$

式中　$\widetilde{E}$——测区的模量（MPa）；
　　　N——测点数；
　　　E_i——各测点的模量（MPa）。

5. 报告

本方法应报告以下技术内容：
(1) 测试路段信息（桩号、材料种类等）。
(2) 模量。

【复习思考】

1. 简述土基回弹模量测试的目的及意义。
2. 土基回弹模量的测试方法有哪些？分别有什么特点？
3. 简述土基现场 CBR 值测试的步骤。
4. 简述承载板测定土基回弹模量的方法及步骤。
5. 简述贝克曼梁测定土基回弹模量的方法及步骤。
6. 动力锥贯入仪测定路基路面回弹模量的特点有哪些？
7. 简述落球仪测定土基回弹模量的步骤和方法。

教学单元 7 弯 沉 检 测

【教学目标】

了解弯沉测试的目的及意义,熟悉三种弯沉测试方法的特点;掌握贝克曼梁法测试路基路面回弹弯沉的方法及步骤,熟悉结果计算及温度修正;熟悉自动弯沉仪测试路面弯沉的方法,了解自动弯沉仪与贝克曼梁弯沉测值的相关性试验;熟悉落锤式弯沉仪测试弯沉的原理,掌握测试方法及步骤,熟悉落锤式弯沉仪与贝克曼梁弯沉仪对比试验步骤;了解激光式高速路面弯沉测定仪测试路面弯沉。能够根据几种弯沉测试方法的特点,选择适当的方法去测试路基路面弯沉;能够熟练利用贝克曼梁测试路基路面回弹弯沉,并能进行结果的计算及分析;能够比较熟练地用自动弯沉仪及落锤式弯沉仪测试路基路面弯沉,并能够分析以上两种测试方法与贝克曼梁测试法的相关性。

【案例引入】

某公路工程全长 127km,于 2003 年建成通车,应用沥青路面结构形式,从下至上依次为级配碎石、水泥稳定碎石、粗粒式沥青混凝土、中粒式沥青混凝土、开级配沥青混凝土磨耗层。当时在工程建设中,由于路线经过地区经济欠发达,为节约资金,采用较低的设计标准。

但该工程通车运营之后,沿线车流量不断增加,并且车辆超载现象较为严重。2015 年 8 月进行沥青路面质量检测时,发现很多路段存在裂缝、坑槽、松散等质量病害,不仅影响路面外形美观,还制约车辆顺利通行,也降低了沥青路面工程服务质量。因此,为全面掌握路面工程质量状况,为采取措施进行路面改造提供参考,采取 FWD 弯沉技术进行弯沉值检测。

7.1 弯沉检测概述

我国主要采用回弹弯沉来表征路基路面的承载能力。回弹弯沉是指在规定的标准轴载 BZZ—100 作用下,路基路面表面轮隙位置产生的垂直回弹变形值。路基路面在标准轴载作用下,其汽车轮胎与地面接触处必然产生回弹变形,该变形通过弯沉仪上百分表读数变化值来推求。回弹弯沉值越大,承载能力越小,反之回弹弯沉值越小,承载能力越大。回弹弯沉值既是沥青路面结构设计的控制指标,是路基路面施工控制及施工验收的检验项目,也是运营中的道路结构强度评定的依据,还是旧路补强设计中的重要参数。因此,回弹弯沉值对于路基路面工程具有非常重要的作用和意义。

弯沉值的测试方法主要有贝克曼梁法、自动弯沉仪法、落锤式弯沉仪法,除此之外,还有近几年新研发的激光式高速路面弯沉测定仪法。现将几种测试方法的特点作简单对比,见表7-1。

弯沉测试方法对比　　　　　　　　　　表7-1

方法名称	特点
贝克曼梁法	测试方法成熟,速度慢,静态测试,属于标准方法
自动弯沉仪法	利用贝克曼梁原理快速连续测试,属于静态测试,但测定的是总弯沉,使用时应用贝克曼梁法进行标定换算
落锤式弯沉仪法	利用重锤自由落下瞬间产生的冲击荷载测定弯沉,属于动态弯沉,并能反算路面的回弹模量,快速连续,使用时应用贝克曼梁法进行标定换算
激光式高速路面弯沉测定仪法	测试速度可在30~90km/h的范围内,能以正常行车速度在高速公路上进行测试,测试效率较高,不影响交通,安全性好

7.2　贝克曼梁测定路基路面回弹弯沉

在20世纪50年代,美国各州公路工作者西部协会在爱达荷州进行了一次由贝克曼设计的梁臂式仪器的道路试验。这种仪器被命名为贝克曼梁,利用杠杆原理进行工作,由于这种仪器测定弯沉(垂直变形)的方法比较简单,很快得到广泛应用,并逐步取代了平板荷载试验。贝克曼梁的测定过程是通过对测点处路面施加一定的载荷,然后读取安装在梁末端的百分表数值,或者千分表,计算出测点位置的垂直变形,根据得到的结果,评估路面的强度。

贝克曼梁因其对操作技术要求不高、设备结构简便、成本低、测试方法成熟等特点而被广泛应用。但贝克曼梁测定路基路面回弹弯沉仍存在着一些问题:测定的弯沉基本上是静态弯沉,与汽车荷载实际情况有所不同,难以对结构承载力作出准确的评价;测定受测试车受人为因素影响较大,测试精度较低,且测试速度很慢,工作量大,无法满足大面积快速检测与路面管理系统(PMS)数据采集的需要。

7-1 路基弯沉的检测

1. 试验目的和适用范围

(1) 贝克曼梁适用于测试各类路基及沥青路面的回弹弯沉,用以评定其整体承载能力,可供路面结构设计使用,但是这种方法不适用于路基冻结后的回弹弯沉检测。

(2) 沥青路面的弯沉以标准温度20℃时为准,当地面平均温度在(20±2)℃以内时可不修改,当不在这个温度范围时,对沥青层厚度大于5cm的沥青路面,弯沉值应进行温度修正。

2. 仪具与材料技术要求

(1) 贝克曼梁:由铝合金制成,上有水准泡,其前臂与后臂长度比为2∶1。贝克曼梁按长度分为5.4m(3.6m+1.8m)梁和3.6m(2.4m+1.2m)梁两种,如图7-1所示。长度为5.4m的贝克曼梁适用于各种类型的路面结构回弹弯沉的测试;长度为3.6m的贝克曼梁适用于柔性基层沥青路面回弹弯沉的测试。

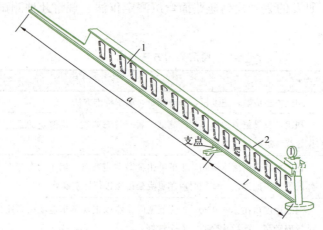

图 7-1 贝克曼梁结构示意图
1—前臂；2—后臂

(2) 加载车：贝克曼梁测试路基路面回弹弯沉中加载车很重要，我国一直规定用解放牌 CA-10B 型及黄河牌 JN-150 型作为两个荷载等级的标准车。但这两种车型已很少使用，显然已不能作为标准车型。《公路路基路面现场测试规程》JTG 3450—2019 已取消对车型的要求，只对加载车的后轴标准轴载、单侧双轮荷载、轮胎气压、单轮传压面当量圆面积等主要参数提出要求。单后轴、单侧双轮组的载重车，双轮轮隙应能满足自由插入贝克曼梁测头的要求，轴载、轮胎气压等技术参数应符合表 7-2 的要求，凡是符合这些参数的加载车均可以使用。

(3) 百分表及表架。

(4) 路表温度计：分辨力不大于 1℃。

(5) 其他：钢直尺等。

加载车的参数要求　　　　　　表 7-2

后轴标准轴载 P（kN）	100±1
单侧双轮荷载（kN）	50±0.5
轮胎气压（MPa）	0.7±0.05
单轮传压面当量圆面积（mm²）	$(3.56±0.20)×10^4$

3. 测试方法与步骤

(1) 试验前准备工作

1) 检查并保持测试用加载车的车况及制动性能良好，轮胎气压应符合表 7-2 的要求。

2) 给加载车配重，配重一般选择铁块或集料，并用地中衡称量后轴总质量及单侧双轮荷载等，均应符合表 7-2 的要求，加载车行驶及测试过程中，轴重不得发生变化。

3) 如果启用新加载车或加载车轮胎发生较大磨损时，应测试轮胎传压面的面积。轮胎传压面面积的测试可以采用如下方法：确保加载车双侧轮载及其轮胎气压满足表 7-2 的要求，在平整光滑的硬质路面上用千斤顶将汽车后轴顶起，在轮胎下方铺一张新的复写纸和一张方格纸，轻轻落下千斤顶，即在方格纸上印上轮胎印痕。用求积仪或数方格的方法测算单个轮胎印迹范围内的面积，均应符合表 7-2 中单轮传压面当量圆面积的要求。

4）当在沥青路面上测试时，用路表温度计测定试验时气温及路表温度，一天中气温不断变化，因此应随时测定，并通过气象台了解前 5d 的日平均气温，包括日最高气温与最低气温的平均值。

5）记录沥青路面修建或改建的材料类型、结构组成、厚度、施工过程以及养护情况。

（2）测试步骤

1）将加载车停放在测试路段的测试位置，后轮一般应置于道路行车轮迹带上，并用白油漆或粉笔画上标记。将贝克曼梁插入加载车后轮轮隙处，与加载车行车方向一致，梁臂不得接触轮胎。贝克曼梁测头置于轮隙中心前方 30～50mm 处测点上。用路表温度计测量并记录测点附近的路表温度。可采用两台贝克曼梁对双侧轮迹同时进行回弹弯沉测试。

2）将百分表安装在表架上，并将百分表的测头安放在贝克曼梁的测定杆顶面。轻轻叩击贝克曼梁，确保百分表正常归位。

3）指挥加载车缓缓前进，加载车行驶速度一般为 5km/h 左右，百分表示值随路面变形持续增加。当示值最大时，迅速读取初读数 L_1。加载车仍继续前进，示值开始反向变化，待加载车驶出弯沉影响范围（3m 以上），百分表示值稳定后，读取终读数 L_2。

4）指挥加载车沿轮迹带前行，驶向下一测试位置，重复前面的步骤，直至全部完成测试路段的回弹弯沉测试。

（3）弯沉仪的支点变形修正

当采用 5.4m 贝克曼梁测试弯沉时，一般可不进行支点变形修正。当有可能引起贝克曼梁支座处变形时，在测试时应检验支点有无变形。如果有变形时，此时应用另一台测试用的贝克曼梁安装在测定用贝克曼梁的后方，其测点架位于测定用贝克曼梁的支点旁。当加载车开出时，同时测定两台贝克曼梁的弯沉读数，如检验贝克曼梁百分表有读数，即应该记录并进行支点变形修正。当在同一结构层上测定时，可在不同位置测定 5 次，求取平均值，以后每次测定时以此作为修正值。支点变形修正的原理如图 7-2 所示。

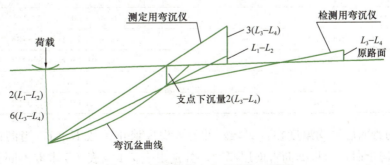

图 7-2 贝克曼梁支点变形修正原理

4. 结果计算及温度修正

（1）路面测点的回弹弯沉值按式（7-1）计算。

$$l_t = (L_1 - L_2) \times 2 \tag{7-1}$$

式中　l_t——在沥青面层平均温度 t 时的回弹弯沉值（准确至 0.01mm）；

　　　L_1——车轮中心临近贝克曼梁测头时百分表的最大读数（准确至 0.01mm）；

　　　L_2——加载车驶出弯沉影响半径、待百分表稳定后的终读数（准确至 0.01mm）。

（2）当需进行弯沉仪支点变形修正时，按式（7-2）计算路面测点回弹弯沉值。需要注意的是此式适用于测定用贝克曼梁支座处有变形，但百分表架处路面已无变形的情况。

$$l_t = (L_1 - L_2) \times 2 + (L_3 - L_4) \times 6 \tag{7-2}$$

式中　L_3——加载车中心临近贝克曼梁测头时检验用贝克曼梁的最大读数（准确至 0.01mm）；

　　　L_4——加载车驶出弯沉影响半径后检验用贝克曼梁的终读数（准确至 0.01mm）。

（3）沥青路面的回弹弯沉受温度变化影响较大，为保证回弹弯沉值的可比性，现场测试的沥青路面回弹弯沉值以沥青面层平均温度 20℃时为准。当沥青面层厚度大于 50mm 时，回弹弯沉值应根据沥青面层平均温度进行温度修正，按下列步骤进行。

1）按式（7-3）计算测定时的沥青面层平均温度。

$$t = \frac{t_{25} + t_m + t_e}{3} \tag{7-3}$$

式中　t——测定时沥青面层平均温度（℃）；

　　　t_{25}——根据 t_0 由表 7-3 决定的路表下 25mm 处的温度（℃）；

　　　t_m——根据 t_0 由表 7-3 决定的沥青面层中间深度的温度（℃）；

　　　t_e——根据 t_0 由表 7-3 决定的沥青面层底面处的温度（℃）。

其中，t_0 为测定时路表温度与测定前 5d 日平均气温的平均值之和（℃），日平均气温为日最高气温与最低气温的平均值。

沥青面层平均温度的确定　　　　表 7-3

从路表向下的不同深度	路表下不同深度的温度
25mm	$t_{25} = 0.5943 t_0 - 12.3120$
50mm	$t_{50} = 0.5383 t_0 - 9.2248$
100mm	$t_{100} = 0.5034 t_0 - 9.8736$
150mm	$t_{150} = 0.4667 t_0 - 8.6477$
200mm	$t_{200} = 0.4464 t_0 - 7.8857$
300mm	$t_{300} = 0.4227 t_0 - 7.0723$

2）当沥青面层平均温度在 (20±2)℃时，温度修正系数 $K=1$。当沥青面层平均温度为其他温度时，应根据沥青面层厚度，分别由表 7-4 及表 7-5 求取不同基层的沥青路面弯沉值的温度修正系数 K。

表7-4 路面弯沉温度修正系数曲线（适用于粒料基层及沥青稳定基层）

沥青层厚度	温度修正系数	
	0~20℃	20~50℃
50mm	$K_{50},1=-0.0077t+1.1544$	$K_{50},2=-0.0068t+1.1328$
100mm	$K_{100},1=-0.0136t+1.2688$	$K_{100},2=-0.0118t+1.2340$
200mm	$K_{200},1=-0.0159t+1.3153$	$K_{200},2=-0.0169t+1.3321$
300mm	$K_{300},1=-0.0172t+1.3425$	$K_{300},2=-0.0208t+1.4124$

表7-5 路面弯沉温度修正系数曲线（适用于无机结合料稳定的半刚性基层）

沥青层厚度	温度修正系数	
	0~20℃	20~50℃
50mm	$K_{50},1=-0.0045t+1.0916$	$K_{50},2=-0.0065t+1.1319$
100mm	$K_{100},1=-0.0061t+1.122$	$K_{100},2=-0.0117t+1.2365$
200mm	$K_{200},1=-0.0084t+1.169$	$K_{200},2=-0.0179t+1.3599$
300mm	$K_{300},1=-0.0112t+1.2251$	$K_{300},2=-0.0208t+1.4173$

3) 按式（7-4）计算修正后的沥青路面回弹弯沉值。

$$l_{20} = l_t \cdot K \tag{7-4}$$

式中　K——温度修正系数；

　　　l_{20}——修正后的沥青路面回弹弯沉值（准确至0.01mm）。

7.3　自动弯沉仪测试路面弯沉方法

自动弯沉仪是利用贝克曼梁测定原理快速连续测定的设备，其原型是法国LCPC的Lacroix型（洛克鲁瓦型），英国对其进行了改进，我国在研制开发时，考虑到我国的道路普遍使用的是半刚性基层，为减少支点弯沉的影响，对测臂的长度进行了调整，从1.7m加长到2.4m，并且用先进的位移传感器代替百分表，取代人工读取记录数据，进而实现了自动化的测量。

自动弯沉仪基本上仍属于静态测定的范畴，但它测定的是总弯沉，与贝克曼梁测定的静态回弹弯沉有所不同，可通过对比试验，建立两者的相关关系式，将自动弯沉仪测定的总弯沉换算为回弹弯沉后，用于我国路面对承载能力的评定或路面结构设计。但由于各地区各种路面结构及路基条件下相关关系不同，应分别研究，因此，自动弯沉仪的使用受到很大限制。

1. 适用范围

自动弯沉仪测试路面弯沉方法适用于Lacroix型自动弯沉仪在新建、改建路面工程的质量验收中，测试沥青路面的总弯沉，以评价其承载能力；不适用于有严重坑槽、车辙等病害以及不具备正常通车条件路面的弯沉测试。

2. 仪具与材料技术要求

（1）Lacroix型自动弯沉仪：由承载车，测量机架及控制系统，位移、温度和距离传感器、数据采集与处理系统等基本部分组成，如图 7-3 所示。

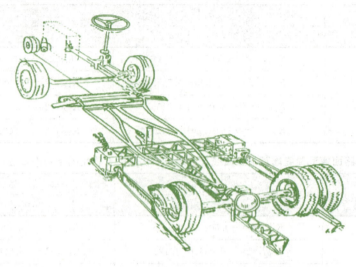

图 7-3　Lacroix 型自动弯沉仪测量机架示意图

（2）承载车：单后轴、单侧双轮组的载重车，其轴载、轮胎气压等参数应符合表 7-2 的要求。

（3）位移及距离传感器

1）位移传感器分辨率：≤0.01mm。

2）位移传感器量程：≥3mm。

3）距离传感器的示值误差：≤1%。

4）设备工作环境温度：0~60℃。

3. 方法与步骤

（1）试验前准备工作

1）位移传感器标定。每次测试前必须按照设备使用手册规定的方法进行位移传感器的标定，记录下标定数据并存档。

2）检查并保持承载车的车况及制动性能良好，轮胎气压应该符合表 7-2 的要求。

3）如果承载车因改装等原因改变了后轴载，应检查设备承载车轮载，确保满足表 7-2 的要求。

4）检查测量机架的易损部件情况，及时更换损坏部件。

5）打开设备电源进行检查，控制面板功能键、指示灯、显示器等应正常。

6）每次测试之前应进行位移传感器的标定，记录标定数据并存档。

7）开动承载车试测 2~3 个步距，确保测量系统正常运行。

8）当在沥青路面上测试时，通过气象台了解前 5d 的日平均气温（日最高气温与最低气温的平均值）。

9）记录沥青路面结构层材料类型、设计厚度、横坡等情况。

（2）测试步骤

1）测试系统在开始测试前需要通电预热，时间不少于设备操作手册要求，并开启工程警灯和导向标等警告标志，在测试路段前 20m 处将测量机架放置在路面上，并检查各机构的部件情况。

2）按照测试路段的现场技术要求设置所需的测试状态参数。

3）缓慢加速承载车到测试速度，一般应控制在 3.5km/h 以内。当实际采用的现场测试速度超出此范围时，应采用设备的相关性试验对测试结果进行修正。承载车沿正常行车轨迹驶入测试路段，开始测试。在测试过程中，根据承载车实际到达的位置，将测试路段起终点、桥涵等特征位置的桩号输入到记录数据中。同时，应测量并记录路表温度。

4）当承载车驶出测试路段后，停止数据采集和记录，并缓慢停止承载车，提起测量机架。

5）检查数据文件的完整性，确保测试内容正常，否则需要重新测试。

6）关闭测试系统电源，结束测试。

4. 数据处理

（1）自动弯沉仪一般具有自动测量并记录路表温度的功能。当无此功能时，应根据测试时的温度变化情况，以适当的时间间隔测量并记录路表温度，以便用于温度修正。沥青路面弯沉值的温度修正可参照贝克曼梁测定沥青路面回弹弯沉的温度修正方法。

（2）弯沉值的横坡修正。当路面横坡不超过 4‰ 时，不进行横坡修正；当横坡超过 4‰ 时，横坡修正按照表 7-6 的规定进。

弯沉值横坡修正　　　　表 7-6

横坡范围	高位修正系数	低位修正系数
>4‰	$\dfrac{1}{1-i}$	$\dfrac{1}{1+i}$

注：i 是路面横坡（‰）。

5. 自动弯沉仪与贝克曼梁弯沉测值的相关性试验

自动弯沉仪测值不能直接用于承载能力评价或路面结构设计，需要进行自动弯沉仪与贝克曼梁弯沉测值的相关性试验，按照试验得出的相关关系方程换算成回弹弯沉。

由于路面结构和路基条件的不同都会影响相关关系式的建立，因此选择对比试验的路段时，路面路基条件应基本相同。对于一个地区而言，可以选择几种不同的路面结构及路基条件，分别建立相关关系式进行换算。为了使关系式更具有代表性，对比试验路段的弯沉分布应尽量加宽。在作相关性试验时，路段附近应没有重型交通和振动，因为这两种情况都对测值有较大影响。

在作贝克曼梁测试时，承载车不可长时间作用在测点的路面上。因此，选择每隔 3 个测试步距确定一个对比点。为了给路面一个充分的恢复时间，当自动弯沉仪测完后，等待 30min 再进行贝克曼梁弯沉测试。

（1）试验条件

1）按弯沉值不同水平范围选择不少于 4 段路面结构相似的测试路段，长度一般为 300～500m，标记好起终点位置。

2)测试路段的路面应清洁干燥,附近不应有重型交通和振动。

3)试验宜选择晴天无风的天气条件,测试温度宜在 10~35℃范围内,且应选择温度变化不大的时段进行。

(2)试验步骤

1)自动弯沉仪按照前面的方法以正常车速对测试路段进行弯沉测试,每隔 3 个测试步距或约 20m 标记测点位置。

2)自动弯沉仪测试完毕后,等待 30min。然后,在每一个标记位置用贝克曼梁按照贝克曼梁测定路基路面回弹弯沉试验方法测试各点回弹弯沉值。

(3)数据处理

按照贝克曼梁弯沉测点对应的桩号,从自动弯沉仪记录数据中提取各测点的弯沉值,并与贝克曼梁测值一一对应,用数理统计的回归分析方法计算得到贝克曼梁测值和自动弯沉仪测值之间的相关关系式,相关系数 R 应不小于 0.95。

7.4 落锤式弯沉仪测试弯沉方法

落锤式弯沉仪(Falling Weight Deflectometer,简称 FWD)产生于 20 世纪 70 年代初,是一种脉冲动力弯沉仪,它模拟汽车荷载对路面施加瞬时冲击作用,得到路面瞬时变形情况。其测量结果比较精确,且信息量大。与传统的贝克曼梁测量弯沉相比,具有使用方便、快速、安全、节省人力、模拟实际情况施加动态荷载,适于长距离、连续测定的特点。美国联邦公路局经过分析对比,确认 FWD 是较好的路面承载能力动载评定设备,并选定 FWD 作为实施 SHRP 计划时路面强度评定的重要设备。壳牌石油公司已正式将 FWD 纳入壳牌路面设计手册。我国自 20 世纪 80 年代中后期从国外引进 FWD,至今已有数十年的时间,在此期间围绕 FWD 的开发和应用,在大量的理论和试验研究工作中都取得了一些重要成果。

7-2 弯沉车检测弯沉

落锤式弯沉仪的工作原理是:标准质量的重锤从一定高度落下发生的冲击荷载,施加到路基或路面表面,自动量测荷载中心及其一定范围内若干个点所产生的瞬时变形,即测定在动态荷载作用下产生的动态总弯沉及弯沉盆数据。落锤式弯沉仪所测弯沉盆数据常被用于反算路基路面各层材料的动态弹性模量,作为设计参数使用;所测动态总弯沉经转换至回弹弯沉值后可用于评定路基路面承载能力,也可用于调查水泥混凝土路面接缝的传力效果,探查路面板下的空洞等。

1. 适用范围

落锤式弯沉仪测试弯沉方法适用于采用落锤式弯沉仪测试路表在冲击荷载作用下产生的瞬时变形,即动态弯沉,以便评价路基路面承载能力。

2. 仪具与材料技术要求

落锤式弯沉仪由荷载发生装置、弯沉检测装置、控制系统与牵引车等组成,具体要求如下:

(1)荷载发生装置:重锤的质量及落高根据使用目的与道路等级选择,荷载由传感器测试。如无特殊需要,重锤的质量为(200±10)kg,可产生(50±2.5)kN 的冲击荷载。承载板呈十字对称分开成 4 部分，且底部固定有橡胶片，直径一般为 300mm，也可为 450mm。

（2）弯沉检测装置：由一个或多个位移传感器组成，位移分辨力不大于 0.001mm，如图 7-4 所示。承载板中心应设有一个位移传感器，其他位移传感器与中心处传感器呈线性布置，一般分布在距离承载板中心 2500mm 的范围内。用于反算路面结构层模量时，位移传感器总数应不少于 7 个，且应包括 0、300mm、600mm、900mm 处四个位置，其他根据需要及设备性能决定。

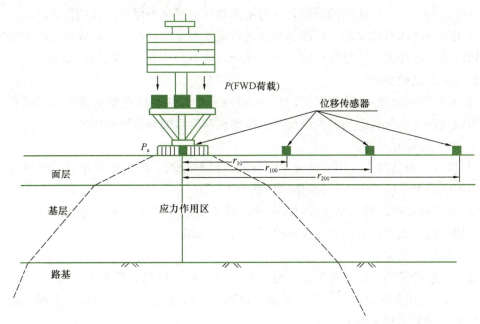

图 7-4　落锤式弯沉仪传感器布置及应力作用状态示意图

（3）控制系统：在冲击荷载作用期间，测量并记录冲击荷载及各个位移传感器所在位置的动态变形。

（4）牵引车：牵引 FWD 并安装控制装置的车辆。

3. 方法与步骤

（1）准备工作

在测试路段的路基或路面各层表面布置测点。当在路面表面测定时，测点宜布置在行车道的轮迹带上。

检查 FWD 的车况及使用性能，用手动操作检查，各项指标符合仪器规定要求。将 FWD 牵引至测定地点，将仪器打开，进入工作状态。牵引 FWD 行驶的速度不宜超过 50km/h。

（2）测试步骤

1）将 FWD 牵引至测试路段起始位置，输入测试位置信息，设定好状态参数。

2）将承载板中心位置对准测点，测点一般应布置在车道轮迹带处。落下承载板，放下弯沉检测装置的各传感器。

3）启动荷载发生装置，落锤瞬即自由落下，冲击力作用于承载板上，又立即自动提升至原来位置固定。同时，记录荷载数据，各个位移传感器测量并记录路表变形数据，变形峰值即为弯沉值。每个测点重复测试应不少于3次，一般情况下，除去第一个测定值，取以后几次测定值的平均值作为计算依据。

4) 提起传感器及承载板，牵引车向前移动至下一个测点，重复前面的步骤完成测试路段的测试。

4. 落锤式弯沉仪与贝克曼梁弯沉仪对比试验步骤

（1）路段选择

选择结构类型完全相同的路段，针对不同地区选择某种路面结构的代表性路段，进行两种测定方法的对比试验，以便将落锤式弯沉仪测定的动弯沉换算成贝克曼梁测定的回弹弯沉值，选择的对比路段长度300～500m，弯沉值应有一定的变化幅度。

（2）对比试验步骤

1) 采用与实际使用相同且符合要求的落锤式弯沉仪及贝克曼梁弯沉仪测试车。落锤式弯沉仪的冲击荷载应与贝克曼梁弯沉仪测试车的后轴双轮荷载相同。

2) 标记路段起点位置。

3) 按要求布置测点并用贝克曼梁定点测试回弹弯沉。测试车开走后，以测点为圆心在周围画一个半径为150mm的圆，标明测点位置。

4) 将落锤式弯沉仪的承载板对准圆圈，位置偏差不超过30mm，按要求进行测试。两种仪器对同一点弯沉测试的时间间隔不应超过10min。

（3）建立相关关系

逐点对应计算两者的相关关系。通过对比试验得出回归方程式 $L_B = a + bL_{FWD}$，式中 L_{FWD}、L_B 分别为落锤式弯沉仪、贝克曼梁测定的弯沉值。a、b 为回归方程系数，回归方程式的相关系数 R 应不小于0.95。

由于路面结构和材料、路基状况、温度水文条件、路面使用状况不同，对比关系也有所不同，为了提高数据的准确性，应分各种情况作此项对比试验。

5. 水泥混凝土路面板调查的方法

当调查水泥混凝土路面接缝的传力效果时，测点布置在接缝的一侧，位移传感器分开在接缝两边布置，进行弯沉测定。利用分开在接缝两边布置的位移传感器的测定值的差异及弯沉盆的形状，进行判断。

7.5 激光式高速路面弯沉测定仪测试路面弯沉

1. 概述

激光式高速路面弯沉测定仪是目前世界上最先进的弯沉测试装置，它在高速行驶过程中利用激光多普勒（Laser-Doppler）技术测试地面在荷载作用下的垂直下沉速度，再通过分析程序计算出最大弯沉及弯沉盆数据，该类设备最早由丹麦GreenWood公司研发。目前，我国科研机构已经研制了具有自主知识产权的激光式高速路面弯沉测定仪，并在国内推广使用。

激光式高速路面弯沉测定仪的测试原理是测试系统在高速行驶过程中通过激光多普

勒效应来测试地面在荷载作用下的垂直下沉速度，通过一套惯性系统实时记录多普勒激光传感器的振动情况和运行姿态，修正计算路面实际弯沉变化的速度，其测试原理如图 7-5 所示。

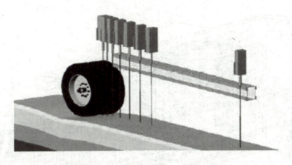

图 7-5　激光式高速路面弯沉测定仪工作原理图

激光多普勒效应的原理是当一束频率为 f_{d1} 的光波发射到测试表面，会在荷载作用下的测试表面发生垂直移动，该光波被发生垂直移动的测试表面反射出去的频率为 f_{d2}，通过激光多普勒传感器测出频率变化后，计算测试表面垂直移动速度（式 7-5），多普勒效应原理如图 7-6 所示。

$$v_D = \frac{(f_{d1} - f_{d2})\lambda}{2} \quad (7-5)$$

式中　v_D——测试表面移动速度（km/h）；
　　　f_{d1}——光波发射频率（Hz）；
　　　f_{d2}——光波反射频率（Hz）；
　　　λ——发射光波波长（nm）。

当测试表面达到最大弯沉时，表面速度应为零，通过对沿弯沉盆分布各点的速度变

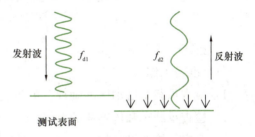

图 7-6　多普勒效应原理示意图

化的分析与计算，能够得到最大弯沉值。激光式高速路面弯沉测定仪因采用非接触测试方式工作，故能够以高达 120km/h 的速度精确测试路面弯沉。

当前我国路面弯沉测试的自动化设备主要有激光自动弯沉仪和落锤式自动弯沉仪两种，这两种设备虽然采用不同的原理对路面进行弯沉测试，但是测量速度一般都控制在 3.5km/h 的范围内，测试效率很低，由于行驶速度慢，此类设备在高速上测试时危险性较高；而激光式高速路面弯沉测定仪的测试速度可在 30~90km/h 的范围内，该类设备可以正常行车速度在高速公路上进行测试，测试效率大大提高，此外，还具有不影响交通、安全性好等优点。

2. 仪具与材料技术要求

激光式高速路面弯沉测定仪由承载车、检测控制系统、多普勒激光传感器、距离测量系统、温度控制系统等基本部分组成，如图 7-7 所示，其基本技术参数的要求如下：

（1）测试速度的范围：30~90km/h。
（2）激光传感器分辨率：0.01mm/s。
（3）测试激光器数量：不少于 4 个。

(4) 距离标定误差：≤0.1%。

(5) 承载车应不少于两轴，中后轴双侧四轮的载重车，其技术参数后轴标准轴载、单侧双轮荷载、轮胎气压应符合表7-2的要求。

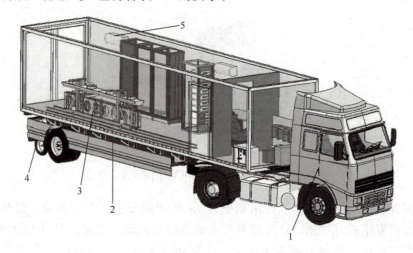

图7-7　激光式高速路面弯沉测定仪结构示意图
1—承载车；2—检测控制系统；3—多普勒激光传感器；
4—距离测量系统；5—温度控制系统

3. 方法与步骤

(1) 准备工作

1) 检查承载车后轴标准轴载、单侧双轮荷载、轮胎气压等参数，应符合规定要求。

2) 检查承载车和传感器的性能。

3) 开启并检查设备的全部系统，计算机、软件采集与计算、警示灯均应正常。

4) 开动激光式高速路面弯沉测定仪，进行测试，确保系统正常运行。

5) 当在沥青路面上测试时，通过气象台了解前5d的日平均气温（日最高气温与最低气温的平均值）。

6) 记录沥青路面结构层类型、设计厚度等情况。

(2) 测试步骤

1) 通电预热，保证设备舱内达到要求的温度，并开启警示灯及导向灯等警告标志。

2) 放下距离测试轮，按照测试路段的现场技术要求设置所需的测试状态。

3) 加速承载车到正常车速，沿正常行车轨迹驶入测试路段，保持正常行驶。

4) 在承载车到达测试路段起点前开始测量，确保至少有200m的有效路段，并在承载车到达测试路段起点时进行标记。在测试路段中如遇桥面、路面条件差或偏离当前测试路段等特殊位置，应作相应的标记来记录桩号等信息。

5) 当承载车到达测试路段终点时，应作终点标记，在车辆驶离终点至少200m后停止数据采集，并将系统各部分恢复至准备状态。

6) 检查测试数据，文件应完整，数据结果应正常，否则需要重新测试。

7) 关闭测试系统电源，结束测试。

4. 数据处理

（1）通过专用的数据处理软件和计算模型对采集到的数据进行处理。

（2）按要求进行温度、坡度修正，根据实际需要，得到要求段长的路面弯沉值。

（3）按规范要求计算一个测试路段的弯沉平均值、标准差及代表值。

5. 激光式高速路面弯沉测定仪与落锤式弯沉仪测值相关性试验

（1）试验条件

1）按弯沉值不同水平范围选择不少于 4 段路面结构相似的测试路段，长度不少于 500m，标记好起终点位置。

2）测试路段应平直、无严重破损、无积水、无污染、无交叉口。

3）测试路段的路面应清洁、干燥，附近不应有重型交通和振动。

4）试验宜选择晴天无风的天气条件，测试温度宜在 10~35℃ 范围内，且应选择温度变化不大的时段进行。

（2）试验步骤

1）落锤式弯沉仪按规定的方法以正常车速对测试路段进行弯沉测试，每隔约 10m 标记测点位置。

2）落锤式弯沉仪测试完毕后，等待 10min。然后用激光式高速路面弯沉测定仪测试各点弯沉值。

（3）数据处理

按照落锤式弯沉仪测点对应的桩号，从激光式高速路面弯沉测定仪记录数据中提取各测点的弯沉值，并与落锤式弯沉仪测值一一对应，得到落锤式弯沉仪测值和激光式高速路面弯沉测定仪测值之间的相关关系式，相关系数 R 应不小于 0.90。

> 【复习思考】
>
> 1. 简述弯沉测试的目的及意义。
> 2. 路基路面弯沉的测试方法有哪些？分别有什么特点？
> 3. 简述贝克曼梁测试弯沉的方法及步骤。
> 4. 简述自动弯沉仪测试弯沉的步骤。
> 5. 落锤式弯沉仪的工作原理是什么？
> 6. 简述落锤式弯沉仪与贝克曼梁弯沉仪对比试验步骤。

教学单元 8　路面抗滑性能检测

【教学目标】

了解路面抗滑的重要性及影响因素；掌握手工铺砂法测定路面构造深度的操作步骤，熟悉数据整理计算过程；了解电动铺砂仪测试路面构造深度的测试步骤及方法；了解车载式激光构造深度仪测定路面构造深度的原理，掌握测试方法与步骤；掌握摆式仪测定路面摩擦系数的测试步骤及方法，掌握试验数据的处理方法；了解数字式摆式仪测试路面摩擦系数的方法；熟悉单轮式横向力系数测试系统测定路面摩擦系数的测试方法，熟悉不同类型摩擦系数测试设备间相关性试验。能够了解路面抗滑检测的重要性；能够区分构造深度及摩擦系数的作用；能选用适当的方法去测试路面的抗滑性能；能够熟练利用手工铺砂仪测试路面的构造深度，并能进行试验数据的计算及分析；能够比较熟练地运用电动铺砂仪和车载式激光构造深度仪来测定路面构造深度；能够熟练运用摆式仪测定路面摩擦系数，并能够准确分析试验数据；能够比较熟练地运用数字式摆式仪测试路面摩擦系数以及单轮式横向力系数测试系统测定路面摩擦系数。

【案例引入】

因路面抗滑性能不足引发的交通事故很多，尤其是雨天湿滑的路面更易发生事故。2019 年 4 月 10 日，雨天路滑，一辆重型半挂车行驶至某高速公路 21km 处路段，因采取制动措施不当，导致车辆发生侧翻，紧随其后而来的两辆重型半挂车因没有与前车保持足够的安全距离，遇到紧急情况，没有足够的处置空间，刹车不及，与已经侧翻的重型半挂车发生碰撞，导致一人受伤（图 8-1）。

图 8-1　因路面湿滑引发的交通事故

8.1 路面抗滑性能检测概述

路面表面应具备足够的抗滑性能，以保证行车安全。若路面抗滑性能不足时，汽车启动，会发生空转打滑现象；汽车在弯道上行驶，会产生横向滑移；高速行车时紧急制动，所需的制动距离就会增长。路面滑溜极易引发交通事故。因此，抗滑性能是路面施工质量检验和使用性能评价的指标。

影响路面抗滑性能的因素有：路面表面特性、干湿状态、温度、行车车速、轮胎特性等。路面表面特性包括路表面微观构造和宏观构造。路面面层所用粗集料满足石料磨光值 PSV 要求，表面粗涩，就可获得较好的微观构造；而宏观构造取决于沥青用量和集料级配等，适当降低沥青用量，采用有棱角、形状接近立方体的集料，开级配集料，路面表面抗滑性能相对较好。干湿状态对路面抗滑性能影响较大。干燥状态下的路面一般是能保证汽车安全行驶的，但当路表处于潮湿、积水状态，特别是路表与轮胎之间形成水膜，或者冬季结冰与积雪时，抗滑性能则减小很多。这就是雨雪天发生的事故所占比率很高的原因。一般随着路面温度的升高，抗滑性能会减小。随着车速的提高，抗滑性能将会降低。轮胎特性包括轮胎的磨耗量、表面形状及构造。轮胎的磨耗量增加，抗滑性能降低；轮胎表面形状、轮胎的橡胶性质、轮胎的接触压力、轮重都对抗滑性能有影响。

路面抗滑性能一般用轮胎与路面间的摩擦系数和表面宏观构造深度来表征，摩擦系数或构造深度越大，说明抗滑性能越高。构造深度测试法有手工铺砂法、电动铺砂法、激光构造深度仪法。摩擦系数测试方法有摆式仪法、单轮式横向力系数测试法、双轮式横向力系数测试法和动态旋转式摩擦系数测定仪法。这里主要介绍手工铺砂法、电动铺砂法及车载式激光构造深度仪测定路面构造深度，摆式仪法、单轮式横向力系数测试法测试摩擦系数。

8.2 手工铺砂法测定路面构造深度

路面表面的构造深度也称纹理深度，是指路面表面开口空隙的平均深度，即宏观构造深度（TD），以 mm 计，它是表征路面粗糙度的一种形式，和路面摩擦系数都是评价路表抗滑性能的专业技术指标，但是构造深度和摩擦系数所表征的作用不同，两者不能互相代替。手工铺砂法与电动铺砂法都是利用控制粒径的细砂铺在路面上，以嵌入凹凸不平的表面空隙中砂的体积与覆盖面积之比求得平均深度。

手工铺砂法测定路面构造深度适用于测试沥青路面及无刻槽水泥混凝土路面表面构造深度，用以评定路面表面抗滑性能。

1. 仪具与材料技术要求

（1）手工砂铺仪：由量砂筒、推平板组成，具体技术要求如下：

1) 量砂筒：形状尺寸如图 8-2 所示，一端是封闭的，容积为 (25 ± 0.15) mL，可通过称量砂筒中水的质量以确定其容积 V，并调整其高度，使其容积符合规定要求。附

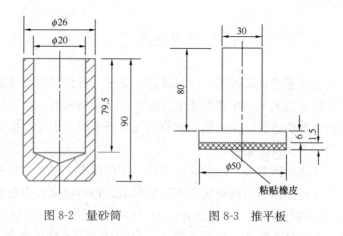

图 8-2 量砂筒　　　　图 8-3 推平板

专用的刮尺将筒口量砂刮平，刮尺可用30cm的钢板尺代替。

2）推平板：形状尺寸如图8-3所示，推平板应为木制或铝制，直径50mm，底面粘一层厚1.5mm的橡胶片，上面有一圆柱把手。

（2）量砂：足够数量的干燥洁净的匀质砂，粒径0.15～0.30mm。

（3）量尺：钢板尺或专用构造深度尺。

（4）其他：装砂容器（小铲）、扫帚或毛刷、挡风板等。

2. 方法与步骤

（1）准备工作

1）量砂准备：取洁净的细砂，晾干过筛，取粒径0.15～0.30mm的砂置于适当的容器中备用。试验时，量砂只能一次性使用，不得重复使用。

2）对测试路段按随机取样选点的方法决定测点所在横断面位置。同时测点应选在车道的轮迹带位置，且距路面边缘不得小于1m。

（2）测试步骤

1）用扫帚或毛刷子将测点附近的路面清扫干净，面积不少于30cm×30cm。

2）用小铲向圆筒中缓缓注入准备好的量砂至高出量筒成尖顶状，手提圆筒上部，用钢尺轻轻叩打圆筒中部3次，并用刮尺边沿筒口一次刮平。不可直接用量砂筒装量砂，以免影响量砂密度的均匀性。

3）将砂倒在路面上，用推平板由里向外重复作摊铺运动，稍稍用力将砂向外均匀摊开，使砂填入路表面的空隙中，尽可能将砂摊成圆形，并不得在表面上留有浮动余砂。注意：摊铺时不可用力过大或向外推挤。

需要注意的是，影响手工铺砂法测试结果误差较大的原因有很多，例如装砂和叩击方法无量化标准，不少人直接用量筒到装砂的筒中装砂，叩击量筒力度大小不一，均致使量筒中的砂紧密程度不一样，影响砂量。此外，摊铺过程因掌握力度不同，摊铺结果也因人而异，因此摊铺过程一定要按规范操作。

4）用钢板尺测量所构成圆的两个垂直方向的直径，取其平均值，准确至1mm。也可用专用尺直接测量构造深度。

5）按以上方法，同一处平行测试不少于3次，3个测点均位于轮迹带上，测点间距

3～5m。对同一处测试应该由同一个试验员进行。该处的测试以中间测点的位置表示。

(3) 数据处理

1) 构造深度测试结果按式 (8-1) 计算：

$$TD = \frac{1000V}{\frac{\pi D^2}{4}} = \frac{31831}{D^2} \tag{8-1}$$

式中　TD ——路面表面构造深度（mm）；

　　　V ——砂的体积（25cm^3）；

　　　D ——摊平砂的平均直径（mm）。

2) 每一测试位置均取 3 次路面构造深度的测试结果的平均值作为试验结果，准确至 0.01mm。当平均值小于 0.2mm 时，试验结果以＜0.2mm 表示。

8.3　电动铺砂仪测试路面构造深度

8-1 电动铺砂仪测试路面构造深度

电动铺砂仪测试路面构造深度可避免手工铺砂法因人为操作差异导致测试结果变异性较大的缺点，但因本方法操作过程比手工铺砂法复杂，故目前国内使用普及度不高。

电动铺砂法与手工铺砂法虽然基本原理类似，但测试方法有所差别，手工法是通过将固定体积量砂填入凹凸不平的空隙计算其平均深度作为构造深度的，而电动法是将固定体积量砂在路面上的摊铺长度与在玻璃板上的摊铺长度进行比较后，得到构造深度的，所以两种方法测试的构造深度存在差值，使用时应进行换算。

电动铺砂法的标定十分重要，为保证试验结果的准确性，标定应使用与实际试验相同的砂，并由同一试验员进行。

1. 仪具与材料技术要求

1) 电动铺砂仪（图 8-4）：利用可充电的直流电源将量砂通过砂漏铺设成宽度 5cm、

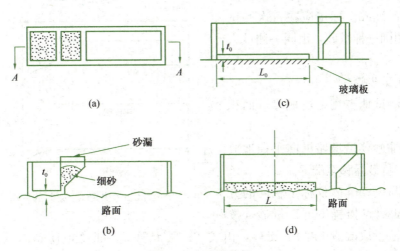

图 8-4　电动铺砂仪

(a) 平面图；(b) A—A 断面；(c) 标定；(d) 测定

厚度均匀一致的器具。

2) 量砂：足够数量的干燥洁净的匀质砂，粒径为 0.15～0.30mm。

3) 标准量筒：容积 50mL。

4) 玻璃板：面积大于铺砂器，板厚不小于 5mm。

5) 其他：直尺、灌砂漏斗、扫帚、毛刷等。

2. 方法与步骤

(1) 准备工作

1) 量砂准备：取洁净的细砂，晾干过筛，取粒径 0.15～0.30mm 的砂置于适当的容器中备用。试验时，量砂只能一次性使用，不得重复使用。

2) 对测试路段按随机取样选点的方法决定测点所在横断面位置。同时测点应选在车道的轮迹带位置，且距路面边缘不得小于 1m。

(2) 电动铺砂器标定

1) 将铺砂器平放在玻璃板上，将砂漏移至铺砂器起始端部。

2) 使灌砂漏斗口和量筒口大致齐平。通过漏斗向量筒中缓缓注入准备好的量砂至高出量筒成尖顶状，用直尺沿筒口一次刮平，其容积为 50mL。

3) 使漏斗口与铺砂器砂漏上口大致齐平。将砂通过漏斗均匀倒入砂漏，倒入过程中漏斗前后移动，使砂的表面大致齐平，但不得用任何其他工具刮动砂。

4) 启动开关，使砂漏向另一端缓缓运动，量砂沿砂漏底部铺成图 8-4 所示的宽 50mm 的带状，待砂全部漏完后停止。

5) 按图 8-5，依式（8-2）由 L_1 及 L_2 的平均值决定量砂的摊铺长度 L_0，准确至 1mm。

$$L_0 = (L_1 + L_2)/2 \tag{8-2}$$

式中 L_0——玻璃板上 50mL 量砂摊铺的长度（mm）；

L_1、L_2——按图 8-4 的方法量取的摊铺长度（mm）。

6) 重复标定 3 次，取平均值决定 L_0，准确至 1mm。标定应在每次测试前进行，用同一种量砂，由同一测试人员进行。

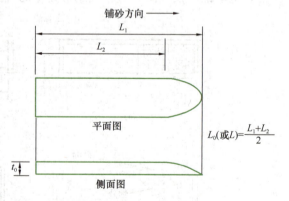

图 8-5 决定 L_0 及 L 的方法

(3) 测试步骤

1) 将测试地点用毛刷刷净，面积大于铺砂仪。

2) 将铺砂仪沿道路纵向平稳地放在路面上，将砂漏移至端部。

3) 按与电动铺砂仪标定相同的方法，在测试地点摊铺 50mL 量砂，按图 8-4 的方法量取摊铺长度 L_1 及 L_2，由式（8-3）计算 L，准确至 1mm。

$$L = (L_1 + L_2)/2 \tag{8-3}$$

式中 L——路面上 50mL 量砂摊铺的长度（mm）。

4) 按以上方法，同一处平行测试不少于 3 次，3 个测点均位于轮迹带上，测点间距 3～5m。该处的测试位置以中间测点的位置表示。

3. 数据处理

（1）按式（8-4）计算铺砂仪在玻璃板上摊铺的量砂厚度 t_0。

$$t_0 = \frac{V}{B \times L_0} \times 1000 = \frac{1000}{L_0} \tag{8-4}$$

式中　t_0——量砂在玻璃板上摊铺的标定厚度（mm）；
　　　V——量砂体积，50mL；
　　　B——铺砂仪铺砂宽度，50mm。

（2）按式（8-5）计算构造深度 TD。

$$TD = \frac{L_0 - L}{L} \times 1000 = \frac{1000}{L} \tag{8-5}$$

（3）每一处均取 3 次路面构造深度测试结果的平均值作为试验结果，准确至 0.1mm。当平均值小于 0.2mm 时，试验结果以 <0.2mm 表示。

8.4　车载式激光构造深度仪测定路面构造深度

激光构造深度仪是利用激光测距的原理测量地面材料颗粒表面以及材料颗粒之间的深度变化的情况，其输出的测试结果是沿测线断面一定间距长度内的平均深度数据。由于测试方法和原理不同，激光构造深度仪与铺砂法的测试结果存在一定的差异。应通过对比试验，建立相关关系式，将激光构造深度仪的测值转换为铺砂法构造深度值后，才能进行测试结果的评定。

目前激光构造深度仪一般都采用车载式，其测试效率高、测试结果稳定，并能够与平整度、车辙等其他断面指标同步采集测试数据，为大多数检测单位所使用。目前，激光构造深度仪的测试输出结果有 SMTD、MPD、MTD 等几种不同算法，我国规定是采用 SMTD 算法。

车载式激光构造深度仪测定路面构造深度适用于各类车载式激光构造深度仪在新建、改建路面工程质量验收和无严重破损病害及无积水、积雪、泥浆等正常行车条件下测定，连续采集路面构造深度，但不适用于带有沟槽构造的水泥路面构造深度的测定。

1. 测试系统

测试系统由承载车、距离传感器、激光传感器和主控制单元组成，配备的专用软件应自动控制进行数据采集、传输、记录和数据处理。其主要技术要求如下：

（1）承载车要求：根据设备供应商的要求选择测试系统承载车辆。
（2）最大测试速度：≥50km/h。
（3）采样间隔：≤5mm。
（4）传感器垂直测示值误差：≤0.1mm。
（5）距离标定误差：<0.1%。
（6）系统工作环境温度：0～60℃。

2. 测试方法与步骤

（1）准备工作

1）设备安装到承载车上以后应进行激光构造深度仪测值与手工铺砂法构造深度值的相关性试验。

① 选择构造深度分别在 0~0.3mm、0.3~0.55mm、0.55~0.8mm、0.8~1.2mm 范围的 4 段长度分别为 100m 的试验路段。试验前将路面清扫干净，并在起终点做标记。

② 在每个试验路段上沿一侧行车轮迹用铺砂法测试至少 10 点的构造深度值，并计算平均值。

③ 驾驶承载车以 30~50km/h 速度驶过试验路段，并且保证激光构造深度仪的激光传感器探头沿铺砂法所测构造深度的行车轮迹运行，计算试验路段的构造深度平均值。

④ 建立两种方法的相关关系式，要求相关系数 R 不小于 0.97。

2）对测试系统各传感器进行自标定。

3）现场安装距离测量装置时，应确保机械紧固装置安装牢固。

4）打开测试系统电源，启动控制程序，检查各部分的工作状态，并预热测试系统。

（2）测试步骤

1）承载车停在测试起点前 50~100m 处，启动测试系统程序，按照测试路段的现场技术要求设置完毕所需的测试状态。

2）驾驶员应按照规定的测试速度范围驾驶承载车，避免急加速和急减速，急弯路段应放慢车速，沿正常行车轨迹驶入测试路段。

3）进入测试路段后，测试人员启动控制单元的采集和记录程序，在测试过程中必须及时准确地将测试路段的起终点和其他需要特殊标记的位置输入测试数据记录中。

4）当承载车驶出测试路段后，测试人员停止数据采集和记录，并恢复仪器各部分至初始状态。

5）测试数据文件应完整，内容应正常，否则需要重新测试。

6）关闭测试系统电源，结束测试。

8.5　摆式仪测定路面摩擦系数

指针式摆式仪是由原英国道路和运输研究所（TRRL）发明的用于测试路面抗滑能力的一种装置，BPN（摆值）是 British Pendulum Number 的缩写，代表指针式摆式仪的刻度值。多年来，此设备已被世界各国广泛用于抗滑性能测试法。

摆式仪测定路面摩擦系数的原理是：为了模拟汽车以一定速度行驶时，汽车轮胎与路面表面之间的摩擦作用，使具有一定质量和长度的摆锤，从一定高度自由下摆时，让摆锤底面橡胶片与路面表面接触并滑动一定长度，由于克服摩擦力而损耗部分能量，摆锤回摆不到起始高度。摆的位能损失等于安装于摆臂末端橡胶片滑过路面时，克服路面摩擦力所做的功。所以，回摆高度越小，与起始高度的差值越大，说明摩擦系数越大。

摆值为摩擦系数的100倍。

摆式仪测定路面摩擦系数适用于以摆式摩擦系数测定仪（摆式仪）测定沥青路面、标线或其他材料试件的抗滑值，用以评定路面或路面材料试件在潮湿状态下的抗滑能力。

1. 主要仪具与材料技术要求

（1）指针式摆式仪：形状及结构如图 8-6 所示。摆及摆的连接部分总质量为 (1500 ± 30)g，摆动中心至摆的重心距离为 (410 ± 5)mm，测定时摆在路面上的滑动长度为 (126 ± 1)mm，摆上橡胶片端部距摆动中心距离为 510mm，橡胶片对路面的正向静压力为 (22.2 ± 0.5)N。

8-2 摆式仪测试路面摩擦系数

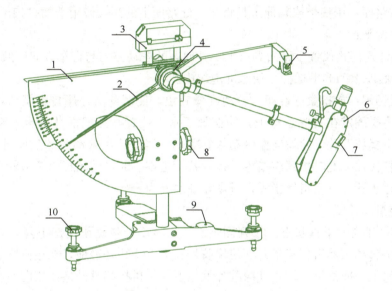

图 8-6　指针式摆式仪结构示意图

1—度盘；2—指针；3—紧固把手；4—松紧调节螺栓；5—释放开关；
6—摆；7—滑溜块；8—升降把手；9—度盘；10—水准泡

（2）橡胶片：指针式摆式仪所使用的橡胶片对测试结果有很大影响，我国是自行研制的合成橡胶，尺寸为 6.35mm×25.4mm×76.2mm，橡胶质量应符合表 8-1 的要求。当橡胶片使用后，端部在长度方向上磨耗超过 1.6mm 或边缘在宽度方向上磨耗超过 3.2mm，或有油类污染时，即应更换新橡胶片。新橡胶片应先在干燥路面上测试 10 次后再用于工作测试，橡胶片的有效使用期自出厂日期起算为 12 个月。

橡胶物理性质技术要求　　　　　　　表 8-1

性质指标	温度（℃）				
	0	10	20	30	40
回弹值（%）	43~49	58~65	66~73	71~77	74~79
硬度（HD）	55±5				

（3）滑动长度量尺：长度 126mm。

（4）喷水壶。

(5) 路面温度计：分度不大于1℃。
(6) 其他：毛刷或扫帚、记录表格等。

2. 测试方法与步骤

(1) 准备工作

1) 检查指针式摆式仪的调零灵敏情况，并定期进行滑块压力的标定。

2) 进行测试路段的随机选点，每个测试位置布设3个测点，测点间距离为3～5m，以中心测点的位置表示该测试位置。测试位置应选在车道横断面上轮迹处，且距路面边缘不应小于1m。

(2) 测试步骤

1) 清洁路面：用扫帚或其他工具将测点处路面上的浮尘或附着物打扫干净。

2) 仪器调平：

① 将指针式摆式仪置于路面测点上，并使摆的摆动方向与行车方向一致。

② 转动底座上的调平螺栓，使水准泡居中。

3) 指针调零：放松紧固旋钮，转动升降旋钮，使摆升高并能自由摆动，然后旋紧紧固旋钮。将摆固定在右侧悬臂上，使摆处于水平位置，并把指针拨至右端与摆杆贴紧。右手按下释放开关，使摆向左带动指针摆动，当摆达到最高位置后刚开始下落时，用左手将摆杆接住，此时指针应指零。指针若不指零，通过转动松紧调节螺母进行调整后，重复上述步骤，直至指针指零，调零允许误差为±1。

4) 校核滑动长度：

① 让摆处于自然下垂状态，松开固定旋钮，转动升降旋钮使摆下降，并提起举升柄使摆向左侧移动，然后放下举升柄使橡胶片长边下缘轻轻触地，在边侧紧靠橡胶片摆放滑动长度量尺，使量尺左端对准橡胶片触地下缘；再提起举升柄使摆向右侧移动，然后放下举升柄使橡胶片下缘轻轻触地，检查橡胶片下缘是否与滑动长度量尺的右端齐平。若齐平，则说明橡胶片两次触地的距离（滑动长度）符合（126±1)mm的要求。左右两次橡胶片长边边缘应以刚刚接触路面为准，不可借摆的力量向前滑动，以免标定的滑动长度与实际不符。

② 橡胶片两次触地与量尺两端若不齐平，通过升高或降低摆或仪器底座的高度进行调整。微调时，也可用旋转仪器底座上的调平螺栓调整仪器底座高度的方法，但需注意保持水准泡居中。

③ 重复上述步骤，直至滑动长度符合（126±1)mm的要求。

5) 将摆固定在右侧悬臂上，使摆处于水平位置，并把指针拨至右端靠紧摆杆。

6) 用喷水壶浇洒测点处路面，使之处于湿润状态。

7) 按下右侧悬臂上的释放开关，使摆在路面滑过，当摆杆回落时，用手接住摆杆并读数，但不作记录。

8) 在每个测点，重复测试5次，读记每次测试的摆值。5个摆值中最大值与最小值的差值不得大于3mm。如差值大于3mm，应重复上述各项操作，至符合规定为止。

9) 在测点处用温度计测记潮湿路表温度，准确至1℃。

10) 每个测点由3个单点组成，也就是需要按以上方法在同一个测点处平行测定3

次，以 3 次测定结果的平均值作为该测点的代表值（精确到 1mm）。

3 个单点均应位于轮迹带上，单点间距离为 3～5m。该测点的位置以中间单点的位置表示。

3. 数据处理

（1）计算每个测点 5 个摆值的平均值作为该测点的摆值，取整数。

（2）摆值的温度修正：

当路面温度为 T（℃）时测得的摆值 BPN_T 应按式（8-6）换算成标准温度 20℃ 的摆值 BPN_{20}：

$$BPN_{20} = BPN_T + \Delta BPN \tag{8-6}$$

式中　BPN_{20}——换算成标准温度 20℃ 时的摆值；

　　　BPN_T——路面温度 T 时测得的摆值；

　　　ΔBPN——温度修正值按表 8-2 采用。

温度修正值　　　　表 8-2

温度（℃）	0	5	10	15	20	25	30	35	40
温度修正值 ΔBPN	−6	−4	−3	−1	0	+2	+3	+5	+7

注：中间温度的修正值可采用内插法计算得出。

8.6　数字式摆式仪测试路面摩擦系数

众所周知，指针式摆式仪的指针归零标定步骤非常重要，但长期以来，因我国多数生产厂家对指针式摆式仪的制造工艺和采用的材料所限，大部分指针式摆式仪指针控制效果不过关，造成测试结果准确性也不能满足要求。为改进指针读数方式的缺陷，近年来国内外已开发出数字式摆式仪，通过电测传感器测试摆值结果。数字式摆式仪的电测方式既改进了指针结构带来的弊端，也避免了人工读值的误差，大大提高了测试结果的准确性。

数字式摆式仪是在不改变原有指针式摆式仪基本结构和工作原理的基础上，利用计算机、电子传感器技术，研发的一种集成了自动显示、自动存储、自动温度修正功能的数字化测量系统。数字式摆式仪的测量机构由高精度角度传感器、嵌入式摆值测量系统、温度传感器及算法软件等部分构成。

数字式摆式仪取消了指针和刻度盘，其零位标定和摆值读取均由角度传感器和控制程序自动完成，避免了指针式摆式仪结构零位标定和人工读值方式造成的不稳定性和数据误差，较好地提高了测试结果的稳定性和准确度。

1. 适用范围

本方法适用于数字式摆式仪测试无刻槽水泥路面和沥青路面的摆式摩擦系数值 BPN。

2. 仪具与材料技术要求

（1）数字式摆式仪：形状及结构如图 8-7 所示。数字式摆式仪主机可输入测点编号，自动测量、存储和显示摆值及温度修正后的结果。

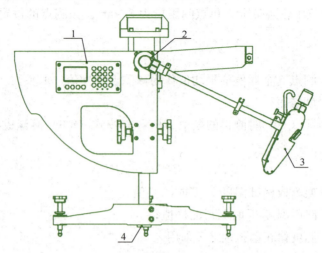

图 8-7　数字式摆式仪结构示意图
1—主机；2—角度传感器；3—摆；4—温度传感器

（2）橡胶片：尺寸为 6.35mm×25.4mm×76.2mm，橡胶质量应符合表 8-1 的要求。当橡胶片使用一段时间后，端部在长度方向上磨耗超过 1.6mm 或边缘在宽度方向上磨耗超过 3.2mm，或有油类污染时，即应更换新橡胶片。新橡胶片应先在干燥路面上测试 10 次后再用于测试，橡胶片的有效使用期自出厂日期起算为 12 个月。

（3）滑动长度量尺（长 126mm）。

（4）喷水壶。

（5）毛刷。

（6）路面温度计：分度不大于 1℃。

（7）其他：扫帚、记录表格等。

3. 方法与步骤

（1）准备工作

1）检查数字式摆式仪的调零灵敏情况，并定期进行滑块压力的标定。

2）按要求选择测试位置，每个测试位置布设 3 个测点，测点间距离为 3~5m，以中心测点的位置表示该测试位置。测试位置应选在车道横断面上轮迹处，且距路面边缘不应小于 1m。

（2）测试步骤

1）清洁路面：用扫帚或其他工具将测点处路面上的浮尘或附着物打扫干净。

2）仪器调平：

① 将仪器置于路面测点上，并使摆的摆动方向与行车方向一致。

② 转动底座上的调平螺栓，使水准泡居中。

3）零位标定：

① 放松紧固旋钮，转动升降旋钮，使摆升高并能自由摆动，然后旋紧紧固旋钮。

② 将摆固定在右侧悬臂上，使摆处于水平释放位置。

③ 打开数字化摆式仪主机电源，设置测试状态为"标定"，按下释放开关，使摆向左摆动，当摆达到最高位置后下落时，用手将摆杆接住，此时数字化摆式仪将自动记录空摆时的初始角度，保存此初始角度，完成零位标定。

4）校核滑动长度：

① 让摆处于自然下垂状态，松开固定旋钮，转动升降旋钮使摆下降，并提起举升柄使摆向左侧移动，然后放下举升柄使橡胶片长边下缘轻轻触地，在边侧紧靠橡胶片摆放滑动长度量尺，使量尺左端对准橡胶片触地下缘。再提起举升柄使摆向右侧移动，然后放下举升柄使橡胶片下缘轻轻触地，检查橡胶片下缘是否与滑动长度量尺的右端齐平。若齐平，则说明橡胶片两次触地的距离（滑动长度）符合 126mm 的要求。左右两次橡胶片长边边缘应以刚刚接触路面为准，不可借摆的力量向前滑动，以免标定的滑动长度与实际不符。

② 橡胶片两次触地与量尺两端若不齐平，通过升高或降低摆或仪器底座的高度进行调整。微调时，也可采用旋转仪器底座上的调平螺栓调整仪器底座的高度的方法，这种方法比较方便，但需注意保持水准泡居中。

③ 重复前面的步骤，直至滑动长度符合 126mm 的要求。

将摆固定在右侧悬臂上，使摆处于水平释放位置，设置测试状态为"就绪"。

5）用喷水壶浇洒测点处路面，使之处于湿润状态。

6）按下右侧悬臂上的释放开关，使摆在路面滑过，当摆杆回落时，用手接住读数，但不作记录。然后使摆杆重新置于水平释放位置。

7）按规定要求，重复操作 5 次，读记每次测试的摆值。5 个摆值中最大值与最小值的差值不得大于 3。如差数大于 3 时，应检查产生的原因，并再次重复上述各项操作，至符合规定为止。

8）在测点处用温度计测记潮湿路表温度，准确至 1℃。

9）重复前面的步骤，完成一个测试位置 3 个测点的摆值测试。

4. 数据处理

(1) 计算每个测点 5 个摆值的平均值作为该测点的摆值 BPN_T，取整数。

(2) 每个测点的摆值按照 8.5 节的规定进行温度修正。

(3) 计算每个测试位置 3 个测点摆值的平均值作为该测试位置的摆值，取整数。

(4) 计算一个测试路段摆值的平均值、标准差、变异系数。

8.7 单轮式横向力系数测试系统测定路面摩擦系数

目前我国已普遍使用横向力系数测试系统作为高等级公路抗滑能力的检测设备。我国标准体系中引入的横向力系数测试系统是英国的 SCRIM 系统，其工作原理为：与行车方向成 20°偏角并承受一定垂直荷载的测定轮，以一定速度行驶在潮湿路面上，测试轮胎所受的侧向摩擦阻力与垂直荷载的比值，称为横向力系数，简称 SFC。

由于其他类型的横向力系数测试系统在测试轮的偏角、荷载、轮胎等方面的差别，所测得的横向力系数不同于 SCRIM 测试车。因此，当应用非 SCRIM 系统的横向力系数测试系统测试路面摩擦系数时，应通过对比试验，建立相关关系式，将该横向力系数测试系统的测值转换为 SCRIM 系统的 SFC 值后，才能进行路面抗滑性能的评定。

单轮式横向力系数测试系统测定路面摩擦系数适用于工作原理和结构与 SCRIM 测试车相同的横向力系数测试系统在新建、改建路面工程质量验收和无严重坑槽、车辙等病害的正常行车条件下连续采集路面的横向力系数。

1. 测试系统

横向力系数测试系统由承载车、距离测试装置、横向力测试装置、供水装置和主控制单元组成，见图 8-8。主控制单元除实施对测试装置和供水装置的操作控制外，同时还控制数据的传输、记录与计算等环节。测试轮胎技术参数通常符合《横向力摩擦系数系统专用测试轮胎》JT/T 752—2009 的规定。其主要技术要求如下：

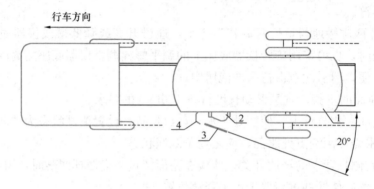

图 8-8 单轮式横向力系数测试系统结构示意图
1—水罐；2—横向力测试装置；3—测试轮；4—供水口

（1）承载车应为能够固定和安装测试、储供水、控制和记录等系统的载重车底盘，具有在水罐满载状态下最高车速大于 100km/h 的性能。

（2）测试轮胎类型：光面天然橡胶充气轮胎。

（3）测试轮胎规格：3.00-20-4PR。

（4）测试轮胎标准气压：(3.5 ± 0.2)kg/cm²。

（5）测试轮胎偏置角：19.5°～21°。

（6）测试轮胎静态垂直标准荷载：(2000 ± 20)N。

（7）拉力传感器非线性误差：<0.05%。

（8）拉力传感器有效量程：0～2000N。

（9）距离标定误差：<2%。

2. 测试方法与步骤

（1）准备工作

1）每个测试项目开始前或连续测试超过 1000km 后应按照规定的方法进行系统应力传感器的标定，记录下标定数据并存档。

2）检查测试车轮胎气压，应达到车辆轮胎规定的标准气压。

3）检查测试轮胎磨损情况，当其直径比新轮胎减小达 6mm（也即胎面磨损 3mm）以上或有明显损伤或裂口时，必须更换新轮胎。新更换的新轮胎在正式测试前应试测约 2km。

4）检查测试轮胎气压，应达到 $(3.5\pm0.2)\mathrm{kg/cm^2}$ 的要求。

5）检查测试轮胎，固定螺栓必须拧紧。将测试轮胎放到正常测试时的位置，其应能够沿两侧滑柱上下自由升降。

6）根据测试里程向水罐加注足够用量的清洁测试用水。

7）当出水控制为固定式开关时，需将开关设置在对应的测试速度位置，放下测试轮并检查洒水口出水情况和洒水位置；洒水位置应在测试轮接触地面中点沿行驶方向前方（400±50）mm处，洒水宽度应为中心线两侧各不小于约75mm。

8）启动控制单元，检查各项功能和技术参数，选择状态均应正常。

（2）测试步骤

1）正式开始测试前首先应按规定的时间要求启动控制单元进行通电预热。

2）进入测试路段前，测试人员设置所需的系统技术参数，并将测试轮胎至少提前500m降至路面上进行预跑。

3）进入测试路段后，驾驶员应保持较为均匀的行车速度，并沿正常行车轨迹行驶。当为固定出水控制方式时，行驶最高速度不得超过出水开关事先设置所对应的速度。

4）测试过程中，测试人员应及时准确地将测试路段需要标记的起终点和其他特殊点的位置输入测试数据记录中。

5）承载车驶出测试路段后，测试人员停止测试程序，提升起测量轮并恢复仪器各部分至初始状态。

6）检查数据文件内容，应完整正常，否则需要重新测试。

7）关闭测试系统电源，结束测试。

3. 数据处理

（1）SFC 值的速度修正

以测试结果使用时所需的速度作为标准测试速度，其他测试速度条件下得到的 SFC 值应通过式（8-7）转换至标准速度下的等效 SFC 值。

$$SFC_{标}=SFC_{测}-0.22(V_{标}-V_{测}) \quad (8-7)$$

式中　$SFC_{标}$——标准测试速度下的等效 SFC 值；

　　　$SFC_{测}$——现场实际测试速度条件下的 SFC 测试值；

　　　$V_{标}$——标准测试速度（km/h）；

　　　$V_{测}$——现场实际测试速度（km/h）。

（2）SFC 值的温度修正

测试系统的标准现场测试地面温度范围为（20±5）℃，其他地面温度条件下测试的 SFC 值必须通过表 8-3 转换至标准温度下的等效 SFC 值。系统测试要求控制在 8～60℃的地面温度范围内。

SFC 值温度修正　　　　表 8-3

温度（℃）	10	15	20	25	30	35	40	45	50	55	60
修正	−3	−1	0	+1	+3	+4	+6	+7	+8	+9	+10

4. 不同类型摩擦系数测试设备间相关性试验

（1）基本要求

不同类型摩擦系数测试设备的测值应换算成 SFC 值后使用，所以制动式摩擦系数测试设备和其他类型横向力式测试设备在使用时必须和 SCRIM 系统进行对比试验，建立测试结果与 SCRIM 系统测值 SFC 值的相关关系。

（2）试验条件

1）按 SFC 值 0～30、30～50、50～70、70～100 的范围选择 4 段不同摩擦系数的路段，路段长度可为 100～300m。

2）试验路段地面应清洁干燥，地面温度应为 10～30℃，天气宜选择在晴天无风时。

（3）试验步骤

1）测试系统和需要进行相关性试验的其他类型设备分别按规定的方法及操作手册规定的程序准备就绪。

2）两套设备分别以 40km/h、50km/h、60km/h、70km/h、80km/h 的速度在所选择的 4 种试验路段上各测试 3 次，3 次测试的平均值的绝对差值不得大于 5，否则重测。

3）两种试验设备设置的采样频率差值不应超过一倍，每个试验路段的采样数据量不应少于 10 个。

（4）试验数据处理

1）分别计算出每种速度下各路段 3 次测试结果的总平均值和标准差，超过 3 倍标准差的值应予以舍弃。

2）用数理统计的回归分析方法建立试验设备测值与速度的相关关系式，相关系数 R 不得小于 0.95。

3）建立不同速度下试验设备测值 SFC 的相关关系式，相关系数 R 不得小于 0.95。

【复习思考】

1. 路面构造深度和摩擦系数的测试方法分别有哪些？
2. 简述手动铺砂仪测试的方法与步骤。
3. 电动铺砂仪标定的步骤有哪些？
4. 简述摆式仪测定路面摩擦系数的原理。
5. 简述摆式仪测试路面摩擦系数的步骤。

教学单元 9 渗水、车辙、错台检测

【教学目标】

掌握沥青路面渗水系数的测试方法及步骤,熟悉规范对于渗水指标的要求;了解车辙的类型及形成机理,熟悉车辙的测试方法及步骤;熟悉水泥混凝土路面错台的测试方法及步骤;能够熟练运用渗水仪测试沥青路面的渗水系数;能够运用路面激光车辙仪来测试沥青路面的车辙;能够利用全站仪或水准仪检测水泥混凝土路面的错台;能够参照评定标准对测试结果进行简单评价。

【案例引入】

京珠高速公路广珠段(简称广珠东线)是我国南北交通大动脉——京珠高速公路的最南端,连接着广州、深圳、香港、珠海、澳门等地,2010年以来交通流量不断增长。该项目营运多年,路面已经达到或者接近设计使用年限。超过设计年限后,道路尤其是路面病害的发生种类不断增加、发展速度不断加快,多条路段出现了不同程度的车辙及坑槽等病害(图9-1),原白加黑路段(旧路四改六水泥路面加铺沥青路段)也因为反射裂缝的问题每年出现较为严重的车辙及推移拥抱等病害,且病害呈现明显的发展趋势。

图 9-1 京珠高速公路车辙

9.1 沥青路面渗水系数测试

沥青路面渗水性能是反映路面沥青混合料级配组成的一个间接指标,也是沥青路面水稳定性的一个重要指标。一般沥青路面应该是密实、不透水的。如果整个沥青路面渗

水过多，路面表面的水就会向下渗透进入基层或路基，使路面承载力降低，导致路面结构破坏。为了使沥青路面结构具有良好的水稳定性，应该限制沥青路面面层的渗水性。

9-1 沥青路面渗水系数测试

因此按我国有关规定，沥青混合料配合比设计需要对试件进行渗水试验，其渗水系数应满足要求；在沥青路面成型后应立即测定路面表层渗水系数，以检验沥青混合料面层的施工质量。渗水系数是指在规定的初始水头压力下，单位时间内渗入路面规定面积的水的体积，以 mL/min 计。沥青路面渗水性能是反映路面沥青混合料级配组成的一个间接指标，也是沥青路面水稳定性的一个重要指标。如果整个沥青面层均透水，则水势必进入基层或路基，使路面承载力降低。相反，如果沥青面层中有一层不透水，而表层能很快透水，则又不致形成水膜，对抗滑性能有很大好处。

沥青路面渗水系数测试适用于在路面现场测定沥青路面或室内测定沥青混合料试件的渗水系数。

1. 仪具与材料技术要求

（1）路面渗水仪：形状及尺寸如图 9-2 所示。上部盛水量筒由透明有机玻璃制成，容积 600mL，上有刻度，在 100mL 及 500mL 处有粗标线，下方通过直径 10mm 的细管与底座相接，中间有一开关。量筒通过支架联结，底座下方开口内径 150mm，外径 220mm，仪器附不锈钢圈压重两个，每个质量约 5kg，内径 160mm。

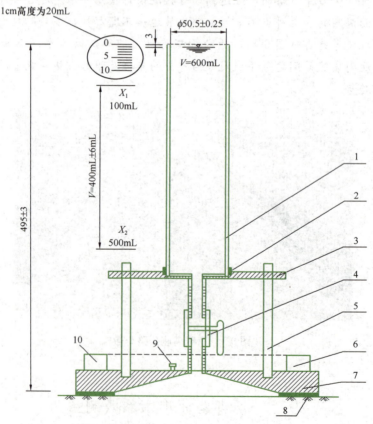

图 9-2　渗水仪结构图

1—盛水量筒；2—螺纹连接；3—顶板；4—阀；5—立柱支架；
6—不锈钢圈压重；7—底座；8—密封材料；9—排气孔；10—套环

(2) 套环：金属圆环，宽度 5mm，内径 145mm，主要防止密封材料被挤压进入测试面而导致渗水面积不一致。

(3) 水筒及大漏斗。

(4) 秒表。

(5) 密封材料：防水腻子、油灰或橡皮泥。

(6) 其他：水、粉笔、塑料圈、刮刀、扫帚等。

2. 测试方法与步骤

(1) 准备工作

每个测试位置，随机选择 3 个测点，并用粉笔画上测试标记。

试验前，首先用扫帚清扫表面，并用刷子将路面表面的杂物刷去。杂物的存在一方面会影响水的渗入，另一方面也会影响渗水仪或者试件的密封效果。新建沥青路面的渗水试验宜在沥青路面碾压成型后 12h 内完成。

(2) 测试步骤

1) 将塑料圈置于路面表面的测点上，用粉笔分别沿塑料圈的内侧和外侧画上圈，在外环和内环之间的部分就是需要用密封材料进行密封的区域。

2) 用密封材料对环状密封区域进行密封处理，注意不要使密封材料进入内圈，如果密封材料不小心进入内圈，必须用刮刀将其刮走。然后再将搓成拇指粗细的条状密封材料摞在环状密封区域的中央，并且摞成一圈。

3) 将套环放在路面表面的测点上，注意使套环的中心尽量和圆环中心重合，然后略微使劲将套环压在条状密封材料表面；采用同样的方法将渗水仪放在套环上、对中，施加压力将渗水仪压在套环上，再将配重加上，以防压力水从底座与路面间流出。

4) 将开关及排气孔关闭，向量筒中注水超过 100mL 刻度，然后打开开关和排气孔，使量筒中的水下流排出渗水仪底部内的空气，当量筒中水面下降速度变慢时，用双手轻压渗水仪使渗水仪底部的气泡全部排出，当水自排气孔顺畅排出时，关闭开关和排气孔，并再次向量筒中注水至 100mL 刻度。

5) 将开关打开，待水面下降至 100mL 刻度时，立即开动秒表开始计时，计时 3min 后立即记录水量，结束试验；当计时不到 3min 水面已下降至 500mL 时，立即记录水面下降至 500mL 时的时间，结束试验。当开关打开后 3min 时间内水面无法下降至 500mL 刻度时，则开动秒表计时测试 3min 内渗水量即可结束试验。

6) 测试过程中，如水从底座与密封材料间渗出，则底座与路面间密封不好，此试验结果为无效。关闭开关，采用密封材料补充密封，重新按 4)、5) 测试。如果仍然有水渗出，应在同一纵向位置沿宽度方向就近选择测点，重新按照前面的步骤测试。

7) 测试过程中，如水从外环圈以外路面中渗出，可以人工将密封材料在外环圈之外 5cm 宽度范围内再次进行密封处理，重新按要求测试，只要密封范围内无水渗出，则认为试验结果为有效。

8) 重复测试 3 个测点的渗水系数。

3. 数据处理

(1) 按式 (9-1) 计算渗水系数，准确至 0.1 mL/min。

$$C_W = \frac{V_2 - V_1}{t_2 - t_1} \times 60 \tag{9-1}$$

式中 C_W——渗水系数（mL/min）；

V_1——第一次计时时的水量（mL）；

V_2——第二次计时时的水量（mL）；

t_1——第一次计时时的时间（s）；

t_2——第二次计时时的时间（s）。

（2）以 3 个测点渗水系数的平均值作为该测试位置的结果，准确至 1mL/min。

4. 相关要求

根据《公路工程质量检验评定标准　第一册　土建工程》JTG F80/1—2017 要求，沥青路面的渗水系数需满足表 9-1 的要求。

沥青路面渗水系数要求　　　　　　表 9-1

路面类型	渗水系数（mL/min）		检测方法和频率
	高速、一级公路	其他等级公路	
SMA 路面	≤120	—	渗水试验仪：每 200m 测 1 处
其他沥青混凝土路面	≤200		

9.2　沥青路面车辙测试

1. 概述

路面经汽车反复行驶产生流动变形、磨损、沉陷后，在车行道行车轨迹上产生的纵向带状辙槽，深度以 mm 计。车辙主要发生在高温季节，尤其是渠化交通的重要交通道路上。当沥青路面采用无机结合料稳定类基层时，车辙主要发生在沥青面层。根据车辙形成的起因，可分为以下三种类型：

（1）失稳型车辙：这类车辙是由于沥青路面结构层在交通荷载作用下，内部材料流动，产生横向位移而发生，通常集中在轮迹处。

（2）结构型车辙：这类车辙是由于路面结构在交通荷载作用下产生整体永久变形而形成，主要是由于路基变形传递到面层而产生。

（3）磨耗型车辙：这类车辙是由于沥青路面结构顶层的材料在车轮磨耗和自然环境因素作用下持续不断地损失而形成，尤其是汽车使用了防滑链或突钉轮胎后，这种车辙更易发生。

三种类型车辙中以失稳型车辙最为严重，其次为磨耗型车辙。在软土地区、路基路面结构整体承载力不足时产生结构型车辙的可能性较大。

车辙的形成过程，可简单地分为三个阶段。

第一阶段：初始阶段的压密过程。沥青混合料经碾压后，在高温下处于半流态的沥青及由沥青与矿粉组成的胶浆被挤进矿料间隙中，同时集料被强力排列成具有一定骨架的结构。交付使用后，在交通荷载作用下，密实过程进一步发展，在轮辙位置产生局部沉陷。

第二阶段：沥青混合料的侧向流动。高温下的沥青混合料在轮胎荷载作用下，沥青及沥青胶浆产生流动，除部分填充混合料空隙外，还将促使沥青混合料产生侧向流动，从而使路面轮迹处被压缩，导致轮迹处两侧向上隆起形成马鞍形车辙。

第三阶段：矿质集料的重新排列及矿质骨架的破坏。高温下处于半固态的沥青混合料，由于沥青及胶浆在荷载作用下首先流动，混合料中粗、细集料组成的骨架逐渐成为荷载的主要承担者，促使沥青及胶浆向富集区流动，加速了混合料网络结构的破坏，特别是当沥青及胶浆过多时，这一过程会更加明显。

由此可见，车辙形成的最初原因是压密及沥青高温下的流动，最后导致骨架的失稳，从本质上讲就是沥青混合料的结构特征发生了变化。

达到一定深度的车辙，会增加车辆变道的操控难度，影响行车安全性；会降低路面横向平整度以及行车舒适性；还可能会积水，加速路面的破坏。因此，车辙既是沥青路面使用性能的评价指标，也是沥青路面养护决策的依据。

2. 测试仪具与材料技术要求

（1）路面激光车辙仪的技术要求

1）纵向距离测量误差：≤0.1%。

2）纵向采样间距：≤200mm。

3）有效测试宽度：≥3.5m，测点不少于 13 点，测试精度 0.1mm，横向采样间距≤300mm。

4）车辙深度测量范围：0～50mm。

（2）横断面尺

如图 9-3 所示，金属制直尺，刻度间距 50mm，长度不小于一个车道宽度。顶面平直，最大弯曲不大于 1mm，两端有把手及高度为 100～200mm 的支脚，两支脚的高度相同，作为基准尺使用。

图 9-3　路面横断面尺

（3）基准尺

金属制，长度不小于一个车道宽度，最大弯曲不超过 1mm，表面平直。

（4）量尺

1）钢直尺：量程不小于 300mm，分度值为 1mm。

2）钢卷尺：量程不小于 3000mm，分度值为 1mm。

3）塞尺：分度值不大于 0.5mm。

3. 检测方法与步骤

（1）车辙测试的基准测量宽度要求

1）对高速公路及一级公路，以发生车辙的一个车道两侧标线宽度中点到中点的距离为基准测量宽度。

2）对二级及二级以下公路，有车道区划线时，以发生车辙的一个车道两侧标线宽度中点到中点的距离为基准测量宽度；无车道区划线时，以形成车辙部位的一个设计车道作为基准测量宽度。

（2）横断面尺测试方法

1）准备工作

以一个评定路段为单位，用激光车辙仪连续检测时，测定断面间隔不大于10m。用其他方法非连续测定时，在车道上每隔50m作为一测定断面，用粉笔画上标记进行测定。根据需要也可在行车道上随机选取测定断面，在特殊需要的路段如交叉口前后可予加密。

2）测试步骤

① 选择需测试车辙的断面，将横断面尺置于该测试断面上，方向与道路中心线垂直，两端支脚置于测试车道两侧。

② 沿横断面尺每隔200mm一点，将钢直尺垂直立于路面上，读取横断面尺底面与路面之间的高差，准确至1mm，如断面的最高处或最低处明显不在测试点上，应加密测点。

③ 记录测试断面的桩号、位置及不同断面处的高差。

（3）基准尺测试方法

当不需要测试横断面，仅需要测试最大车辙时，可采用此方法来进行测试。

1）准备工作

确定测试路段，按要求选取测试断面，并做好标记。

2）测试步骤

① 选择需测试车辙的断面，将基准尺置于该测试断面上，方向与道路中心线垂直。

② 若车辙形状为图9-4中（a）、（b）、（c）所示形式，则需分别量测左、右轮迹带的车辙深度，将基准尺分别置于左、右轮迹带辙槽两端最高位置，目测确定左、右轮迹带最大车辙位置，用量尺量取基准尺底面与路面之间的高差，准确至1mm，记录车辙深度U_1和U_2。

③ 若车辙形状为其他形式，则直接将基准尺置于断面辙槽两端最高位置，目测确定断面最大车辙位置，用量尺量取基准尺底面与路面之间的高差，准确至1mm，记录车辙深度U。

④ 记录测试断面的桩号、位置及断面处车辙深度。

（4）激光车辙仪测试方法

1）准备工作

① 确定测试路段，要求测试路段无积水、无冰雪、无污染。

② 将测试设备所有轮胎气压调整为设备所要求的标准气压，检查车辆和测试设备是否工作正常。

③ 查看天气预报，当风速大于6级时不宜进行测试。

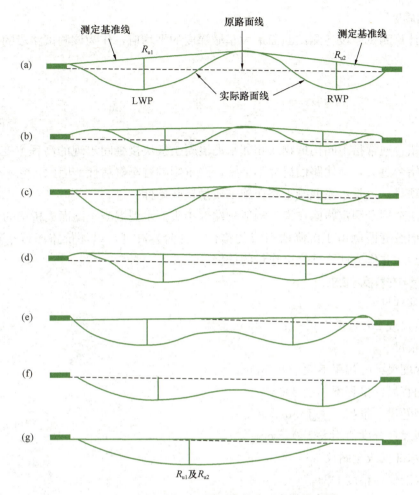

图 9-4 不同形状、不同程度的路面车辙示意图

注：LWP、RWP 表示左轮迹带、右轮迹带，R_{u1}、R_{u2} 表示左轮迹带车辙深度、右轮迹带车辙深度。

2）测试步骤

① 将测试车辆就位于测试区间起点前一定距离处，以保证到达测试区域时能够达到测试要求的稳定车速，启动测试设备并将其调整至工作状态。

② 设定测试系统参数，输入路线名称、路段桩号、测试车道和测试方向等信息。

③ 根据交通量、路面状况等实际情况确定测试速度。

④ 测试时应分车道进行，保持测试车中心线与车道中心线重合，测试系统自动记录被测试车道的路面车辙数据。

⑤ 测试结束，保存数据。

采用激光车辙仪测试路面车辙深度，当太阳光线对测试结果有影响时，应进行调整或回避。

4. 数据处理

（1）应按照图 9-4 规定的模式计算车辙深度 U，根据测试数据按图 9-4 的方法画出横断面图及顶面基准线。

（2）在横断面图上确定车辙深度 U_1 和 U_2，准确至 1mm。以其中最大值作为断面的

最大车辙深度 U。

（3）计算测试路段各测试断面最大车辙深度的平均值，作为该测试路段的平均车辙深度。

9.3　路面错台测试

路面错台通常指不同构造物或相邻水泥混凝土板块接缝间出现的高程突变，以 mm 计。路面错台过大，会使路面局部不平整，严重影响行车舒适性。因此，它不仅是路面病害调查项目，也是水泥混凝土路面施工质量检验指标。

本方法适用于测定路面在人工构造物端部接头、水泥混凝土路面或桥梁的伸缩缝以及沥青路面裂缝两侧由于沉降所造成的错台（台阶）高度，以评价路面行车舒适性能（跳车情况），并作为计算维修工作量的依据。

1. 仪具与材料技术要求

（1）基准尺

3m 直尺或 2m 直尺。

（2）量尺

1）深度尺：分辨率不大于 0.5mm。

2）钢直尺：量程不小于 200mm。

3）钢卷尺：量程不小于 5m。

4）塞尺：分度值不大于 0.5mm。

（3）水准仪或全站仪

1）水准仪：精度 DS3。

2）全站仪：测角精度 2″，测距精度 $\pm [2mm+2\times 10^{-6}s\ (s\ 为测距)]$。

2. 方法与步骤

（1）准备工作

测试前，应对测试位置进行清理，保证无浮砂、污泥等影响测试结果的污染物。

（2）测试步骤

选择需要测试的断面，记录位置、桩号，描述错台的情况。路面错台的测试位置应选在接缝高差最大处，根据需要也可选择其他有代表性的位置。根据实际情况选择以下测试方法：

1）基准尺法：将基准尺垂直跨越接缝并平放于高出的一侧，用塞尺或钢直尺量测接缝处基准尺下基准面与位置较低板块的高差，即为该处的错台高度 D，准确至 1mm。

2）深度尺法：将深度尺垂直置于高出的一侧，将测头顶出至与沉降面接触为止，稳定后所读数，即为该处的错台高度 D，准确至 1mm。测点的选择应避开水泥混凝土板块崩边的位置。

3）水准仪（全站仪）法：将水准仪（全站仪）架设于路面平顺处调平，沿接缝在选定测点的两侧分别量测相对高程，准确至 1mm。塔尺（棱镜）应放置在平整处，避开路面凸起和凹陷的位置。在保证测试精度的前提下，全站仪可快捷准确地用于放样和高程测量，效率比水准仪高。

3. 数据处理

（1）基准尺法和深度尺法的测试结果直接作为错台高度 D，准确至 1mm。

（2）水准仪（全站仪）法需计算接缝间的相对高程、差值的绝对值作为错台高度 D，准确至 1mm。

【复习思考】

1. 简述渗水仪测试路面渗水的步骤。
2. 简述车辙的类型及形成原因。
3. 简述激光车辙仪测试车辙的步骤。
4. 测试路面错台的量尺有哪些？

第三篇
桥梁工程试验检测

第三章

映象鑑賞與工業科

教学单元 10　桥涵地基检测

【教学目标】

了解原位测试技术的特点及其在工程应用中的优缺点；了解《公路桥涵地基与基础设计规范》JTG 3363—2019，依据规范进行地基土的分类，熟悉规范法确定地基承载力容许值；理解动力触探法确定地基承载力的基本原理，掌握动力触探法确定地基承载力的试验仪器、操作步骤和试验数据处理；理解平板载荷试验确定地基承载力的基本原理，了解稳压加荷装置、反力装置和沉降观测装置等三种载荷试验的基本试验装置及其在工程应用中的优缺点，熟悉荷载试验的操作步骤、加（卸）载要求及试验结束标志。

【案例引入】

某大型仓库建设项目，地基类型为复合地基，增强体为直径 400mm 的管桩，平均桩长 24m，桩端持力层为砂质黏土层。增强体桩间距为 3m×4m，桩间距较大，单桩所承担的处理面积达 $12m^2$。为了确定该复合地基承载力是否满足设计要求，需要实施复合地基平板载荷试验。

10.1　概　　述

原位测试技术是岩土工程地质勘察作业中的重要技术，这一技术可以在工程现场直接进行测试，且不会对土层造成影响。实际应用中，可以从封闭性测试样品中获得更加全面的测试数据，进而有效判断相应岩土体结构情况。原位测试技术最大的特点是能够有效保障原状土体结构的完整性。在具体应用过程中，有几种常用的原位测试方法，包括圆锥动力触探试验、标准贯入试验、静力触探试验、十字板剪切试验及载荷试验等。工程人员应结合勘察现场实际与设计要求，选择合适的测试方法，同时，还要充分考虑到现场地质条件，仔细分析岩土层相关情况，才能选择最合适的原位测试方法，进而实现对岩土层相关参数数值与地基承载力的有效估算。

原位测试技术有着显著的应用优势，具体体现为原位测试技术能够减少采样环节，可以在工程现场直接进行岩土层测试，减少了待测样本对测试结果的影响，并有效提升了工作效率。同时，与实验室检测相比，由于原位检测技术是在工程现场直接进行检测，可以在现场获得更大的样本，能够更加全面地分析岩土性质与岩土结构，进而充分保障检测结果的有效性。原位检测在岩土工程地质勘察的应用过程中，还能对相应的待测对象进行连续试验，可以准确判断岩土体剖面与物理性能。当前，随着我国科学技术的不断进步，静力触探车等国产设备的相继投用，也在不断推动原位测试技术的发展（图 10-1）。

图 10-1　我国自研静力触探车

10.2　动力触探确定地基承载力

由于动力触探在工程施工中应用更为广泛，所以本节主要介绍动力触探法确定地基承载力，静力触探试验与标准贯入试验见中华人民共和国行业标准《铁路工程地质原位测试规程》TB 10018—2018。动力触探指利用锤击功能，将一定规格的圆锥探头打入土中，根据打入土中的阻抗大小判别土层的变化，对土层进行力学分层，并确定土层的物理力学性质，对地基土作出工程地质评价（图 10-2）。

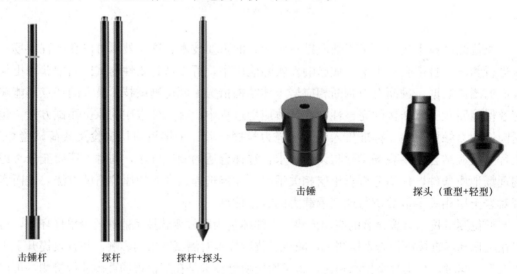

图 10-2　动力触探试验设备

1. 目的与适用范围

本方法适用于黏性土、砂性土和碎石类土地基承载力检测。

2. 检测仪具与要求

动力触探仪分轻型触探仪、重型触探仪及特重型触探仪三类。轻型动力触探适用于一般黏质土及素填土；重型动力触探适用于中、粗、砂砾和碎石土；特重型动力触探适用于卵石、砾石类土。一般用于确定各类土的容许承载力，还可用于划分土的力学分层、评价土层的均匀程度和确定桩基持力层。试验依据《岩土工程勘察规范》GB 50021—2001。

试验设备由落锤、探杆、探头组成，具体规格见表 10-1。

动力触探设备类型和规格　　　　　　　　　　　　　　　　表 10-1

类型	重锤质量（kg）	重锤落距（cm）	探头截面积（cm²）	探杆外径（mm）	动力触探击数 符号	动力触探击数 单位
轻型	10±0.2	50±2	13	25	N10	击/30cm
重型	63.5±0.5	76±2	43	42、50	N63.5	击/10cm
特重型	120±1.0	100±2	43	50	N120	击/10cm

3. 方法与步骤

（1）动力触探作业前必须对机具设备进行检查，确定正常后方可启动。部件磨损及变形超过下列规定之一者，应予更换或修复：

1）探头允许磨损量：直径磨损不得大于 2mm，锥尖高度磨损不得大于 5mm。

2）每节探杆非直线偏差不得大于 0.6%。

3）所有部件连接处丝扣应完好，连接紧固。

（2）动力触探机具安装必须稳固，在作业过程中支架不得偏移。

（3）动力触探作业时，应始终保持重锤沿导杆铅直下落，锤击频率应控制在 15~30 击/min。

（4）轻型动力触探作业时，应先用轻便钻具钻至所需测试土层的顶面，然后对该土层连续贯入。当贯入 30cm 的击数超过 90 击或贯入 15cm 超过 45 击时，可停止作业。如需对下卧层进行测试，可用钻探方法穿透该层后继续触探。

（5）根据地层强度的变化，重型和特重型的动力触探可互换使用。当重型动力触探实测击数大于 50 击/10cm 时，宜改用特重型；当重型动力触探实测击数小于 5 击/10cm 时，不得采用特重型动力触探。

（6）在预钻孔内进行重型或特重型动力触探作业，钻孔孔径大于 90mm、孔深大于 3m、实测击数大于 8 击/10cm 时，可用小于或等于 90mm 的孔壁管下放至孔底或用松土回填钻孔，以减小探杆径向晃动。

（7）各种类型动力触探的锤座距孔口高度不宜超过 1.5m，探杆应保持竖直。

（8）轻型动力触探应每贯入 30cm 记录其相应击数。

（9）重型、特重型动力触探应每贯入 10cm 记录其相应击数。地层松软时，可测量每阵级（一般为 1~5 击）的贯入度，并按下式换算成相当于同类型动力触探贯入 10cm 时的击数：

$$N_{63.5} = \frac{10n}{\Delta s}; \quad N_{120} = \frac{10n}{\Delta s} \qquad (10\text{-}1)$$

式中 $N_{63.5}$、N_{120}——重型、特重型动力触探实测击数（击/10cm）；

n——每阵级的击数（击）；

Δs——每阵击时相应的贯入度（cm）。

（10）现场记录应清晰完整，除按规程中表 B.4.1 填写外，还应在备注栏中记录下列事项：

1) 贯入间断原因及时间；
2) 落距超限量、落锤回弹情况；
3) 探杆及导杆偏斜及径向振动情况；
4) 接头紧固情况；
5) 其他异常情况。

4. 资料整理与计算

动力触探记录应在现场进行初步整理，并对记录的击数和贯入尺寸进行校核和换算。轻型动力触探应以每层实测击数的算术平均值作为该层的触探击数平均值 $\overline{N}_{10}$。重型动力触探实测击数 $N_{63.5}$，应按下式进行杆长击数修正：

$$N'_{63.5} = \alpha N_{63.5} \tag{10-2}$$

式中 $N'_{63.5}$——重型动力触探修正后击数（击/10cm）；

α——杆长击数修正系数，可按表 10-2 确定。

杆长击数修正系数 α 值 表 10-2

杆长 L (m)	$N_{63.5}$（击/10cm）								
	5	10	15	20	25	30	35	40	≥50
≤2	1.0	1.0	1.0	1.0	1.0	1.0	1.0	1.0	—
4	0.96	0.95	0.93	0.92	0.90	0.89	0.87	0.86	0.84
6	0.93	0.90	0.88	0.85	0.83	0.81	0.79	0.78	0.75
8	0.90	0.86	0.83	0.80	0.77	0.75	0.73	0.71	0.67
10	0.88	0.83	0.79	0.75	0.72	0.69	0.67	0.64	0.61
12	0.85	0.79	0.75	0.70	0.67	0.64	0.61	0.59	0.55
14	0.82	0.76	0.71	0.66	0.62	0.58	0.56	0.53	0.50
16	0.79	0.73	0.67	0.62	0.57	0.54	0.51	0.48	0.45
18	0.77	0.70	0.63	0.57	0.53	0.49	0.46	0.43	0.40
20	0.75	0.67	0.59	0.53	0.48	0.44	0.41	0.39	0.36

注：① 本表可线性内插取值。

② 特重型动力触探的实测击数，应按下式换算成相当于重型动力触探的实测击数后，再按式（10-2）进行杆长修正。

$$N_{63.5} = 3N_{120} - 0.5 \tag{10-3}$$

根据修正后的动力触探击数，应绘制动力触探击数与贯入深度曲线图。

黏性土地基的基本承载力 σ_0，当贯入深度小于 4m 时，可根据场地土层的 $\overline{N}_{10}$ 按表 10-3 确定。

黏性土 σ_0 值（kPa）　　　　表 10-3

$\overline{N}_{10}$（击/30cm）	15	20	25	30
σ_0	100	140	180	220

注：① $\overline{N}_{10}$ 为轻型动力触探击数平均值，取同一层动力触探有效击数的算术平均值。
② 冲积、洪积成因的中砂-砾砂土地基和碎石类土地基的基本承载力 σ_0，当贯入深度小于 20m 时，可根据场地土层的 $N_{63.5}$ 按表 10-4 确定。

中砂-砾砂土、碎石类土 σ_0 值（kPa）　　　　表 10-4

$\overline{N}_{63.5}$（击/10cm）	3	4	5	6	7	8	9	10	12	14
中砂-砾砂土	120	150	180	220	260	300	340	380	—	—
碎石类土	140	170	200	240	280	320	360	400	480	540
$\overline{N}_{63.5}$（击/10cm）	16	18	20	22	24	26	28	30	35	40
碎石类土	600	660	720	780	830	870	900	930	970	1000

注：$\overline{N}_{63.5}$ 为重型动力触探击数平均值，取同一层动力触探有效击数的算术平均值。

10.3　平板载荷试验确定地基承载力

平板荷载试验是用于确定地基承压板下应力主要影响范围内土层承载力和变形模量的原位测试方法。它要求岩土体在原有位置上，在保持土的天然结构、含水率及应力状态下来测定岩土的性质。平板荷载试验包括浅层平板荷载试验和深层平板荷载试验。浅层平板荷载试验适用于浅层地基，深层平板荷载试验适用于深层地基。

1. 浅层平板载荷试验

（1）试验方法原理

现场荷载试验是将一块刚性承压板（常用面积是 0.25～0.50m² 的方板或圆板）置于欲测定的地基表面（图 10-3、图 10-4）。在承压板上分级施加荷载，测定承压板变形稳定的沉降量，绘制荷载强度 P 与沉降量 S 的关系线，然后确定地基容许承载力。

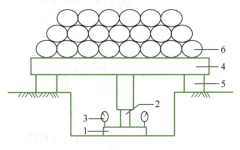

图 10-3　荷载试验示意图
1—荷载板；2—千斤顶；3—百分表；
4—反力梁；5—枕木垛；6—压重

分析荷载试验由开始加荷使地基变形到破坏的全过程，并结合 P-S 曲线（图 10-5），可以把地基变形分为三个阶段。

1）压密阶段：该阶段 P-S 曲线接近于直线，沉降的主要原因是地基土被压缩。土中各点剪应力均小于土的抗剪强度，土体处于稳定的弹性平衡状态，见 P-S 曲线 Oa 段。

2）局部剪切阶段：a 点后 P-S 曲线不再成直线关系（ak 段），地基中已有局部区域（称为塑性变形区）的剪应力达到了土的抗剪强度，首先在基础边缘处出现。随着荷载的持续增加，地基土中塑性区的范围也逐步扩大，直到出现连续的滑动面，这一阶段，基础沉降有较大的增加。

图 10-4 荷载试验现场图

3）破坏阶段：超过 k 点后，塑性变形区已扩大到形成一个连续的剪裂面，促使地基土向基础四周挤出，地面隆起，基础急剧沉陷，以致完全丧失稳定性。

荷载作用下地基变形的三个阶段见图 10-6～图 10-8。

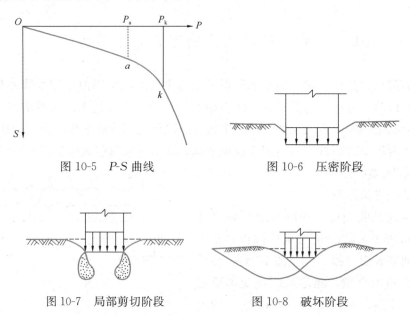

图 10-5 P-S 曲线　　图 10-6 压密阶段

图 10-7 局部剪切阶段　　图 10-8 破坏阶段

由以上分析可见，a 点和 k 点是地基变形的两个特征分界点。与 a 点对应的荷载强度 P_a，称为临塑荷载（比例界限）；与 k 点相对应的荷载强度 P_k，称为极限荷载。与塑性区最大深度 Z_{max} 相应的荷载强度，称为临界荷载，如 $Z_{max}=b/4$（b 为基础宽度），临界荷载表示为 $P_{\frac{1}{4}}$。

（2）试验设备

荷载试验设备由稳压加荷装置、反力装置和沉降观测装置三部分组成。现以半自动稳压油压荷载试验设备为例，说明如下：

该设备适用于承压板面积不小于 $0.25m^2$，软土地基面积不应小于 $0.5m^2$。利用高压油泵，通过稳压器及反力锚定装置，将压力稳定地传递到承压板。它由下列三部分组成：

1）加荷及稳压系统。由承压板、加荷千斤顶、立柱、稳压器和支撑稳压器的三角架组成。加荷千斤顶、稳压器、储油箱和高压油泵分别用高压油管连接，构成一个油路系统。

2) 反力锚定系统。包括桁架和反力锚定两部分，桁架由中心柱套管、深度调节丝杆、斜撑管、主钢丝绳、三向接头等组成。

3) 观测系统。用百分表或其他自动观测装置进行观测。

用油压千斤顶加荷、卸荷虽然方便，但要注意设备是否变形、千斤顶是否漏油及荷载板是否下沉等，要防止千斤顶压力不稳定。注意随时调节，保持压力恒定。

(3) 测试方法与步骤

1) 浅层平板荷载试验适用于确定浅部地基土层（深度小于 3m）承压板下应力主要影响范围内的承载力和变形模量。

2) 试验基坑宽度不应小于承压板宽度 b 或直径 d 的 3 倍；应保持试验土层的原状结构和天然湿度。宜在拟试压表面用厚度不超过 20mm 的粗砂或中砂层找平。

3) 加荷分级不应少于 8 级，最大加载量不应小于设计要求的 2 倍。

4) 每级加载后，按间隔 10min、10min、10min、15min、15min，以后为每隔半小时测读一次沉降量。当在连续 2h 内，每小时沉降量小于 0.1mm 时，则认为已趋稳定，可加下一级荷载。

5) 当出现下列情况之一时，即可终止加载：

① 承压板周围的土明显地侧向挤出。

② 沉降量 S 急剧增大，荷载-沉降曲线（P-S 曲线）出现陡降段。

③ 在某一级荷载下，24h 内沉降速率不能达到稳定。

④ 沉降量与承压板宽度或直径之比等于或大于 0.06。

当满足前三种情况之一时，其对应的前一级荷载定为极限荷载。

6) 承载力基本容许值的确定应符合下列规定：

① 当 P-S 曲线上有比例界限时，取该比例界限所对应的荷载值。

② 当极限荷载小于比例界限荷载值的 2 倍时，取极限荷载值的一半。

③ 若不能按上述两款要求确定，且压板面积为 $0.25 \sim 0.5 \text{m}^2$ 时，可取 S/b 或 $(S/d) = 0.01 \sim 0.015$ 所对应的荷载值，但其值不应大于最大加载量的一半。

同一土层参加统计的试验点不应少于 3 点。当试验实测值的极差不超过其平均值的 30% 时，取此平均值作为该土层的地基承载力基本容许值。

7) 计算地基土的变形模量 E_0。一般取 P-S 关系曲线的直线段，用下式计算：

$$E_0 = (1-\mu^2)\frac{\pi B}{4} \cdot \frac{\Delta P}{\Delta S} \tag{10-4}$$

式中　B——压板直径（m），当为方形板时，$B = \sqrt{\dfrac{A}{\pi}}$，$A$ 为方形板面积（m^2）；

$\dfrac{\Delta P}{\Delta S}$——$P$-$S$ 关系曲线直线段斜率（kPa/m）；

μ——地基土的泊松比，对于砂土和粉土，$\mu=0.33$，对于可塑—硬塑黏性土，$\mu=0.38$，对于软塑-流塑黏性土和淤泥质黏性土，$\mu=0.41$。

当 P-S 曲线的直线段不明显时，可用上述确定地基土承载力的方法所确定的地基承载力的基本值与相应的沉降量代入式（10-4）计算 E_0，但此时应与其他原位测试资料比较，综合考虑确定 E_0 值。

2. 深层平板载荷试验

（1）深层平板荷载试验用于确定深部地基及大直径桩桩端在承压板压力主要影响范围内土层的承载力及变形模量。该法适用于埋深等于或大于 3m 和地下水位以上的地基土。承压板的直径为 800mm 的刚性板，如采用厚约 300mm 的现浇混凝土板，紧靠承压板周围外侧的土层高度不应小于 0.8m。

加载反力装置有压重平台反力装置、地锚反力装置、锚桩横梁反力装置、地锚压重联合反力装置等。

（2）加荷分级可按预估极限承载力的 1/15～1/10 分级施加。每级加载后，第一个小时内按间隔（min）10、10、10、15、15，以后为每隔半小时测读一次沉降量。当在连续 2h 内，每小时沉降量小于 0.1mm 时，则认为已趋稳定，可加下一级荷载。

（3）当出现下列情况之一时，即可终止加载：

1）沉降量 S 急剧增大，荷载-沉降（P-S）曲线上有可判定极限承载力的陡降坡，且沉降量超过 $0.04d$（d 为承压板直径）。

2）在某一级荷载下，24h 内沉降速率不能达到稳定。

3）本级沉降量大于前一级沉降量的 5 倍。

4）当持力层土层坚硬，沉降量很小时，最大加载量不小于设计要求的 2 倍。

（4）承载力基本容许值的确定应符合下列规定：

1）当 P-S 曲线上有比例界限时，取该比例界限所对应的荷载值。

2）满足终止加载条件之一时，其对应的前一级荷载定为极限荷载；当该值小于对应比例界限的荷载值的 2 倍时，取极限荷载值的一半。

3）若不能按上述两款要求确定，且压板面积为 0.25～0.5m² 时，可取 $S/d=0.01$～0.015 所对应的荷载值，但其值不应大于最大加载量的一半。

同一土层参加统计的试验点不应少于 3 点。当试验实测值的极差不超过其平均值的 30% 时，取此平均值作为该土层的地基承载力基本容许值。

（5）计算变形模量 E_0。深层平板荷载试验的变形模量 E_0 按下式计算：

$$E_0 = w\frac{Pd}{S} \tag{10-5}$$

式中　　w——试验深度和土类有关的系数；

P——P-S 曲线上线性段的压力（kPa）；

S——与 P 对应的沉降（mm）；

d——承压板的直径（m）。

3. 平板载荷试验的局限性

（1）平板载荷试验受荷面积小，加荷影响深度不超过 2 倍的承压板边长或直径，且加荷时间较短，因此不能通过载荷板试验提供建筑物的长期沉降资料。

（2）在沿海软黏土部分地区，地表往往有层"硬壳层"，当为小尺寸承压板时，对其下软弱土层还未产生影响，而实际建筑物基础大，下部软弱土层对建筑物沉降起主要作用。因此，载荷试验有一定的局限性。

（3）当地基压缩层范围内土层单一、均匀时，可直接在基础埋置高程处进行载荷试验。如地基压缩层范围内是成层变化的或不均匀时，则要进行不同尺寸承压板或不同深度的载荷试验。此时，可以采用其他原位测试和室内土工试验来确定荷载板试验影响不到的土层的工程力学性质。

（4）如果地基土层起伏变化很大，还应在不同地点作载荷试验。

岩基荷载试验要点见《公路桥涵地基与基础设计规范》JTG 3363—2019 附录 F。

10.4 规范法确定地基承载力

随着发展理念升级、技术水平进步和践行高质量发展要求逐渐深入，基于可靠性的极限状态设计方法得到普遍认可，特殊地基、大型基础、钢管复合桩、挤扩支盘桩等方面的技术应用逐步成熟。为规范公路桥涵地基与基础设计、保障工程质量，《公路桥涵地基与基础设计规范》JTG 3363—2019 制定了确定地基承载力的方法。

1. 地基岩土分类

根据土的天然结构、天然含水率、颗粒级配及塑性指数将公路桥涵地基的岩土分为岩石、碎石土、砂土、粉土、黏性土和特殊性岩土等类型。

（1）岩石

岩石为颗粒间连接牢固，成整体性或具有节理裂隙的地质体。岩石可按地质和工程分为两类。地质分类主要根据其地质成因、矿物成分、结构构造及风化程度表达，如强风化花岗岩、微风化砂岩等，这对工程的勘察设计是十分必要的。工程分类主要根据岩体的工程性状，在地质分类的基础上，概括其工程性质，便于进行工程评价。因此，在评价公路桥涵地基时，除应确定岩石的地质名称外，尚应按其坚硬程度、完整程度、节理发育程度、软化程度和特殊性岩石进行细分。

1）岩石的坚硬程度：应根据岩块的饱和单轴抗压强度标准值 f_{rk} 分为坚硬岩、较硬岩、较软岩、软岩、极软岩 5 个级别，岩石坚硬程度分级见表 10-5。当缺乏有关试验数据或不能进行该项试验时，可按表 10-6 定性分级。

岩石坚硬程度分级　　　　　表 10-5

坚硬程度类别	坚硬岩	较硬岩	较软岩	软岩	极软岩
饱和单轴抗压强度标准值 f_{rk}（MPa）	$f_{rk}>60$	$60 \geqslant f_{rk}>30$	$30 \geqslant f_{rk}>15$	$15 \geqslant f_{rk}>5$	$f_{rk}<5$

岩石坚硬程度的定性分级　　　　　表 10-6

坚硬程度		定性鉴定	岩石
硬质岩	坚硬岩	锤击声清脆，有回弹，振手，难击碎，基本无吸水反应	未风化至微风化的花岗岩、闪长岩、辉绿岩、玄武岩、安山岩、片麻岩、石英岩、石英砂岩、硅质砾岩、硅质石灰岩等
	较硬岩	锤击声较清脆，有轻微回弹，稍振手，较难击碎，有轻微吸水反应	微风化的坚硬岩；未风化至微风化的大理岩、板岩、石灰岩、白云岩、钙质砂岩等

续表

坚硬程度		定性鉴定	岩石
软质岩	较软岩	锤击声不清脆，无回弹，较易击碎，浸水后指甲可刻出印痕	中风化至强风化的坚硬岩或较硬岩；未风化至微风化的凝灰岩、千枚岩、泥灰岩、砂质泥岩等
	软岩	锤击声哑，无回弹，有凹痕，易击碎，浸水后手可掰开	强风化的坚硬岩或较硬岩；中风化至强风化的较软岩；未风化至微风化的页岩、泥岩、泥质砂岩等
	极软岩	锤击声哑，无回弹，有较深凹痕，手可捏碎，浸水后可捏成团	全风化的各种岩石；各种半成岩

2) 岩石的完整程度：根据完整性指数，表10-7分为完整、较完整、较破碎、破碎和极破碎5个等级。

岩石完整程度定性分析　　　　　　　　　　　　　　表10-7

完整程度	结构面发育程度		主要结构面的结合程度	主要结构面的类型	相应结构类型
	结构面组数	平均间距（m）			
完整	1~2	>1.0	结合好或结合一般	裂隙、层面	整体状或巨厚层状结构
较完整	1~2	>1.0	结合好或结合一般	裂隙、层面	块状或厚层状结构
	2~3	1.0~0.4	结合差	—	块状结构
较破碎	2~3	1.0~0.4	结合差	裂隙、层面、小断层	裂隙块状或中厚层结构
	≥3	0.4~0.2	结合好		镶嵌碎裂结构
			结合一般		中、薄层状结构
破碎	≥3	0.4~0.2	结合差	各种类型结构面	裂隙块状结构
		≤0.2	结合一般或结合差		碎裂结构
极破碎	无序	—	结合很差	—	散体状结构

3) 岩石的节理发育程度：根据节理间距，按表10-8分为节理不发育、节理发育、节理很发育3类。

岩石的节理发育程度的分类　　　　　　　　　　　　表10-8

程度	节理不发育	节理发育	节理很发育
节理间距（mm）	>400	200~400	20~200

此外，岩石尚可按软化系数、特殊成分、结构、性质等分为软化岩石、易溶性岩石、膨胀性岩石、崩解性岩石、盐渍化岩石等。

(2) 碎石土

碎石土为粒径大于2mm的颗粒含量超过总质量的50%的土，按照颗粒形状和粒组含量分为漂石、块石、卵石、碎石、圆砾和角砾6类，见表10-9。

碎石土的分类 表10-9

土的名称	颗粒形状	粒组含量
漂石	圆形及亚圆形为主	粒径大于200mm的颗粒含量超过总质量的50%
块石	棱角形为主	
卵石	圆形及亚圆形为主	粒径大于20mm的颗粒含量超过总质量的50%
碎石	棱角形为主	
圆砾	圆形及亚圆形为主	粒径大于2mm的颗粒含量超过总质量的50%
角砾	棱角形为主	

注：碎石土分类时，应根据粒组含量从大到小以最先符合者确定。

（3）砂土

砂土为粒径大于2mm的颗粒含量不超过总质量50%、粒径大于0.075mm的颗粒含量超过总质量50%的土。砂土按照粒组含量分为砾砂、粗砂、中砂、细砂和粉砂5类，见表10-10。

砂土分类 表10-10

土的名称	粒组含量
砾砂	粒径大于2mm的颗粒含量占总质量的25%～50%
粗砂	粒径大于0.5mm的颗粒含量超过总质量的50%
中砂	粒径大于0.25mm的颗粒含量超过总质量的50%
细砂	粒径大于0.075mm的颗粒含量超过总质量的85%
粉砂	粒径大于0.075mm的颗粒含量超过总质量的50%

（4）粉土

粉土为塑性指数 $I_p \leqslant 10$ 且粒径大于0.075mm的颗粒含量不超过总质量50%的土。

（5）黏性土

黏性土为塑性指数 $I_p > 10$ 且粒径大于0.075mm的颗粒含量不超过总质量50%的土。其中塑性指数 $I_p > 17$ 的为黏土，$10 < I_p \leqslant 17$ 的为粉质黏土。

黏性土根据沉积年代分为老黏性土、一般黏性土和新近沉积黏性土。

（6）特殊性岩土

特殊性岩土是具有一些特殊成分、结构和性质的区域性地基土，包括软土、膨胀土、湿陷性土、红黏土、冻土、盐渍土和填土等。

2. 查表确定地基承载力基本容许值

地基土的承载力容许值用地基承载力基本容许值 $[f_{a0}]$ 表示，可按土的类别和它的物理状态指标，从规范相应的表中查得。例如，对于一般的黏性土，主要指标是液性指数 I_L 和天然孔隙比 e；对于砂土，主要是密实度和水位情况；对于碎石，主要是按野外现场观察鉴定方法所确定的土的密实度；其他土所需要的指标，见相关规范。实测所需土样一定要在现场取天然状态的有代表性的土样（一般每个基础的地基不少于4个土样）。细粒土的液限 W_L、液性指数 I_L、塑性指数 I_P 系指用76g平衡锥测定的数值。

（1）岩石

一般岩石地基可根据强度等级、节理按表10-11确定承载力基本容许值 $[f_{a0}]$。对于复杂的岩层（如溶洞、断层、软弱夹层、易溶岩石、软化岩石等）应按各项因素综合确定。

岩石地基承载力基本容许值 $[f_{a0}]$（MPa） 表 10-11

坚硬程度	节理发育程度		
	节理不发育	节理发育	节理很发育
坚硬岩、较硬岩	>3000	3000～2000	2000～1500
较软岩	3000～1500	1500～1000	1000～800
软岩	1200～1000	1000～800	800～500
极软岩	500～400	400～300	300～200

岩石地基的承载力不仅与坚硬程度有关，还与岩石的节理发育程度有关。因此，作为桥涵地基，必须确定其坚硬程度和节理发育程度，此外还应确定其完整程度、软化程度和特殊性岩石。按照岩石的完整程度分为完整、较完整、较破碎、破碎和极破碎 5 个等级（表 10-7）；按软化系数分为软化岩石（软化系数小于或等于 0.75）和不软化岩石（软化系数大于 0.75）；按风化程度分类见表 10-12。

岩石风化程度分级 表 10-12

风化程度	野外特征	风化程度系数指标	
		波速比 k_v	风化系数 k_f
未风化	岩质新鲜，偶见风化痕迹	0.9～1.0	0.9～1.0
微风化	结构部分破坏，仅节理面有渲染或略有变色，有少量风化裂隙	0.8～0.9	0.8～0.9
中风化	结构部分破坏，沿节理面有次生矿物，风化裂隙发育，岩体被切割成岩块，用镐难挖，岩芯钻方可钻进	0.6～0.8	0.4～0.8
强风化	结构大部分损坏，矿物成分显著变化，风化裂痕很发育，岩体破碎，用镐可挖，干钻不易钻进	0.4～0.6	<0.4
全风化	结构基本破坏，但尚可辨认，有残余结构强度，可用镐挖，干钻可钻进	0.2～0.4	—
残积土	组织结构全部破坏，已风化成土状，锹镐易挖掘，干钻易钻进，具有可塑性	<0.2	—

注：① 波速比 k_v：为风化岩石与新鲜岩石压缩波速度之比。
② 风化系数 k_f：为风化岩石与新鲜岩石单轴抗压强度之比。
③ 岩石风化程度：除按表列野外特征和定量指标划分外，也可根据当地经验划分。
④ 花岗岩类岩石，可采用标准贯入试验划分为强风化、全风化、残积土。
⑤ 泥岩和半成岩，可不进行风化程度划分。

岩石单轴抗压强度试验要点：

试验可用钻孔的岩芯或坑、槽探坑中采取的岩块。岩样尺寸一般为 $\phi 50mm \times 100mm$，数量不应少于 6 个。

在压力机上以 500～800kPa/s 的加载速度加载，直到试样破坏为止，记录下最大加载值，做好试验前后的试样描述。

计算试验值的平均值、标准差、变异系数，取岩石单轴抗压强度的标准值为平均值与统计修正系数 ψ 的乘积。

$$\psi = 1 - \left(\frac{1.704}{\sqrt{n}} + \frac{4.678}{n^2}\right)\delta \qquad (10\text{-}6)$$

式中　ψ——统计修正系数；
　　　n——试样个数；
　　　δ——变异系数。

（2）碎石土

碎石土地基承载力基本容许值 $[f_{a0}]$ 可按表10-13选用。碎石土的分类见表10-9。

碎石土的密实度，可根据重型动力触探锤击数 $N_{63.5}$ 按表10-14分为松散、稍密、中密、密实等4级。当缺乏有关试验数据时，碎石土平均粒径大于50mm或最大粒径大于100mm时，按表10-15鉴别其密实度。

碎石土地基承载力基本容许值 $[f_{a0}]$（kPa）　　　　表10-13

土的名称	密实度			
	密实	中密	稍密	松散
卵石	1200～1000	1000～650	650～500	500～300
碎石	1000～800	800～550	550～400	400～200
圆砾	800～600	600～400	400～300	300～200
角砾	700～500	500～400	400～300	300～200

注：① 由硬质岩组成，填充砂土者取其高值；由软质岩组成，填充黏性土者取其低值。
② 半胶结的碎石土，可按密实的同类土的 $[f_{a0}]$ 值提高10%～30%。
③ 松散的碎石土在天然河床中很少遇见，需要特别注意鉴定。
④ 漂石、块石的 $[f_{a0}]$ 值，可参照卵石、碎石适当提高。

碎石土的密实度　　　　表10-14

锤击数 $N_{63.5}$	密实度	锤击数 $N_{63.5}$	密实度
$N_{63.5} \leqslant 5$	松散	$10 < N_{63.5} \leqslant 20$	中密
$5 < N_{63.5} \leqslant 10$	稍密	$N_{63.5} > 20$	密实

碎石土密实度野外鉴别　　　　表10-15

密实度	骨架颗粒含量和排列	可挖性	可钻性
松散	骨架颗粒质量小于总质量的60%，排列混乱，大部分不接触	锹可以挖掘，井壁易坍塌，从井壁取出大颗粒后，立即坍落	钻进较易，钻杆稍有跳动，孔壁易坍塌
中密	骨架颗粒质量等于总质量的60%～70%，呈交错排列，大部分接触	锹镐可挖掘，井壁有掉块现象，从井壁取出大颗粒处，能保持凹面形状	钻进较困难，钻杆、吊锤跳动不剧烈，孔壁有坍塌现象
密实	骨架颗粒质量大于总质量的70%，呈交错排列，连续接触	锹镐挖掘困难，用撬棍方能松动，井壁较稳定	钻进困难，钻杆、吊锤跳动剧烈，孔壁较稳定

当用重型圆锥动力触探、超重型圆锥动力触探试验确定碎石土的密实度时,锤击数应视杆长 L 按下列规定进行修正:

$$N_{63.5} = \alpha_1 \cdot N_{s,63.5} \tag{10-7}$$

式中 $N_{63.5}$——修正后的重型圆锥动力触探锤击数;
α_1——修正系数,见表 10-2;
$N_{s,63.5}$——实测重型圆锥动力触探锤击数。

当采用超重型圆锥动力触探确定碎石土密度或其他指标时,实测锤击数按下式修正:

$$N_{120} = \alpha_2 \cdot N_{s,120} \tag{10-8}$$

式中 N_{120}——修正后的超重型圆锥动力触探锤击数;
α_2——修正系数,见表 10-2;
$N_{s,120}$——实测超重型圆锥动力触探锤击数。

(3) 砂土

砂土地基承载力基本容许值 $[f_{a0}]$ 可按表 10-16 选用。

砂土的密实度可根据标准贯入锤击数按表 10-17 分为松散、稍密、中密、密实 4 个等级。

砂土地基承载力基本容许值 $[f_{a0}]$ 表 10-16

$[f_{a0}]$ (kPa) 土名、水位情况	密实度	密实	中密	稍密	松散
砾砂、粗砂	与湿度无关	550	430	370	200
中砂	与湿度无关	450	370	330	150
细砂	水上	350	270	230	100
	水下	300	210	190	—
粉砂	水上	300	210	190	—
	水下	200	110	90	—

注:① 砂土的密实度按标准贯入锤击数 N 确定。
② 在地下水位以上的称为"水上",地下水位以下的称为"水下"。

砂土的密实度   表 10-17

标准贯入锤击数 N	密实度	标准贯入锤击数 N	密实度
$N \leqslant 10$	松散	$15 < N \leqslant 30$	中密
$10 < N \leqslant 15$	稍密	$N > 30$	密实

(4) 粉土

粉土地基承载力基本容许值 $[f_{a0}]$ 可根据土天然孔隙比 e 和天然含水率 w 按表 10-18 选用。

粉土地基承载力基本容许值 $[f_{a0}]$（kPa）　　　　　表 10-18

e	w (%)					
	10	15	20	25	30	35
0.5	400	380	355	—	—	—
0.6	300	290	280	270	—	—
0.7	250	235	225	215	205	—
0.8	200	190	180	170	165	—
0.9	160	150	145	140	130	125

（5）黏性土

1) 一般黏性土的地基承载力基本容许值 $[f_{a0}]$ 按液性指数 I_L 和天然孔隙比 e 查表 10-19 选用。

一般黏性土地基承载力基本容许值 $[f_{a0}]$（kPa）　　　　　表 10-19

e	I_L												
	0	0.1	0.2	0.3	0.4	0.5	0.6	0.7	0.8	0.9	1.0	1.1	1.2
0.5	450	440	430	420	400	380	350	310	270	240	220	—	—
0.6	420	410	400	380	360	340	310	280	250	220	200	180	—
0.7	400	370	350	330	310	290	270	240	220	190	170	160	150
0.8	380	330	300	280	260	240	230	210	180	160	150	140	130
0.9	320	280	260	240	220	210	190	180	160	140	130	120	100
1.0	250	230	220	210	190	170	160	150	140	120	110	—	—
1.1	—	—	160	150	140	130	120	110	100	90	—	—	—

注：① 土中含有粒径大于 2mm 的颗粒质量超过总质量 30% 以上者，$[f_{a0}]$ 可适当提高。
　　② 当 $e<0.5$ 时，取 $e=0.5$；当 $I_L<0$ 时，取 $I_L=0$。此外，超过列表范围的一般黏性土，$[f_{a0}]=57.22E_s^{0.57}$，E_s 为压缩模量。

2) 新近沉积黏性土地基可根据液性指数 I_L 和天然孔隙比 e 确定地基承载力基本容许值 $[f_{a0}]$，见表 10-20。

新近沉积黏性土地基承载力基本容许值 $[f_{a0}]$（kPa）　　　　　表 10-20

e	I_L		
	≤0.25	0.75	1.25
≤0.8	140	120	100
0.9	130	110	90
1.0	120	100	80
1.1	110	90	—

3) 老黏性土地基可根据压缩模量 E_s 确定地基承载力基本容许值 $[f_{a0}]$，见表 10-21。

老黏性土地基承载力基本容许值 $[f_{a0}]$ 表 10-21

E_s (MPa)	10	15	20	25	30	35	40
$[f_{a0}]$ (kPa)	380	430	470	510	550	580	620

3. 计算修正后的地基承载力容许值 $[f_a]$

地基容许承载力不仅与地基土的性质和状态有关，而且与基础尺寸和埋置深度有关（有时还与地面水的深度有关）。因此，当基底宽度 $b>2m$、埋置深度 $h>3m$ 且 $h/b≤4$ 时，地基的承载力容许值应进行修正，修正后的地基承载力容许值 $[f_a]$ 可按公式 (10-9) 计算；当基础位于水中不透水地层上时，$[f_a]$ 按平均常水位至一般冲刷线的水深每米再增大 10kPa。

$$[f_a]=[f_{a0}]+k_1\gamma_1(b-2)+k_2\gamma_2(h-3) \quad (10-9)$$

式中 $[f_a]$——修正后的地基承载力容许值（kPa）；

b——基础底边的最小边宽（m）；当 $b<2m$ 时，取 $b=2m$；当 $b>10m$ 时，取 $b=10m$；

h——基底埋置深度（m），一般自天然地面算起，有水流冲刷时，自冲刷线算起；当 $h<3m$ 时，取 $h=3m$；当 $h/b>4$ 时，取 $h=4b$；

k_1、k_2——基础宽度、深度修正系数，根据基底持力层土的类别按表 10-22 确定；

γ_1——基底持力层土的天然重度（kN/m³）；持力层在水以下且为透水土层者，应取浮重度；

γ_2——基底以上土层的加权平均重度（kN/m³），换算时若持力层在水面以下，且不透水时，不论基底以上土的透水性质如何，一律取饱和重度；当透水时水中部分土层则应取浮重度。

关于宽度和深度的修正问题，应该注意：从地基强度考虑，基础越宽，承载力越大，但从沉降方面考虑，在荷载强度相同的条件下，基础越宽，沉降越大，这在黏性土地基尤其明显，故在表 10-22 中它的 k_1 为零，即不作宽度修正。对其他土的宽度修正，也作了一定的限制，如规定 $b>10m$ 时，按 $b=10m$ 计。对深度的修正，由于公式是按浅基础概念导出的，为了安全，相对埋深限制 $h/b≤4$。

地基土承载力宽度、深度修正系数 k_1、k_2 表 10-22

系数	黏性土			粉土	砂土						碎石土		
	老黏性土	一般黏性土		新近沉积黏性土	—	粉砂		细砂	中砂	砾砂、粗砂	碎石、圆砾、角砾		卵石
		$I_L≥0.5$	$I_L<0.5$			中密	密实	中密 密实	中密 密实	中密 密实	中密	密实	中密 密实
k_1	0	0	0	0	1.0	1.2	1.5	2.0 2.0	3.0 3.0	4.0	3.0	4.0	3.0 4.0
k_2	2.5	1.5	2.5	1.0	1.5	2.0	2.5	3.0 4.0	4.0 5.5	5.0 6.0	5.0	6.0	6.0 10

注：① 对于稍密和松散状态的砂、碎石土，k_1、k_2 值可采用表列中密值的 50%。
② 对强风化和全风化的岩石，可参照所风化成的相应土类取值；其他状态下的岩石不修正。

4. 软土地基承载力基本容许值的确定

软土为滨湖、湖沼、谷地、河滩等处天然含水率高、天然孔隙比大、抗剪强度低的细粒土，其鉴别指标见表 10-23。

软土地基鉴别指标　　　　表 10-23

指标名称	天然含水率 w（%）	天然孔隙比 e	直剪内摩擦角 φ（°）	十字板剪切强度 C_u（kPa）	压缩系数 α_{1-2}（MPa^{-1}）
指标值	≥35 或液限	≥1	宜小于 5	<35	宜大于 0.5

软土地基承载力基本容许值 $[f_{a0}]$ 应由载荷试验或其他原位测试取得。载荷试验和原位测试确有困难时，对于中小桥、涵洞基底未经处理的软土地基，承载力容许值 $[f_a]$ 可采用下列两种方法确定。

(1) 根据原状土的天然含水率按表 10-24 确定软土地基承载力基本容许值 $[f_{a0}]$，然后按式（10-10）计算修正后的地基承载力容许值 $[f_a]$。

软土地基承载力基本容许值 $[f_{a0}]$　　　　表 10-24

天然含水率 w（%）	36	40	45	50	55	65	75
$[f_{a0}]$（kPa）	100	90	80	70	60	50	40

$$[f_a] = [f_{a0}] + \gamma_2 h \tag{10-10}$$

式中 γ_2、h 的意义同式（10-9）。

(2) 根据原状土强度指标确定软土地基承载力容许值 $[f_a]$：

$$[f_a] = \frac{5.14}{m} k_p c_u + \gamma_2 h \tag{10-11}$$

$$k_p = \left(1 + 0.2 \frac{b}{l}\right)\left(1 - \frac{0.4H}{blC_u}\right) \tag{10-12}$$

式中　m——抗力修正系数，可视软土灵敏度及基础长宽比等因素选用 1.5~2.5；

　　　C_u——地基土不排水抗剪强度标准值（kPa）；

　　　k_p——系数；

　　　H——由作用（标准值）引起的水平力（kN）；

　　　b——基础宽度（m），有偏心作用时，取 $b = 2e_b$；

　　　l——垂直于 b 边的基础长度（m），有偏心作用时，取 $l = 2e_l$；

　　　e_b、e_l——偏心作用在宽度和长度方向的偏心距（m）；

　　　γ_2、h——意义同式（10-9）。

经排水固结方法处理的软土地基，其承载力基本容许值应通过载荷试验或其他原位测试方法确定；经复合地基方法处理的软土地基，其承载力基本容许值应通过载荷试验确定，然后按式（10-10）计算修正后的软土地基承载力容许值 $[f_a]$。

当软土或软弱地基上按《公路桥涵地基与基础设计规范》JTG 3363—2019 的规定铺筑了一定宽度与厚度的砂砾垫层后，各种垫层的承载力容许值 $[f_{cu}]$ 宜现场确定，当无试验资料时，可参考表 10-25 数据。

各种垫层承载力容许值 $[f_{a0}]$ 表 10-25

施工方法	垫层材料	压实系数	承载力容许值（kPa）
碾压、振密或夯实	碎石、卵石	0.94～0.97	200～300
	砂夹石（其中碎石、卵石占总质量的 30%～50%）		200～250
	土夹石（其中碎石、卵石占总质量的 30%～50%）		150～200
	中砂、粗砂、砾砂		150～200

注：① 压实系数为土的控制干密度与最大干密度的比值，土的最大干密度宜采用击实试验确定；碎石最大干密度可取 2.0～2.2t/m³。

② 当采用轻型击实试验时，压实系数宜取高值；采用重型击实试验时，压实系数可取低值。

5. 地基承载力容许值的提高

地基承载力容许值 $[f_a]$ 应根据地基受荷阶段及受荷情况，乘以下列规定的抗力系数 γ_R。

（1）使用阶段

1）当地基承受作用短期效应组合或作用效应偶然组合时，可取 $\gamma_R = 1.25$；但对承载力容许值 $[f_a]$ 小于 150kPa 的地基，应取 $\gamma_R = 1.0$。

2）当地基承受的作用短期效应组合仅包括结构自重、预加力、土重、土侧压力、汽车和人群效应时，应取 $\gamma_R = 1.0$。

3）当基础建于经多年压实未遭破坏的旧桥基（岩石旧桥基除外）上时，不论地基承受的作用情况如何，抗力系数均可取 $\gamma_R = 1.5$；对 $[f_a]$ 小于 150kPa 的地基可取 $\gamma_R = 1.25$。

4）当基础建于岩石旧桥基上时，应取 $\gamma_R = 1.0$。

（2）施工阶段

1）当地基在施工荷载作用下时，可取 $\gamma_R = 1.25$。

2）当墩台施工期间承受单向推力时，可取 $\gamma_R = 1.5$。

【例 10-1】某桥墩基础为扩大基础，已知基础底面宽度 $b = 5$m，长度 $l = 10$m，埋置深度 $h = 4$m，基坑即将开挖到设计高程后目测土质均匀，因此，施工单位在基坑长度方向有代表性的地方预留了三个（平面尺寸 0.5m 左右，预留高度为 0.2m）准备测试地基承载力的部位。要求试验人员到现场确定地基承载力。

因为条件所限，不能作载荷试验，试验人员按《公路桥涵地基与基础设计规范》JTG 3363—2019 确定地基承载力基本容许值。

（1）先确定土名

目测土的颗粒比较细，不是碎石土，在预留测试承载力处取扰动土样后烘干作筛分试验，试验结果显示也不是砂土。取土样用 76g 平衡锥测试塑性指数 $I_P = 8.6$，因此确定该地基土为粉土。

（2）确定地基承载力基本容许值

确定粉土地基承载力基本容许值需要的物理指标有天然含水率 w、天然孔隙比 e。

将其中一个测试承载力部位预留的土小心挖走，挖到设计高程。注意不要扰动天然地基。取天然土样作土粒密度、密度与含水率试验，试验结果为土粒密度 $G=2.61\text{g/cm}^3$，含水率 $w=13.5\%$，密度 $\rho=1.98\text{g/cm}^3$。

按 $e=0.496$，含水率 $w=13.5\%$，查表 10-18，并内插，得到承载力基本容许值为 388kPa。

(3) 确定地基承载力容许值

《公路桥涵地基与基础设计规范》JTG 3363—2019 规定，地基容许承载力的验算应以修正后的地基承载力容许值 $[f_a]$ 控制。

地基土为粉土，因地下水较深，不受地下水的影响，由表 10-22 查得 $k_1=0$，$k_2=1.5$。根据地质图及现场勘察，基底以上土层与地基土相同，因此，$\gamma_2=19.8\text{kN/m}^3$，将以上数据代入式（10-9）得：

$$[f_a]=[f_{a0}]+k_1\gamma_1(b-2)+k_2\gamma_2(h-3)$$
$$=388+0+1.5\times19.8\times(4-3)$$
$$=388+28$$
$$=416(\text{kPa})$$

另外两块部位的测试方法相同，此处不再赘述。

【复习思考】
1. 如何用动力触探法确定地基承载力？
2. 如何用浅层与深层平板载荷试验绘制的 P-S 关系曲线确定地基承载力容许值？
3. 请描述如何按岩石坚硬程度进行分级？
4. 请描述如何对岩石风化程度进行分级？

教学单元 11　混凝土灌注桩检测

【教学目标】
　　了解灌注桩检测的主要内容；掌握灌注桩成孔质量检测的主要指标和操作步骤；熟悉泥浆的作用及其指标要求；掌握低应变反射法检测桩身完整性的主要操作步骤，熟悉低应变反射法的基本原理，了解低应变反射法检测设备和对应的数据处理方法；掌握静载试验检测基桩轴向抗压承载力、抗拔承载力以及横向承载力的试验装置、加载方式和结束条件，能描述三种承载力试验的过程。

【案例引入】
　　某裙房建筑工程项目，基础采用钻孔灌注桩。由于地下室的桩基上部结构重量较轻，地下水的浮托力又相对较大，所以设计了抗拔桩以避免地下室上浮。为确保设计质量和工程安全，要求试验确定基桩抗拔力。

11.1　概　　述

　　桩是深入土层中的柱状构件，数根桩或数十根桩由系梁、承台或底板构成一个整体基础结构，称为桩基础（简称桩基），按成桩时对地基土的影响程度可以分为挤土桩、部分挤土桩、非挤土桩等类型。桩基础可以将上部结构的荷效，穿过较软弱的地层或水域传递到深层较坚实的、压缩性小的地基上，以保证上部建筑结构的稳定和安全使用。作为建构筑物基础的一种形式，桩基础与其他基础相比，具有适应性强、控制构筑物沉降、承载能力大、抗震性能好、施工机械化程度高和应用广泛等特点。
　　但桩基础属于隐蔽工程，其施工质量控制和质量检测等相对困难。一般来说，桩基础检测按测试手段可分为动力测试、静载试验和钻芯试验三大类，按测试目的可分为承载力测试和完整性测试两大类，常用的检测方法有静载荷试验法、高应变法、钻芯试验法、低应变法、声波透射法等。

11.2　成孔质量检测

　　成孔质量检测的内容包括泥浆各种性能指标测定和钻孔位置、孔深、孔径、垂直度、沉淀厚度等。

1. 泥浆性能指标

　　在基桩的岩土地层钻孔过程中，一般都要采取护壁措施。泥浆作为钻探的冲洗液，除起护壁作用外，还具有携带岩土、冷却钻头、堵漏和润滑等作用。因此，泥浆性能直接影响钻进效率和生产安全性。泥浆一般由水、黏土（或膨润土）和添加剂按适当配合比配制而成。

（1）黏质土的性能要求

一般可选用塑性指数大于 25，粒径小于 0.074mm，黏粒含量大于 50% 的黏质土制浆。当缺少上述性能的黏质土时，可用性能略差的黏质土，并掺入 30% 的塑性指数大于 25 的黏质土。

（2）膨润土的性能和用量

膨润土泥浆具有相对密度低、黏度低、含砂量少、失水量少、泥皮薄、稳定性强、固壁能力强、钻具回转阻力小、钻进率高、造浆能力大等优点。一般用量为水的 8%，即 8kg 的膨润土可掺 100L 的水。对黏质土底层，用量可降低到 3%～5%。较差的膨润土用量为水的 12% 左右。

（3）外加剂

1）羧甲基纤维素（简称 CMC），可增加泥浆黏性，使土层表面形成薄膜而防护孔壁剥落并有降低失水量的作用。

2）碳酸钠（Na_2CO_3）又称碱粉或纯碱，用以调整泥浆 pH（8～10 为宜），可提高黏度、降低流动性和增加土颗粒间的凝聚力等。

3）各种外加剂宜先制成小剂量溶剂，按循环周期均匀加入，并及时测定泥浆性能指标，且防止掺入外加剂过量。

2. 泥浆各项指标的测定方法（图 11-1）

（1）相对密度

可用泥浆相对密度计测定。将要量测的泥浆装满泥浆杯，加盖并洗净从小孔溢出的泥浆，然后置于支架上，移动游码，使杠杆呈水平状态（即气泡处于中央），读出游码左侧所示的刻度，即为泥浆的相对密度。

图 11-1　泥浆性能（相对密度、含砂率和黏度）检测仪器

（2）含砂率（%）

工地用含砂率计测定。把泥浆充至测管上标有"泥浆"字样的刻线处，加清水至标有"水"的刻线处，堵死管口并摇振。倾倒混合物于滤网中，丢弃通过滤网的液体，再加清水于测管中，摇振后再倒入测管中。反复之，直至测管内清洁为止。将漏斗套进滤筒，翻转过来，将漏斗插入测管中，用清水把附在筛网上的砂子全部冲入管内。待砂子沉淀后，读出砂子的百分含量。

(3) 黏度

工地用标准漏斗黏度计测定。用两端开口的量杯分别量取 200mL 和 500mL 泥浆，通过滤网滤去大砂粒后，将 700mL 泥浆均注入漏斗，然后使泥浆从漏斗流出，流满 500mL 量杯所需的时间（s），即为所测泥浆的黏度。

清孔后的泥浆指标：相对密度 1.03～1.10；黏度 17～20Pa·s；含砂率小于 2%。

3. 成孔质量检测

灌注桩的施工分为成孔和成桩两部分，其中成孔是灌注桩施工中的第一个环节。成孔作业由于是在地下或者水下完成，质量控制难度大，复杂的地质条件、施工中的失误等，都有可能导致坍孔、缩颈、桩孔偏斜、沉渣过厚等问题。成孔质量的好坏直接影响到混凝土浇筑之后的成桩质量。如桩孔径偏小，则桩侧的侧摩阻力、桩端的阻力都会减小，桩的承载能力也随之降低；桩孔扩径将导致成桩上部侧阻力增大，而下部侧阻力不能完全发挥，同时单桩的混凝土浇筑量增加，费用提高；桩孔倾斜在一定程度上改变了桩的竖向承载力特性，使得桩的承载力不能有效发挥，并且孔斜还易产生吊放钢筋笼困难、坍孔、钢筋保护层厚度不足等问题；桩底沉渣过厚使桩长减小，对于端承桩则直接影响桩尖的承载能力。因此，在混凝土浇筑前进行成孔质量检测对于控制成桩质量、保证建筑物长期安全地运行显得尤为重要。

(1) 桩位偏差

桩位偏差，即实际成桩位置偏离设计位置的差值。施工中由于各种因素的影响，如测量放线的误差、护筒埋设时的偏差、钻机对位不正、孔空段孔斜造成的偏差、钢筋笼下设时的偏差等，都会造成桩位偏离设计位置。

桩位应在桩基施工前按设计桩位平面图落放桩的中心位置，施工后对全部桩位进行复测，检查桩中心位置并在复测平面图上标明实际桩位坐标。复测桩位时，桩位测点选在新鲜桩头面的中心点（基坑开挖前测量护筒中心），然后测量该点偏移设计桩位的距离，并按坐标位置，分别标明在桩位复测平面图上。测量仪器选用精密经纬仪或红外测距仪。

桩位中心位置的偏差要求，应满足桩的设计规定或相关的规范标准。

(2) 桩孔径、垂直度检测

桩孔径、垂直度检测是成孔质量检测中的两项重要内容，目前用于孔径检测的仪器大多可同时测量桩的垂直度。桩孔径、垂直度检测的方法大致有：简易法检测；伞形孔径仪检测；声波法检测。

简易法检测：工程技术人员在多年的灌注桩施工、检测中，研究总结出了一些简易的孔径、垂直度的检测方法和手段，它们适合在没有专用孔径、垂直度仪条件下的成孔质量检测，检测设备为制作简单的器具，如钢筋笼式、圆球式、六边木条铰链式、卡尺式等类型的检孔器。其中，钢筋笼式是简易法检测中使用较广泛的一种检孔器具，其设备制作简单，检测方法方便、可行。

伞形孔径仪检测：伞形孔径仪是由孔径仪、孔斜仪、沉渣厚度测定仪三部分组成的一个测试系统，由于系统中孔径仪的孔中探测头部分形状似伞，而它也是系统中的主要部分，因此常俗称该系统为伞形孔径仪。伞形孔径仪中测量孔径、孔斜、沉渣的孔中仪器部分是独立的，地面仪器为共用。

11.3　桩身完整性检测

目前最常用的桩身完整性检测手段是低应变反射法，其基本原理是在桩顶竖向激振，弹性波沿着桩身向下传播，当桩身存在明显波阻抗差异的界面（如桩底、断桩和严重离析等）或桩身截面发生变化（如缩颈或扩径）时，将产生反射波，经接收、放大、滤波和数据处理，可识别来自不同部位的反射信息。通过对反射信息进行分析计算，判断桩身混凝土的完整性，判定桩身缺陷的程度及其位置。

1. 工作原理

低应变法是基桩完整性检测中应用最广泛的技术，其理论基础是弹性波的反射特性和衰减特性（图11-2）。

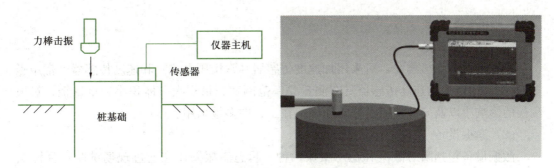

图 11-2　低应变法检测系统示意图

一般来说，在基桩检测中可以得到四种反射波形态：一是在均质桩身中，机械阻抗相同（$z_1 = z_2$），不产生反射波；二是摩擦桩桩底土质材料机械阻抗相对较低（$z_1 > z_2$），反射信号的相位与入射信号相同（图11-3）；三是有缩颈或扩径时，机械阻抗分别减少或增加，则产生同向或反向的反射波（图11-4）；四是有断桩、薄弱夹层时，一般均会造成机械阻抗减少，从而产生同向反射（图11-5）。

11-1 桩身完整性检测（低应变）

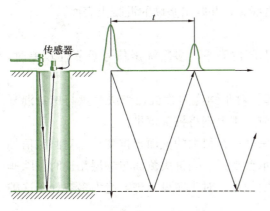

图 11-3　完整摩擦桩反射信号示意图

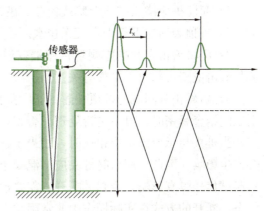

图 11-4　变截面桩反射示意图

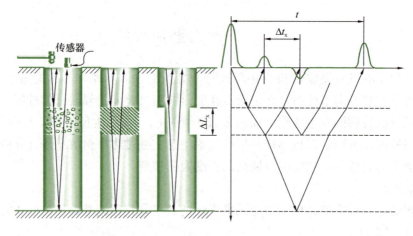

图 11-5　缺陷桩反射示意图

2. 设备选择

（1）传感器的选取

在基桩低应变检测中，可采用加速度传感器（常用压电式）和速度传感器（常用磁电式）。因压电式加速度传感器具有测量频率范围宽、量程大、体积小、重量轻、对被测件的影响小以及安装使用方便等原因，在工程中多被采用。

（2）激振设备

激振设备包括瞬态激振和稳态激振两种。瞬态激振操作应通过现场试验选择锤头（锤垫）以获得低频宽脉冲或高频窄脉冲，一般而言，大直径桩可采用低频宽脉冲，小直径桩则相反。稳态激振设备则可激发输出等幅值、频率可调的正弦激振力作用于桩顶，用于桩的共振法检测，工程中应用较少。

3. 测试方法与步骤

（1）桩头部位处理

对低应变动测而言，要求受检桩桩顶的混凝土质量、截面尺寸应与桩身设计条件基本等同，具体为：

1）灌注桩应凿去桩顶浮浆或松散、破损部分，并露出坚硬的混凝土表面。

2）桩顶表面应平整干净且无积水。

3）应将敲击点和响应测量传感器安装点部位磨平，多次锤击信号重复性较差时，多与敲击或安装部位不平整有关。

4）妨碍正常测试的桩顶外露主筋应割掉。对于预应力管桩，当法兰盘与桩身混凝土之间结合紧密时，可不进行处理，否则，应采用电锯将桩头锯平。

当桩头与承台或垫层相连时，相当于桩头处存在很大的截面阻抗变化，对测试信号会产生影响。因此，测试时桩头应与混凝土承台断开；当桩头侧面与垫层相连时，除非对测试信号没有影响，否则应断开。需要说明的是，对于在役基桩，绝大多数处于这类状态，断开的方式在实际操作中非常困难。

（2）测试参数设定

测试参数主要有采样时间间隔 Δt 和采样数据点数 N。一般来说，采样时间间隔可取 2~10us（对应传播的桩长约为 0.004~0.02m），长桩取大值。而采样数据点数 N 则应保障能够充分获取桩底的反射信号，可按下式估算：

$$N \geqslant \frac{2L}{C \cdot \Delta t} + T_0 + T_1 \qquad (11\text{-}1)$$

式中　N——估计桩长（m）；

　　　C——波速（km/s）；

　　　T_0——触发用延时数据点数；

　　　T_1——桩底信号采样时间（ms），一般可取 5ms。

此外，在数据分析时，常会用到 BPF（带宽滤波）等机能。考虑到数字处理的方便性，N 值宜取 2^n，如 1024、2048、4096、8192 等，即在式（11-1）的计算值的基础上，上调至最近的 2^n 数据上。若 N 超过了设备的最大采样点，则可增大采样时间间隔 Δt。

（3）传感器安装

1）传感器用胶粘剂粘结时，粘结层应尽可能薄，必要时可采用冲击钻打孔安装方式，但传感器底安装面应与桩顶面紧密接触，激振及传感器安装均应沿桩的轴线方向。

2）激振点与传感器安装点应远离钢筋笼的主筋，其目的是减少外露主筋振动对测试产生干扰信号。

3）传感器安装点与激振点的位置不同，所受干扰程度也会有差异。一般来说，实心桩安装点在距桩中心约 2/3 半径时所受干扰相对较小，空心桩安装点与激振点平面夹角等于或略大于 90°时所受干扰相对较小。另外应注意，加大安装与激振两点间距离或平面夹角，将增大锤击点与安装点响应信号的时间差，造成波速或缺陷定位误差。传感器安装点、锤击点布置见图 11-6。

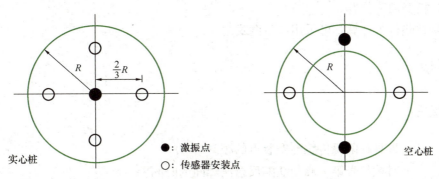

图 11-6　传感器安装点、锤击点布置示意图

4）当预制桩、预应力管桩等桩顶高出地面很多，或灌注桩桩顶部分桩身截面很不规则，或桩顶与承台等其他结构相连而不具备传感器安装条件时，可将两支测量响应传感器对称安装在桩顶以下的桩侧表面，且宜远离桩顶。

5）检测过程中，同一工程的同一批试桩的试验操作宜保持同条件，不仅要对激振操作、传感器和激振点布置等某一条件改变进行记录，也要记录桩头外观尺寸和混凝土质量的异常情况。

6）桩径增大时，桩截面各部位的运动不均匀性也会增加，桩浅部的阻抗变化往往表现出明显的方向性。故应增加检测点数量，通过各接收点的波形差异，大致判断浅部缺陷是否存在方向性。每个检测点有效信号数不宜少于 3 个，而且应具有良好的重复性，通过叠加平均提高信噪比。

4. 检测数据分析与判定

（1）桩身波速平均值的确定

为分析不同时段或频段信号所反映的桩身阻抗信息、核验桩底信号并确定桩身缺陷位置，需要确定桩身波速及其平均值。

当桩长已知，桩底反射信号明确时，在地质条件、桩型及成桩工艺相同的基桩中，选取不少于 5 根 I 类桩的桩身波速按下式计算其平均值 c_m：

$$c_m = \frac{1}{n}\sum_{n=1}^{n} c_i \tag{11-2}$$

式中　　n——参加波速平均值计算的基桩数量，大于等于 5；

c_i——第 i 根受检桩的桩身波速值（km/s），可按时域法或频域法求得。

时域法：
$$c_i = \frac{2L}{\Delta T} \tag{11-3}$$

频域法：
$$c_i = 2L \cdot \Delta f \tag{11-4}$$

式中　　L——桩长（m）；

ΔT——时域信号第一峰与桩底反射波峰间的时间差（ms）；

Δf——幅频曲线上桩底相邻谐振峰间的频率差（kHz）。

此外，c_i 还应满足：$\dfrac{|c_i - c_m|}{c_m} \leqslant 5\%$

（2）桩身缺陷位置

桩身缺陷位置计算，可采用以下两式之一：

时域法：
$$x = \frac{1}{2} c_m \cdot \Delta t_x \tag{11-5}$$

频域法：
$$x = \frac{c_m}{2\Delta f'} \tag{11-6}$$

式中　　x——桩身缺陷距传感器安装点的距离（m）；

Δt_x——时域信号第一峰与缺陷反射波峰间的时间差（ms）；

$\Delta f'$——幅频曲线上缺陷相邻谐振峰间的频率差（kHz）。

（3）桩的完整性判定

桩身完整性应结合缺陷出现的深度、测试信号衰减特性以及设计桩型、成桩工艺、地质条件、施工情况、混凝土波速，依据测试时域特征、幅频特征进行综合分析判定。

11.4　基桩承载力检测

桩的静载试验是获得桩轴向抗压、抗拔以及横向承载力的最基本、最可靠的方法。

1. 竖向抗压静载试验

单桩竖向抗压静载试验,就是采用接近于竖向抗压桩实际工作条件的试验方法。荷载作用于桩顶,桩顶产生位移(沉降),可得到单根桩 P-S 曲线,还可以获得每级荷载下桩顶沉降随时间的变化曲线,当桩身中埋设量测元件时,还可以直接测得桩侧各土层的极限摩阻力和端承力。

(1) 试验加载装置与测试仪表

1) 试验加载装置

一般选用单台或多台同型号的千斤顶并联加载。千斤顶加载反力装置可根据实际条件选择,常用的有桩锚横梁反力装置、堆重平台反力装置和锚桩堆重联合反力装置三种。

2) 测试仪表

可用并联于千斤顶的高精度压力表测定油压,压力表的精度等级一般为 0.4MPa,并根据事先标定的千斤顶率定曲线换算荷载。重要的桩基试验还需要在千斤顶上放置应力环或压力传感器实行双控校正。

沉降测量一般采用百分表或点式位移计,设置在桩的 2 个正交直径方向,对称安装 4 个;小直径桩可安装 2 个或 3 个。沉降测定平面离开桩顶的距离不应小于 0.5 倍桩径。固定和支承百分表的夹具和横梁在构造上应确保不受气温、振动及其他外界因素的影响而发生竖向变位。为了防止堆载引起的地面下沉影响测度精度,应用水准仪对基准梁系统进行监控。

(2) 试桩要求

1) 试桩成桩工艺和质量控制标准应与工程桩一致。

2) 灌注桩试桩顶部应凿除浮浆,在顶部配置加密钢筋网 2~3 层,或以薄钢板护筒做成加强箍与桩顶混凝土浇成整体,桩顶用高强度等级砂浆抹平。

3) 预制桩桩顶如出现破损,其顶部应外加封闭箍后浇捣高强细石混凝土予以加强。

4) 为安置沉降测点和仪表,试桩顶部露出试验坑地面高度不宜小于 60cm。

5) 试桩间歇时间,为从预制桩打入和灌注桩成桩到开始试验的时间间隔,在满足桩身强度达到设计要求的前提下:对于砂类土,不应小于 7d;对于一般黏性土,不应少于 15d,对于黏性与砂交互的土层可取中间值;对于淤泥或淤泥质土,不应少于 25d。

6) 试桩间歇期间,其周围 30m 范围内不要产生如打桩一类造成地下孔隙水压力增高的干扰。

(3) 加载方法

一般采用慢速维持荷载法,即逐级加载。每一级荷载达到相对稳定后,再加载下一级荷载,直至破坏,然后卸载至零。

1) 加载总量

进行单桩竖向抗压静荷载试验时,试桩的加载总量应满足以下要求:

① 对于以桩身承载力控制极限承载力的工程试验桩,加载至设计承载力的 1.5~2.0 倍。

② 对于嵌岩桩,当桩顶沉降量小时,最大加载量不应小于设计承载力的 2 倍。

③ 当堆载为反力时，堆载重力不应小于试桩预估极限承载力的 1.2 倍。

2）荷载分级

按试桩的预计最大试验加载力等分为 10~15 级进行逐级等量加载。亦可将沉降变化较小的第一、三级加载合并，预估的最后一级加载和在试验过程中提前出现临界破坏的那一级荷载亦可分为两次加载，这对判定极限承载力精度将有所帮助。

3）测读桩沉降的时间间隔

① 下沉未达稳定不得进行下一级加载。

② 每级加载的观测时间规定为：每级加载完毕后，每隔 15min 测一次；累计 1h 后，每隔 30min 观测一次。

4）稳定标准

每级加载下沉量，在下列时间内如不大于 1mm 时即可认为稳定：

① 桩端下为巨粒土、砂类土、坚硬黏质土，最后 30min。

② 桩端下为半坚硬的细粒土，最后 1h。

5）加载终止条件

① 总位移量大于或等于 40mm，本级荷载下沉量大于或等于前一级荷载下沉量的 5 倍时，加载即可终止，取比终止时荷载小一级的荷载为极限荷载。

② 总位移量大于或等于 40mm，本级荷载加上后 24h 未达稳定，加载即可终止，取比终止时荷载小一级的荷载作为极限荷载。

③ 巨粒土、密实砂类土以及坚硬的黏质土中，总下沉量小于 40mm，但荷载已经大于或者等于设计荷载乘以设计规定的安全系数，加载即可终止，取此时的荷载作为极限荷载。

④ 施工过程中的检验性试验，一般加载应继续到桩的 2 倍设计荷载为止，如果桩的总沉降量不超过 40mm，及最后一级加载引起的沉降不超过前一级加载引起的沉降的 5 倍，则该桩可予以检验。

6）卸载规定

每级卸载值为加载增量的 2 倍。卸载后每隔 15min 测读一次，读两次后，隔 0.5h 再读一次，即可卸下一级荷载。全部卸载后，隔 3~4h 再读一次。

2. 单桩竖向抗拔静载试验

高耸建筑物、海上码头平台、悬索桥和斜拉桥的锚桩基础、大型船坞底板等往往会承受较大的水平力，导致部分基桩承受上拔力，而抗拔桩就是重要的抵消这种上拔力的工程结构。

（1）试验加载装置与测试仪表

一般采用千斤顶加载，其反力装置一般采用两根锚桩和承载梁组成，试桩和承载梁用拉杆连接，将千斤顶置于两根试桩之上，顶推承载梁，引起试桩上拔。应尽量利用工程桩为反力锚桩，若灌注桩作为锚桩，宜沿桩身通长配筋，以免出现桩身的破损。

可用并联于千斤顶上的高精度压力表测定油压，并根据率定曲线核算荷载；也可用放置在千斤顶上的应力环、压力传感器直接测定。上拔量一般采用百分表量测，其布置方法与单桩抗压试验相同。桩身量测元件与单桩抗压试验相同。

(2) 试桩要求

试桩应按最大加载力计算桩身钢筋，且钢筋应沿桩身通长布置。从成桩到开始试验的间隔：在桩身强度达到设计要求的前提下，对于砂类土，不应少于10d；对于粉土和黏性土，不应少于15d；对于淤泥或淤泥质土，不应少于25d。

(3) 加载方法

抗拔试验一般采用慢速维持荷载法。施加的静拔力必须作用于桩的中轴线上，加载应均匀、无冲击，每级加载为预计最大荷载的1/15～1/10，达到相对稳定后加下一级荷载，直到试桩破坏，然后逐渐卸载到零。可结合工程桩实际受荷情况采用多循环加载法，即每级荷载上拔量达到相对稳定后卸载到零，然后再加载下一级荷载。

1) 变形观测

进行单独竖向抗拔静载试验时，除了要对试桩的上拔量进行观测外，尚应对桩周地面土的变形情况以及桩身外露部分裂缝开展情况进行观测记录。试桩的上拔量观测，应在每级加载后间隔5min、10min、15min各测读一次，以后每隔15min测读一次，累计1h后每隔30min测读一次，每次测读值均记录在试验记录表中。

2) 上拔稳定标准

单桩竖向抗拔静载试验上拔量相对稳定标准应该以1h内的变形量不超过0.1mm，并连续出现两次为准。

3) 终止加载条件

试验过程中，当出现下列情况之一时，即可终止加载：

① 桩顶荷载为桩受拉钢筋总极限承载力的0.9倍。

② 某级荷载作用下，桩顶上拔量为前一级荷载作用下的5倍。

③ 建筑部门试桩累计上拔量超过100mm，桥桩则规定累计上拔量超过25mm。

3. 单桩水平静载试验

(1) 试验装置

单桩水平静载试验装置通常包括加载装置、反力装置、量测装置三部分。

1) 加载装置

试桩时一般采用卧式千斤顶加载，用测力环或测力传感器确定施加荷载值，对往复式循环试验可采用双向往复式油压千斤顶。水平荷载试验，特别是悬臂较长的试桩，作用点位移较大，所以要求千斤顶施加作用力有较大行程。为保证千斤顶施加作用力水平通过试桩轴线，千斤顶与试桩接触面安置球形铰座。在试桩时，为防止作用点处产生局部挤压破坏，须用钢垫板进行局部补强。

2) 反力装置

反力装置的选用应充分利用试桩周围的现有条件，但必须满足其承载能力应大于最大预估荷载的1.2～1.5倍，其作用力方向上刚度不应小于试桩本身的刚度。最常用的方法是利用试桩周围的工程桩或垂直加载力试验用的锚桩作为反力墩。

3) 量测装置

① 桩顶水平位移量测

桩的水平位移采用大量程百分表来量测。每一试桩应在荷载作用平面和该平面以上 50cm 左右各安装一只或两只百分表，下表量测桩身在地面处的水平位移，上表量测桩顶水平位移，根据两表位移差与两表距离的比值求出地面以上桩身的转角。如果桩身露出地面较短，也可只在荷载作用水平面上安装百分表量测水平位移。

固定百分表的基准桩宜搭设在试桩影响范围之外，这个距离一般不小于 5 倍桩身直径，当基准梁设置在加荷轴线垂直方向上或试桩位移反方向时，间距可适当减小，但不应小于 2m。在陆上试桩时可用入土 1.5m 以上的钢钎或型钢作为基准点。在港口码头设置基准点时，因为水深较大，可采用专门设置的桩位作基准点。同组试桩的基准点一般不少于两个。搁置在基准点上的基准梁要有一定的刚度，以减少晃动。整个基准装置系统应保持相对独立。为减少温度对量测的影响，基准梁应采取简支形式，顶上有篷布遮阳。

② 桩身弯矩量测

水平荷载作用下桩身的弯矩并不能直接量测得到，它只能通过量测得到的桩身应变来推算。因此，当需要研究桩身弯矩的分布规律时，应在桩身粘贴应变量测元件。一般情况下，量测预制桩和灌注桩桩身应变时，可采用在钢筋表面粘贴电阻应变片制成的应变计；对于钢桩，可直接把电阻应变片粘贴在桩表面，为防止打桩引起的应变片和导线的损坏，必须把它们设置在保护槽内。为量测桩身的弯矩和有关的弯曲应变，各测试断面测点应成对布置在远离中性轴的地方。

(2) 试桩要求

1) 试桩位置应根据场地地质、设计要求综合选择具有代表性的地点。

2) 试桩周边 2~6m 范围内布置钻孔，并取土样进行土工试验。

3) 试桩数量一般不少于两根。

4) 成桩到开始试验的时间间隔：砂性土中打入桩不应少于 3d；黏性土中打入桩不应少于 14d；钻孔灌注桩成桩后一般不少于 28d。

(3) 加载方法

实际工程中，桩的受力情况十分复杂。为模拟实际荷载的形式，国内外出现了众多的加载方式。一般可划分为单循环连续加载法和多循环加卸载法，《公路桥涵施工技术规范》JTG/T 3650—2020 采用单向多循环加载法，取预计最大试验荷载的 1/15~1/10 作为每级加载量（一般可采用 2.5~20kN）。

1) 稳定标准

每级荷载实施完，恒载 4min 后测读水平位移，然后卸载到零，停 2min 后测读残余水平位移，至此完成一个加、卸载循环，如此 5 次便完成一级荷载的试验检测。为了保证试验结果的可靠性，加载时间尽量缩短，测量位移的时间间隔应准确，试验不得中途停歇。

2) 试验终止条件

当试验过程中出现下列情况之一时，即可终止试验：

① 桩顶水平位移超过 20~40mm（软土取 40mm）。

② 桩身已经断裂。

③ 桩侧地表明显裂纹或隆起。
④ 已达到试验要求的最大荷载或最大位移量。

【复习思考】
1. 泥浆性能指标有哪些?
2. 桩基成孔质量检测的项目有哪些?
3. 低应变法检测桩身完整性的原理是什么?
4. 如何判别桩身完整性?

教学单元 12　结构混凝土强度检测

【教学目标】

了解结构混凝土强度现场检测的常用方法,熟悉各种混凝土强度测试方法的特点;了解回弹仪的率定、检定和保养,掌握回弹法测试结构混凝土的原理及测试步骤,掌握回弹值的计算及抗压强度的推定;掌握超声-回弹综合法的测试原理及测试步骤,了解超声法测试时对测、角测和平测的区别;掌握钻芯法检测结构混凝土抗压强度的方法和步骤,了解钻芯法测强芯样的尺寸要求和测量方法,掌握钻芯法芯样抗压强度的计算方法;能够根据几种抗压强度测试方法的特点,选择适当的方法去测试混凝土结构或构件;能够熟练采用回弹法测试结构混凝土强度,并能进行结果的计算及分析;能够熟练采用超声-回弹综合法测试结构混凝土抗压强度,并能进行结果的计算及分析;能够使用钻芯机对混凝土构件进行取芯,能够熟练完成对芯样的抗压试验并能进行结果的计算及分析。

【案例引入】

某城市桥梁工程进行下部结构施工,墩柱采用花瓶式,设计强度为C40。在浇筑墩身混凝土时采用泵送混凝土方式。施工过程中,混凝土凝结出现异常情况,经检测实际工作中所用混凝土,28d试块抗压强度仅为C20。

90d后在现场重新进行检测,重新检测过程中选用目前应用较广泛的回弹法进行混凝土强度检测,同时在回弹区内取50个芯样。回弹法检测完成后,再利用钻芯法和钻芯-回弹法对检测数据进行修正。

12.1　概　　述

在整个混凝土测试技术体系中,结构混凝土强度检测技术是一个重要分支。按照现场检测的原理,结构混凝土强度现场检测方法可分为三种。

第一种方法为半破损法,它是在不影响结构或构件承载力的前提下,在结构或构件上直接进行局部破坏性试验,或直接钻取芯样进行破坏性试验。其主要方法有钻芯法、拔出法、拔脱法、板折法和射击法。目前钻芯法和拔出法使用较多。此类方法测试结果直观可靠,易为人们接受,但对混凝土结构造成局部破坏,不宜大范围检测,且费用较高,因而受到种种限制。

第二种方法为非破损法,它是以某些物理量与混凝土强度之间的相关性为基础,检测时在不破坏结构的前提下,测出混凝土的某些物理量特性,然后按照相关关系推算出混凝土强度作为检测结果。属于这种方法的主要有表面压痕法、回弹法、超声法、超声-

回弹综合法、射线法和振动法。此类方法所用仪器简单、操作方便、费用低廉，同时便于大范围检测，在有严格测强曲线的条件下，其测试精度较高。目前回弹法及超声-回弹综合法已广泛用于工程检测。

第三种方法是半破损法与非破损法的综合使用，这二者的合理综合，可同时提高检测效率和精度，因而受到广泛重视。

钻芯法、回弹法、超声法、超声-回弹综合法和拔出法是结构混凝土质量检测的常用方法，在我国应用较普遍，它们的测定内容、适用范围及优缺点见表12-1。经过几十年的研究和工程应用，我国研制了一系列的无损检测仪器设备，并逐步形成了相关技术规程，由此解决了工程实践中的问题，产生了巨大的社会经济效益。

常用检测方法比较　　　　　　表12-1

种类	测定内容	适用范围	特点	缺点
钻芯法	从混凝土中钻取一定尺寸的芯样	混凝土抗压强度，抗劈、内部缺陷	对混凝土有一定损伤，检测后需进行修补	设备笨重，成本较高，对混凝土有损伤，需修补
回弹法	测定混凝土表面硬度	混凝土抗压强度、均质性	测试简单、快速，被测物的形状尺寸一般不受限制	测定部位仅限于混凝土表面，同一处不能再次使用
超声法	超声波传播速度、波幅和频率	混凝土抗压强度及内部缺陷	被测物的形状与尺寸不限，同一处可反复测试	探头频率较高时，声波衰减大，测定精度较差
超声-回弹综合法	混凝土表面硬度值和超声波传播速度	混凝土抗压强度	测试比较简单，精度比单一法高	比单一法费事
拔出法	预埋或后装于混凝土中锚固件，测定拔出力	混凝土抗压强度	测强精度较高	对混凝土有一定损伤，检测后需要进行修补

12.2　回弹法检测结构混凝土强度

12-1 回弹法检测混凝土抗压强度

回弹法是采用回弹仪进行混凝土强度测定，属于表面硬度法的一种，其原理是利用回弹仪中运动的重锤以一定冲击动能撞击顶在混凝土表面的弹击杆后，测出重锤被反弹回来的距离，以回弹值（反弹距离与弹簧初始长度之比）作为与强度相关的指标来推定混凝土强度。混凝土表面硬度是一个与混凝土强度有关的量，表面硬度值是随强度的增大而提高的，采用具有一定动能的钢锤冲击混凝土表面时，其回弹量与混凝土表面硬度也有相关关系。所以，混凝土强度与回弹值存在相关关系。

1. 适用范围

回弹法的检测结果可作为试块强度的参考，不宜作为仲裁试验或工程验收的最终依据。当发生下列情况之一时，可以用回弹法评定混凝土强度：

（1）缺乏同条件试块或标准试块数量不足。

（2）试块的质量缺乏代表性。

(3) 试块的试压结果不符合现行标准、规范、规程的要求，并对该结果持怀疑态度。

2. 仪具与材料技术要求

(1) 回弹仪：一般是指针直读式的混凝土回弹仪，构造和主要零件如图 12-1 所示，也可指采用数字显示仪或自动记录式的回弹仪。常见回弹仪有：重型（HT3000 型），用于检测大体积混凝土构件；中型（HT225 型），用于检测一般建筑物；轻型（HT100型），用于检测薄壁构件；特轻型（HT28 型），用于检测砂浆强度。其中以中型应用最广泛。具体技术要求如下：

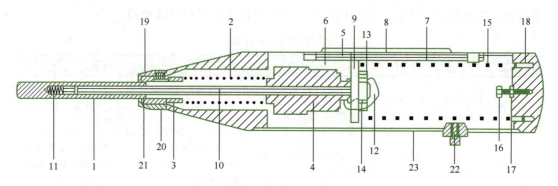

图 12-1　回弹仪构造示意图

1—弹击杆；2—弹击拉簧；3—拉簧座；4—弹击锤；5—指针块；6—指针片；7—指针轴；
8—刻度尺；9—导向法兰；10—中心导杆；11—缓冲压簧；12—挂钩；13—挂钩压簧；
14—挂钩销子；15—压簧；16—调零螺钉；17—紧固螺母；18—尾盖；19—盖帽；
20—卡环；21—密封毡帽；22—按钮；23—外壳

1) 水平弹击时，在弹击锤脱钩的瞬间，回弹仪的标称能量应为 2.207J。

2) 弹击锤与弹击杆碰撞瞬间，弹击拉簧处于自由状态，此时弹击锤起点应位于刻度尺的零点处。

3) 在洛氏硬度为 (60±2)HRC 的钢砧上，回弹仪的率定值应为 80±2。

4) 数字式回弹仪应带有指针直读示值系统，数字显示的回弹值与指针直接示值相差不应超过 1。

(2) 酚酞酒精溶液：浓度为 1%～2%。

(3) 游标卡尺：分度值为 0.02mm。

(4) 碳化深度测定仪：分度值为 0.25mm。

(5) 钢砧：洛氏硬度为 (60±2)HRC。

(6) 其他：手提式砂轮、凿子、锤、吸耳球等。

3. 回弹仪的率定、保养和检定

(1) 回弹仪有下列情况之一时，应进行率定试验：

1) 回弹仪使用前，应在钢砧上进行率定，在每天测试完毕后率定一次。

2) 测试过程中对回弹值有怀疑时。

回弹仪率定试验应在室温为 5～35℃ 的条件下进行，钢砧表面应干燥、清洁，并应稳固地平放在刚度大的物体上，率定分四个方向进行，且每个方向弹击前，弹击杆应旋转 90°，取连续弹击三次的稳定回弹值进行平均，作为率定后的回弹平均值，每个方向的回弹平均值均应为 80±2。回弹仪率定所用的钢砧应每 2 年送授权计量检定机构检定或校准。

(2) 回弹仪存在下列情况之一时，应进行保养：

1) 回弹仪弹击超过 2000 次。

2) 在钢砧上的率定值不合格。

3) 对检测值有怀疑。

回弹仪的保养应按下列步骤进行：

1) 先将弹击锤脱钩，取出机芯，然后卸下弹击杆，取出里面的缓冲压簧，并取出弹击锤、弹击拉簧和拉簧座。

2) 清洁机芯各零部件，并应重点清理中心导杆、弹击锤和弹击杆的内孔及冲击面。清理后，应在中心导杆上薄薄涂抹钟表油，其他零部件不得抹油。

3) 清理机壳内壁，卸下刻度尺，检查指针，其摩擦力应为 0.5~0.8N。

4) 对于数字式回弹仪，还应按产品要求的维护程序进行维护。

5) 保养时，不得旋转尾盖上已定位紧固的调零螺栓，不得自制或更换零部件。

6) 保养后的回弹仪应进行率定。

(3) 回弹仪检定周期为半年，当回弹仪具有下列情况之一时，应由法定计量检定机构进行检定：

1) 新回弹仪启用前。

2) 超过检定有效期限。

3) 数字式回弹仪数字显示的回弹值与指针直读示值相差大于 1。

4) 经保养后，在钢砧上的率定值不合格。

5) 遭受严重撞击或其他损害。

4. 测试方法与步骤

(1) 准备工作

1) 资料准备

需进行非破损法测试的结构或构件，在检测前，应具备下列有关资料：

① 工程名称、设计单位、施工单位。

② 构件名称、数量及混凝土类型、强度等级。

③ 水泥安定性，外加剂、掺合料品种，混凝土配合比等。

④ 施工模板，混凝土浇筑、养护情况及浇筑日期等。

⑤ 必要的设计图纸和施工记录。

⑥ 检测原因。

2) 被测结构或构件准备

回弹法检测结构或构件时，可按单个构件或按批量进行检测，并应符合下列规定：

① 按单个构件测试时，应在构件上均匀布置测区。

② 对于混凝土生产工艺、强度等级相同，原材料、配合比、养护条件基本一致且龄期相近的一批同类构件应采用批量检测。按批量进行检测时，应随机抽取构件，抽检

数量不宜少于同批构件总数的30%且不宜少于10件。当检验批构件数量大于30个时，抽样构件数可适当调整，但不得少于国家现行有关标准规定的最少抽样数量。

对于每个构件的测区布置应符合下列规定：

① 对于一般构件，测区数量不宜少于10个。当受检构件数量大于30个且不需要提供单个构件推定强度或受检构件某一方向尺寸不大于4.5m且另一方向尺寸不大于0.3m时，每个构件的测区数量可适当减少，但不应少于5个。

② 测区宜布置在构件混凝土浇筑的侧面。测区宜布置在构件的两个对称的可测面上，当不能布置在对称的可测面上时，也可布置在同一可测面上，且应均匀分布。在构件的重要部位及薄弱部位应布置测区，并应避开预埋件。

③ 相邻测区的间距不应大于2m，测区离构件端部或施工缝边缘的距离不宜大于0.5m，且不宜小于0.2m。在水泥路面检测时应避开板边板角。

④ 测区尺寸宜为20cm×20cm，每一侧区宜测16个测点，相邻2个测点间净距离不宜小于20mm；测点距外露钢筋、预埋件的距离不宜小于30mm；测点不应在气孔或外露石子上。

⑤ 测区表面应为混凝土原浆面，并应清洁、平整，不应有疏松层、浮浆、油垢、涂层以及蜂窝、麻面。

⑥ 测区应标有清晰的编号，并宜在记录纸上绘制测区布置示意图和描述外观质量情况。

(2) 回弹值的测试

回弹仪测试时，宜使仪器在水平方向测试混凝土浇筑的侧面，该情况下测试修正值为0。如果不能满足这一要求，也可以在非水平方向测试混凝土浇筑的顶面或底面，但对其回弹值应进行修正。

测试时，将回弹仪弹击杆顶住混凝土的表面，轻压仪器，松开按钮，弹击杆徐徐伸出，使仪器对混凝土表面缓慢均匀施压，待弹击锤脱钩冲击弹杆后即回弹，带动指针向后移动并停留在某一位置上，此即回弹值，读取并记录之。改变测点，重复上述操作，即可测得被测结构或构件的若干回弹值。操作中，回弹仪的轴线应始终垂直于混凝土检测面，做到缓慢施压、准确读数、快速复位。每一测区应读取16个回弹值，读数应精确至1。回弹测点宜在测区均匀分布，且不得打在气孔或外露石子上，同一测点只允许弹击1次。

(3) 混凝土碳化深度的测试

回弹值测量完毕后，应在有代表性的测区上测量碳化深度值，测点数不应少于构件测区数的30%，应取其平均值作为该构件每个测区的碳化深度值。当碳化深度值极差大于2mm时，应在每一测区分别测量碳化深度值。

测量时，先用合适的工具在测区表面形成直径约15mm的孔洞，其深度应大于混凝土的碳化深度；清除洞中粉末和碎屑后，立即用浓度为1%~2%的酚酞酒精溶液滴在混凝土孔洞内壁的边缘处，当已碳化与未碳化界线清晰时，用碳化深度测量仪垂直测量未变色部分的深度（未碳化部分变成了紫红色），该距离即混凝土的碳化深度值，测量3次，每次读数应精确至0.25mm，最后取3次测量的平均值作为检测结果，并精确至 0.5mm。一个测区选择 1~3 处测量混凝土的碳化深度值,当相邻测区的混凝土质量或回弹值与本测区基本相同时,本测区的碳化深度值也可以代表相邻测区的碳化深度值。

5. 数据处理

(1) 测区回弹值的计算

计算测区平均值时,应从该测区的 16 个回弹值中剔除 3 个最大值和 3 个最小值,其余的 10 个回弹值按下式计算:

$$\bar{R}_m = \frac{\sum R_i}{10} \tag{12-1}$$

式中　$\bar{R}_m$——测区平均回弹值,精确至 0.1;

　　　R_i——第 i 个测点的回弹值。

(2) 测试角度修正

当回弹仪在非水平方向测试混凝土浇筑侧面时,应按下式进行修正,其中非水平方向测定的回弹修正值见表 12-2。

$$R_m = R_{m\alpha} + R_{a\alpha} \tag{12-2}$$

式中　$R_{m\alpha}$——非水平方向检测时测区的平均回弹值,精确至 0.1;

　　　$R_{a\alpha}$——非水平方向检测时的回弹修正值。

非水平方向检测时的回弹修正值　　　　表 12-2

$R_{a\alpha}$	检测角度							
	向上				向下			
	90°	60°	45°	30°	90°	60°	45°	30°
20	−6.0	−5.0	−4.0	−3.0	+2.5	+3.0	+3.5	+4.0
30	−5.0	−4.0	−3.5	−2.5	+2.0	+2.5	+3.0	+3.5
40	−4.0	−3.5	−3.0	−2.0	+1.5	+2.0	+2.5	+3.0
50	−3.5	−3.0	−2.5	−1.5	+1.0	+1.5	+2.0	+2.5

注:① $R_{a\alpha}$ 小于 20 或大于 50 时,分别按 20 或 50 查表。
　　② 表中未列入的相应于 $R_{m\alpha}$ 的修正值 $R_{a\alpha}$,可用内插法求得。

(3) 测试面修正

当回弹仪在水平方向检测混凝土浇筑表面或底面时,测区的平均回弹值应按下列公式进行修正,其中混凝土浇筑表面、底面回弹值的修正值见表 12-3。

$$R_m = R_m^t + R_a^t \tag{12-3}$$

$$R_m = R_m^b + R_a^b \tag{12-4}$$

式中　R_m^t、R_m^b——水平方向检测混凝土浇筑表面、底面时,测区的平均回弹值,精确至 0.1;

　　　R_a^t、R_a^b——混凝土浇筑表面、底面回弹值的修正值。

不同浇筑面的回弹修正值　　　　　　　表 12-3

R_m^t 或 R_m^b	表面修正值 R_a^t	底面修正值 R_a^b	R_m^t 或 R_m^b	表面修正值 R_a^t	底面修正值 R_a^b
20	+2.5	−3.0	40	+0.5	−1.0
25	+2.0	−2.5	45	0	−0.5
30	+1.5	−2.0	50	0	0
35	+1.0	−1.5			

注：① R_m^t 或 R_m^b 小于 20 或大于 50 时，分别按 20 或 50 查表。
　　② 表中未列入的相应于 R_m^t 或 R_m^b 的修正值 R_a^t 和 R_a^b，可用内插法求得。

当回弹仪为非水平方向且测试面为混凝土的非浇筑面时，应先对回弹值进行角度修正，并应对修正后的回弹值进行浇筑面修正。

（4）碳化深度的计算

每一测区的平均碳化深度，按下式计算：

$$\bar{L} = \frac{\sum_{i=1}^{n} L_i}{n} \tag{12-5}$$

式中　$\bar{L}$——测区的平均碳化深度（mm），计算至 0.5mm；
　　　L_i——第 i 次测量的碳化深度值（mm）；
　　　n——测区的碳化深度值测点数。

当平均碳化深度值小于或等于 0.4mm 时，按无碳化深度处理（即平均碳化深度为 0）；当平均碳化深度值大于或等于 6mm 时，取 6mm；对于龄期不超过 3 个月的新浇混凝土，可视为无碳化。

（5）测区混凝土抗压强度值的推算

将各个测区的回弹值换算为混凝土强度时，宜采用下列方法：

1）有试验条件时，宜通过试验建立实际的测强曲线，但测强曲线仅适用于材料质量、成型、养护和龄期条件基本相同的混凝土。混凝土标准试块尺寸为 150mm×150mm×150mm，采用 1.5、1.75、2.0、2.25、2.50 五个水灰比，以便得到不少于 30 对数据。试件与被测对象有相同的养护条件，到达龄期后，将试块用压力机加压至 30～50kN 稳住，用回弹仪在两侧面分别测定 8 个测点，按式（12-1）计算平均回弹值，然后进行抗压强度试验，建立两者关系的推定式，推定式可为直线式或其他适当形式，但相关性系数不得小于 0.95。根据测区平均回弹值，利用测强曲线推定混凝土抗压强度。

2）在没有条件通过试验建立实际的测强曲线时，根据每一个测区的回弹平均值及碳化深度值，查阅测区混凝土抗压强度换算表（表 12-4），所查出的强度值即该测区混凝土的强度。当强度低于 50MPa 或高于 10MPa 时，表中未列入的测区强度值，可用内插法求得。

测区混凝土强度换算表 表12-4

平均回弹值 R_m	测区混凝土抗压强度（MPa） 平均碳化深度（mm）											
	0	0.5	1.0	1.5	2.0	2.5	3.0	3.5	4.0	4.5	5.0	5.5	≥6
20	10.3	10.1											
21	11.4	11.2	10.8	10.5	10.0								
22	12.5	12.2	11.9	11.5	11.0	10.6	10.2						
23	13.7	13.4	13.0	12.6	12.1	11.6	11.2	10.8	10.5	10.1			
24	14.9	14.6	14.2	13.7	13.1	12.7	12.2	11.8	11.5	11.0	10.7	10.4	10.1
25	16.2	15.9	15.4	14.9	14.3	13.8	13.3	12.8	12.5	12.0	11.7	11.3	10.9
26	17.5	17.2	16.6	16.1	15.4	14.9	14.4	13.8	13.5	13.0	12.6	12.2	11.6
27	18.9	18.5	18.0	17.4	16.6	16.1	15.5	14.8	14.6	14.0	13.6	13.1	12.4
28	20.3	19.7	19.2	18.4	17.6	17.0	16.5	15.8	15.4	14.8	14.4	13.9	13.2
29	21.8	21.1	20.5	19.6	18.7	18.1	17.5	16.8	16.4	15.8	15.4	14.6	13.9
30	23.3	22.6	21.9	21.0	20.0	19.3	18.6	17.9	17.4	16.8	16.2	15.4	14.7
31	24.9	24.2	23.4	22.4	21.4	20.7	19.9	19.2	18.4	17.9	17.4	16.4	15.5
32	26.5	25.7	24.9	23.9	22.8	22.0	21.2	20.4	19.6	19.1	18.4	17.5	16.4
33	28.2	27.4	26.5	25.4	24.3	23.4	22.6	21.7	20.9	20.3	19.4	18.5	17.4
34	30.0	29.1	28.0	26.8	25.6	24.7	23.7	23.0	22.1	21.3	20.4	19.5	18.3
35	31.8	30.8	29.6	28.3	26.7	25.8	24.8	24.0	23.2	22.3	21.4	20.4	19.2
36	33.6	32.6	31.2	29.6	28.2	27.2	26.2	25.2	24.5	23.5	22.4	21.4	20.2
37	35.5	34.4	33.0	31.2	29.8	28.8	27.7	26.6	25.9	24.8	23.4	22.4	21.3
38	37.5	36.4	34.9	33.0	31.5	30.3	29.2	28.1	27.4	26.2	24.8	23.6	22.5
39	39.5	38.2	36.7	34.7	33.0	31.8	30.6	29.6	28.8	27.4	26.0	24.8	23.7
40	41.5	39.9	38.3	36.2	34.5	33.3	31.7	30.8	30.0	28.4	27.0	25.8	25.0
41	43.7	42.0	40.2	38.0	36.0	34.8	33.2	32.3	31.5	29.7	28.4	27.1	26.2
42	45.9	44.1	42.2	39.9	37.6	36.3	34.9	34.0	33.0	31.2	29.8	28.5	27.5
43	48.1	46.2	44.2	41.8	39.4	38.0	36.6	35.6	34.6	32.7	31.3	29.8	28.9
44	50.4	48.4	46.4	43.8	41.3	39.8	38.3	37.3	36.3	34.3	32.8	31.2	30.2
45	52.7	50.6	48.5	45.8	43.2	41.6	40.1	39.0	37.9	35.8	34.3	32.7	31.6
46	55.0	52.8	50.6	47.9	45.2	43.5	41.9	40.8	39.7	37.5	35.8	34.2	33.1
47	57.5	55.2	52.9	50.0	47.2	45.4	43.7	42.6	41.4	39.1	37.4	35.6	34.5
48	60.0	57.6	55.2	52.2	49.2	47.4	45.6	44.4	43.2	40.8	39.0	37.2	36.0
49		60.0	57.5	54.4	51.3	49.4	47.5	46.2	45.0	42.5	40.6	38.8	37.5
50			59.9	56.7	53.4	51.4	49.5	48.2	46.9	44.3	42.3	40.4	39.1
51				59.0	55.6	53.5	51.5	50.1	48.8	46.1	44.1	42.0	40.7
52					57.8	55.7	53.6	52.1	50.7	47.9	45.8	43.7	42.3
53					60.0	57.8	55.6	54.2	52.7	49.8	47.6	45.4	43.9
54							57.8	56.3	54.7	51.7	49.4	47.1	45.6
55							59.9	58.4	56.8	53.6	51.3	48.9	47.3
56									58.9	55.6	53.2	50.7	49.1
57										57.6	55.1	52.5	50.8
58										59.7	57.0	54.4	52.7
59											59.0	56.3	54.5
60												58.4	56.4

(6) 结构（或构件）混凝土抗压强度的推定

1) 结构（或构件）的抗压强度平均值应根据各测区的混凝土强度换算值计算。当测区数为 10 个及以上时，还应计算强度标准差。平均值及标准差应按下列公式计算：

$$m_{f_{cu}}^c = \frac{\sum_{i=1}^{n} f_{cu,i}^c}{n} \tag{12-6}$$

$$S_{f_{cu}}^c = \sqrt{\frac{\sum_{i=1}^{n} (f_{cu,i}^c)^2 - n(m_{f_{cu}}^c)^2}{n-1}} \tag{12-7}$$

式中 $m_{f_{cu}}^c$ ——结构（或构件）测区混凝土强度换算值的平均值（MPa），精确至 0.1MPa；

n ——对于单个检测的构件，取该构件的测区数；对批量检测的构件，取所有被抽检构件测区数之和；

$S_{f_{cu}}^c$ ——结构（或构件）测区混凝土强度换算值的标准差（MPa），精确至 0.01MPa。

2) 结构（或构件）的现龄期混凝土强度推定值应按下列规定确定：

① 当该结构（或构件）的测区数少于 10 个时，应按下式计算：

$$f_{cu,e} = f_{cu,min}^c \tag{12-8}$$

式中 $f_{cu,min}^c$ ——结构（或构件）中最小的测区混凝土强度换算值（MPa）。

② 当结构（或构件）的测区强度值中出现小于 10MPa 时，应按下式确定：

$$f_{cu,e} < 10\text{MPa} \tag{12-9}$$

③ 当该结构（或构件）测区数不少于 10 个时，应按下式计算：

$$f_{cu,e} = m_{f_{cu}}^c - 1.645 S_{f_{cu}}^c \tag{12-10}$$

④ 当按批量检测时，应按下式计算：

$$f_{cu,e} = m_{f_{cu}}^c - k S_{f_{cu}}^c \tag{12-11}$$

式中 k ——推定系数，宜取 1.645。当需要推定强度区间时，可按国家现行有关标准的规定取值。

⑤ 对于按批量检测的构件，当该批构件混凝土强度标准差出现下列情况之一时，该批构件应全部按单个构件检测：

a. 当该批构件混凝土强度平均值小于 25MPa 时，则

$$S_{f_{cu}}^c > 4.5\text{MPa}$$

b. 当该批构件混凝土强度平均值不小于 25MPa 且不大于 60MPa 时，则

$$S_{f_{cu}}^c > 5.5\text{MPa}$$

(7) 检测报告

检测报告应包括：测区混凝土平均回弹值，测强曲线、回弹值与抗压强度的相关关系式和相关系数，各测区的抗压强度推定结果，推定的混凝土抗压强度平均值、标准差、变异系数。

12.3 超声回弹综合法检测结构混凝土强度

结构混凝土强度的综合法检测,就是采用两种或两种以上的单一方法或参数联合测试混凝土强度的方法。由于综合法比单一法测试误差小、适用范围广,因此在混凝土的质量控制与检测中的应用越来越多,其中尤以超声-回弹综合法研究和应用较广。超声-回弹综合法是指采用超声仪和回弹仪在结构混凝土同一测区分别测量声时值和回弹值,然后利用已建立的测强公式推算该测区混凝土强度的一种方法。

与单一的回弹法或超声法相比,综合法具有以下特点:
(1) 减少混凝土龄期和含水率的影响。
(2) 可以弥补相互间的不足。
(3) 提高测试精度。

1. 仪器设备

(1) 回弹仪、钢砧、钢尺。
(2) 超声检测仪:它的作用是产生重复的电脉冲去激励发射换能器,发射换能器发射的超声波在混凝土中传播后被接收换能器接收,并转换成电信号放大后显示在示波屏上,同时测量超声波的有关参数,如声传播时间、接收波振幅和频率等。超声仪可分为非金属超声检测仪和金属超声检测仪两大类,非金属超声检测仪一般分为脉冲振荡、发射-接收、混频电路、扫描示波、计时显示及电源等部分,其电路如图 12-2 所示。超声仪应能满足以下要求:

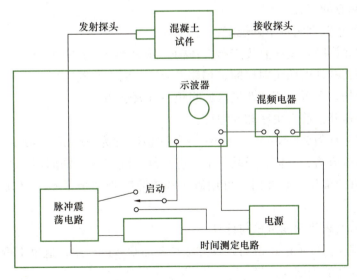

图 12-2 超声检测仪原理图

1) 具有波形清晰、显示稳定的示波装置。声时可测量范围应在 0.5~9999μs,测试精度为 0.1μs。
2) 声时显示调节在 20~30μs 范围内时,2h 内声时显示漂移应不大于±0.2μs,且不允许发生间隔跳动。

3）仪器接收放大频率响应范围（频带）应有足够的宽度，工作频率宜为 50～100kHz，实测主频与标称频率相差不应超过±10％。

4）仪器宜具有示波屏显示波形和光标测读功能，以便较准确地测读声时、振幅和频率等参数。

5）适用于一般现场测试情况下的温度、电源变化条件。

（3）超声仪的使用与保养：

1）使用前务必了解仪器特性，仔细阅读使用说明书后再开机。

2）注意使用环境。在潮湿、烈日、灰尘环境中使用时，应采取保护措施。

3）环境温度不能太高或太低，一般在温度为 10～40℃时使用。

4）超声仪使用时应避开干扰源，如电焊机、电锯、电台以及其他强磁场。

5）仪器应放置在通风、干燥、阴凉的环境下保存。若长期不用时，应定期开机驱潮，尤其是在南方梅雨季节。

6）仪器发射插座有脉冲高压，接换发射换能器应将发射极电压旋至零伏挡或关机后进行。

7）换能器内压电陶瓷易碎、易脱落，切记敲打。

8）普通换能器不防水，不能在水中使用。孔中用换能器虽然有防水层，但连接处常因扰动而损坏，使用中应注意。

2. 测试方法与步骤

（1）准备工作

资料准备和检测数量要求与前述回弹法相同。

（2）测区测点的布置

构件的测区布置宜满足下列规定：

1）在条件允许时，测区宜优先布置在构件混凝土浇筑的侧面。

2）测区可在构件的两个对应面、相邻面或同一面上布置。

3）测区宜均匀布置，相邻两测区的间距不宜大于 2m。

4）测区应避开钢筋密集区和预埋件。

5）测区尺寸宜为 200mm×200mm；采用平测时宜为 400mm×400mm。

6）测试面应清洁、平整、干燥，不应有接缝、施工缝、饰面层、浮浆和油垢，并应避开蜂窝、麻面部位。必要时，可用砂轮片清除杂物和磨平不平整处，并擦净残留粉尘。

（3）回弹值及碳化深度测试与计算

回弹值及碳化深度值的检测与计算方法在前面章节已介绍，这里不再赘述。

（4）声学参数的测试与计算

1）对结构（或构件）的每一测区，应先进行回弹测试，后进行超声测试。

2）超声测点应布置在回弹测试的同一测区内，每一测区布置 3 个测点。超声测试宜优先采用对测或角测，当被测构件不具备对测或角测条件时，可采用单面平测。

3）超声测试时，换能器辐射面应通过耦合剂与混凝土测试面良好耦合。

4）测试时，声时测量应精确至 0.1μs；超声测距测量应精确至 1.0mm，且测量误差不应超过±1‰;声速计算应精确至0.01km/s。

5）当在混凝土浇筑方向的侧面对测时，测区混凝土中声速代表值应根据该测区中3个测点的混凝土中声速值，按下列公式计算：

$$v = \frac{1}{3}\sum_{i=1}^{3}\frac{l_i}{t_i - t_0} \tag{12-12}$$

式中　v——测区混凝土中声速代表值（km/s）；

　　　l_i——第 i 个测点的超声测距（mm）；

　　　t_i——第 i 个测点的声时读数（μs）；

　　　t_0——声时初读数（μs）。

6）当在混凝土浇筑的顶面或地面测试时，测区声速代表值应按下列公式修正：

$$v_a = \beta v \tag{12-13}$$

式中　v_a——修正后的测区混凝土中声速代表值（km/s）；

　　　β——超声测试面的声速修正系数，在混凝土浇筑的顶面和底面对测或斜测时，取1.034。

7）当结构或构件被测部位只有两个相邻表面可供检测时，可采用角测方法测量混凝土中声速。每个测区布置3个测点，换能器布置如图12-3所示，其中换能器中心与构件边缘的 l_1、l_2 不宜小于200mm。角测时超声测距应按下式计算：

$$l_i = \sqrt{l_{1i}^2 + l_{2i}^2} \tag{12-14}$$

式中　l_i——角测第 i 个测点换能器的超声测距（mm）；

　　　l_{1i}、l_{2i}——角测第 i 个测点换能器与构件边缘的距离（mm）。

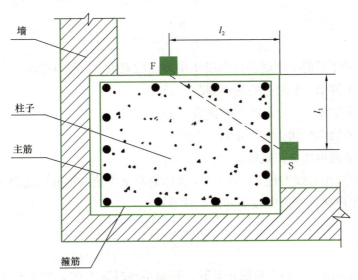

图12-3　超声波角测示意图

F—发射换能器；S—接收换能器

角测时，混凝土声速代表值应按公式（12-12）计算。

8）当结构或构件被测部位只有一个表面可供检测时，可采用平测方法测量混凝土中声速。每个测区布置3个测点，换能器布置如图12-4所示，发射和接收换能器的连线与附近钢筋轴线宜成 40°～50°角，超声测距 l 宜采用 350～450mm。

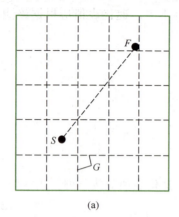
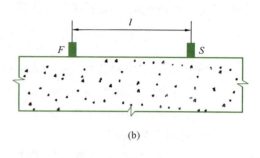

图 12-4　超声波平测示意图
(a) 平面示意；(b) 立面示意
F—发射换能器；S—接收换能器；G—钢筋轴线

平测时，宜采用同一构件的对测声速 v_d 与平测声速 v_p 之比求得修正系数 λ，对平测声速进行修正。当被测结构（或构件）不具备对测与平测的对比条件时，宜选取有代表性的部位，以测距（mm）$l=200$、250、300、350、400、450、500，逐点测读相应声时值 t，用回归分析方法求出直线方程 $l=a+bt$。以回归系数代替对测声速 v_d，再求得修正系数 λ，对平测声速进行修正。修正后的混凝土中声速代表值应按下列公式计算：

$$v_a = \frac{\lambda}{3}\sum_{i=1}^{3}\frac{l_i}{t_i - t_0} \tag{12-15}$$

式中　v_a——修正后的平测时测区混凝土中声速代表值（km/s）；
　　　l_i——平测第 i 个测点的超声测距（mm）；
　　　t_i——平测第 i 个测点的声时读数（μs）；
　　　t_0——平测声时初读数（μs）；
　　　λ——平测声速修正系数。

平测声速可采用直线方程 $l=a+bt$，根据混凝土浇筑的顶面或底面平测数据求得，修正后混凝土中声速代表值应按下列公式计算：

$$v = \frac{\lambda\beta}{3}\sum_{i=1}^{3}\frac{l_i}{t_i - t_0} \tag{12-16}$$

式中　β——超声测试面的声速修正系数，顶面平测时取 1.05，底面平测时取 0.95。

(5) 混凝土强度的推定

1) 结构（或构件）中第 i 个测区的混凝土抗压强度换算值，应按修正后的测区回弹代表值和声速代表值，优先采用专用测强曲线或地区测强曲线换算而得，当无专用和地区测强曲线时，经验证后可按全国统一测区混凝土抗压强度换算表换算，也可按下列全国统一测区混凝土抗压强度换算公式计算：

① 当粗骨料为卵石时：
$$f_{cu,i}^c = 0.0056 v_{ai}^{1.439} R_{ai}^{1.769} \tag{12-17}$$

② 当粗骨料为碎石时：
$$f_{cu,i}^c = 0.0162 v_{ai}^{1.656} R_{ai}^{1.410} \tag{12-18}$$

式中 $f_{cu,i}^c$——第 i 个测区的混凝土抗压强度换算值（MPa），精确至 0.1MPa；

v_{ai}——第 i 个测区修正后的超声声速值（km/s），精确至 0.01km/s；

R_{ai}——第 i 个测区修正后回弹代表值，精确至 0.1。

2）当结构（或构件）中测区数为 10 个及以上时，各测区的混凝土强度换算值的平均值及标准差应按式（12-6）、式（12-7）计算。

3）当结构（或构件）所采用的材料及其龄期与制定测强曲线所用的材料及龄期有较大差异时，应采用同条件立方体试件或钻取的混凝土芯样试件的抗压强度进行修正。试件数量不应少于 4 个。此时，计算测区混凝土抗压强度换算值应乘以修正系数 η，修正系数 η 可按下列公式计算：

① 采用同条件立方体试件修正时：
$$\eta = \frac{1}{n}\sum_{i=1}^{n} f_{cu,i}/f_{cu,i}^c \tag{12-19}$$

② 采用混凝土芯样试件修正时：
$$\eta = \frac{1}{n}\sum_{i=1}^{n} f_{cor,i}/f_{cu,i}^c \tag{12-20}$$

式中 η——修正系数，精确至小数点后两位；

$f_{cu,i}^c$——对应于第 i 个立方体试件或芯样试件的混凝土抗压强度换算值（MPa），精确至 0.1MPa；

$f_{cu,i}$——第 i 个混凝土立方体试件的抗压强度实测值（MPa），精确至 0.1MPa；

$f_{cor,i}$——第 i 个混凝土芯样试件的抗压强度实测值（MPa），精确至 0.1MPa；

n——试件数。

4）结构（或构件）混凝土抗压强度推定值，应按下列规定确定：

① 当该结构（或构件）的测区数少于 10 个时，应按下式计算：
$$f_{cu,e} = f_{cu,min}^c$$

② 当结构（或构件）的测区强度值中出现小于 10MPa 的情况时，应按下式确定：
$$f_{cu,e} < 10\text{MPa}$$

③ 当该结构（或构件）测区数不少于 10 个或按批量检测时，应按下式计算：
$$f_{cu,e} = m_{f_{cu}}^c - 1.645 S_{f_{cu}}^c$$

④ 对于按批量检测的构件，当该批构件混凝土强度标准差出现下列情况之一时，该批构件应全部按单个构件检测：

a. 当该批构件混凝土强度平均值小于 25MPa 时，则

$$S_{f_{cu}^c} > 4.5 \text{MPa}$$

b. 当该批构件混凝土强度平均值不小于 25MPa 且不大于 50MPa 时，则

$$S_{f_{cu}^c} > 5.5 \text{MPa}$$

c. 当该批构件混凝土强度平均值大于 50MPa 时，则

$$S_{f_{cu}^c} > 6.5 \text{MPa}$$

（6）检测报告

见表 12-5、表 12-6。

超声回弹综合法检测记录表　　　　　表 12-5

工程名称：_____　　构件名称：_____
设备：回弹仪_____；率定值_____；超声仪_____；换能器_____ kHz；t_0_____；环境温度_____℃；
回弹测试面_____；测试角度_____；超声测试方法：对测（侧，顶-底）；平测（侧，顶，底）；
角测_____

共　页第　页

构件编号	测区	测点回弹值 R_i								测区回弹代表值 R	测点测距 L_i/声时 t_i			测区声速代表值 v (km/s)	备注
		1	2	3	4	5	6	7	8		1	2	3		
	1														
	2														
	3														
	4														
	5														
	6														
	7														
	8														
	9														
	10														

复核：　　　计算：　　　记录：　　　检验：　　　测试日期：　　年　月　日

结构混凝土抗压强度计算表　　　　　　　　　　　　表 12-6

构件名称和编号：　　　　　　　　　　　　　　　　　　　　　　共　页第　页

计算项目		测区									
		1	2	3	4	5	6	7	8	9	10
回弹值	测区代表值										
	角度修正值										
	角度修正后										
	浇筑面修正值										
	浇筑面修正后										
声速值 (km/s)	测区代表值										
	修正系数 β、λ										
	修正后的值										
强度修正系数值 η											
测区强度换算值（MPa）											
强度推定值（MPa） $n=$		$m_{f_{cu}^c}=$ MPa				$s_{f_{cu}^c}=$ MPa				$f_{cu,e}=$ MPa	
使用的测区强度换算表		规程，地区，专用					备注					

复核：　　　　　　　　计算：　　　　　　　　　　计算日期：　　年　　月　　日

12.4　钻芯法检测结构混凝土强度

　　钻芯法是指利用钻机，从结构混凝土中钻取芯样以检测混凝土强度或观察混凝土内部质量的方法。利用钻芯法检测混凝土抗压强度、劈裂抗拉强度，无须进行某种物理量与强度之间的换算，因此普遍认为它是一种直观、可靠和准确的方法。但是由于在检测时总是对结构混凝土造成局部损伤，而且成本较高，大量取芯测试往往受到一定限制。近年来，国内外都主张把钻芯法与其他非破损检测方法综合使用，一方面非破损法可以大量测试而不损伤结构，另一方面钻芯法可提高非破损测强的精度，使两者相辅相成。

　　正常情况下，根据规范要求，混凝土结构应制作立方体标准试件进行混凝土强度评定和验收。只有在下列情况下，可以利用钻取芯样检测其强度，并作为处理混凝土质量事故的主要技术依据：

（1）对立方体试件的抗压强度产生怀疑。

（2）混凝土结构因材料、施工或养护不良发生混凝土质量事故。

（3）检测部位的表层与内部的质量有明显差异，或者混凝土结构在使用期限间遭受冻害。

（4）需检测经多年使用的建筑结构或构筑物中的混凝土强度。

（5）对施工有特殊要求的结构和构件，如路面，进行厚度测试。

1. 仪器设备

(1) 钻芯机

常见的钻芯机有轻便型钻芯机（钻芯直径 12~75mm）、轻型钻机（钻芯直径 12~200mm）、重型钻机（钻芯直径 200~450mm）和超重型钻机（钻芯直径 330~700mm）。一般来说，钻芯机应包括以下几个部分：

1) 机架部分：主要由底座、立柱所组成，底座上一般均安装四个调整水平用的螺钉和两个行走轮。

2) 进给部分：主要由滑块导轨、升降座、齿条、齿轮、进给柄等组成。

3) 变速器：由壳体、变速齿轮、变速手柄和旋转水封等组成。

4) 给水部分：必须供应一定流量的冷却水，水经过水嘴后流入水套内，经过水套进入主轴中心孔，然后经过连接头，最后由钻头端部排出。

5) 动力部分：主要由电动机、启动机和开关等组成。

(2) 芯样切割机

当检测混凝土强度时，应将芯样用切割机加工成具有一定尺寸的抗压试件。切割方式可分为两种类型：一种是圆锯片不移动，但工作台可以移动；另一种是举牌平行移动，工作台不动。

(3) 人造金刚石空心薄壁钻头

空心薄壁钻头主要由钢体和胎环部分组成。钢体一般由无缝钢管车制而成。钻头的胎环是由钢系、青铜系、钨系等冶金粉末和适量的人造金刚石浇铸成型的，在胎环上增加若干排水槽（一般称为水口）。钻头与钻孔机的连接方式，主要由钻头的直径和钻机的构造决定，一般可分为直柄式、螺纹式和胀卡式。

(4) 压力试验机

压力试验机能够满足试件牌破坏吨位要求。

2. 准备工作

(1) 调查了解工程质量情况

1) 工程名称或代号，以及设计、施工、建设单位名称。

2) 结构或构件种类、外形尺寸以及数量。

3) 混凝土强度等级、混凝土的成型日期、所用的水泥品种、粗集料粒径、砂石产地以及配合比等。

4) 混凝土试块的抗压强度。

5) 结构或构件的现场质量状况以及施工或使用中存在的质量问题。

6) 有关的结构设计图和施工图。

(2) 钻芯机具准备及钻头直径的选择

一般根据被测构件的体积及钻取部门确定的钻芯深度，选择合适的钻机及钻头。应根据检测目的选择适宜尺寸的钻头。当钻取的芯样是为了进行抗压强度试验时，则芯样的直径与混凝土粗集料最大粒径之间应保持一定的比例关系。在一般情况下，芯样直径为粗集料最大粒径的 3 倍。在钢筋过密或因取芯位置不允许钻取较大芯样的特殊情况下，钻芯直径可为粗集料最大粒径的 2 倍。在工程中的梁、柱、板、基础等现浇混凝土结构中，一般使用粗集料的最大粒径为 32mm 或 40mm，这样采用内径为 100mm 或 150mm 的钻头已可满足要求。

（3）芯样数量的确定

取芯的数量应视检测的要求而定。进行强度检测时，一般可分为以下两种情况：

1）对单个构件进行强度检测时，在构件上的取芯个数一般不少于 3 个；当构件的体积或截面积较小时，取芯过多会影响结构承载能力，这时可取 2 个。

2）对构件某一指定局部区域的质量进行检测时，取芯数量应视这一区域的大小而定，如某一区域遭受冻害、火灾、化学腐蚀或遇见质量可疑等情况，这时检测结果仅代表取芯位置的质量，而不能据此对整个构件或结构物强度作出整体评价。至于检查内部缺陷的取芯试验，更应视具体情况而定。

（4）取芯位置的选择

取芯时会对结构混凝土造成局部损伤，因此在选择芯样位置时要特别慎重。其原则是：应尽量选择在结构受力较小的部位；对于一些重要构件或者一些构件的重要区域，尽量不在这些部位取芯，以免对结构安全造成不利影响。

在一个混凝土构件中，由于受施工条件、养护情况及位置不同的影响，各部分的强度并不是均匀一致的。在选择钻芯位置时，应考虑这些因素，以使取芯位置混凝土的强度具有代表性。有条件时，应首先采用超声法或超声－回弹综合法对结构混凝土进行测试，然后根据检测目的与要求，确定钻芯位置。一般来说，芯样宜在结构或构件的下列部位钻取：

1）结构或构件受力较小的部位。

2）混凝土强度具有代表性的部位。

3）便于钻芯机安放与操作的部位。

4）避开主筋、预埋件和管线的位置。

3. 测试方法与步骤

（1）钻取芯样

混凝土芯样的钻取是钻芯测强过程的首要环节，是技术性很强的工作。芯样质量的好坏、钻头和钻机的使用寿命以及工作效率，都与操作者的熟练程度和经验有关。因此，掌握熟练的操作技术，合理调节各部位装置，将会获得较好的钻芯效果。

钻芯时，先将钻机安放平稳后固定，固定的方法应根据钻芯机的构造和施工现场的具体情况确定。然后安装好钻头，接通水源，启动电动机，操作加压手柄，使钻头慢慢接触混凝土表面。当混凝土表面不平时，下钻应特别小心，待钻头入槽稳定后，方可适当加压进钻。

在进钻过程中，应保持冷却水的畅通，水流量宜为 3～5L/min，出口水温不宜过高。冷却水的作用：一是防止金刚石温度升高烧毁钻头；二是及时排除钻孔中产生的大量混凝土碎屑，以利钻头不断切削新的工作面和减少钻头的磨耗。水流量的大小与进钻速度和直径成正比，以达到快速排除料屑，又不致产生飞溅为宜。当钻头钻至芯样要求长度后，退钻至离混凝土表面 20～30mm 时停电停水，然后将钻头全部退出混凝土表面。如停电停水过早，则容易发生卡钻现象，尤其在深孔作业时要特别注意。

移开钻机，用带弧度的钢钎插入圆形槽并用锤敲击，此时由于弯矩的作用，使芯样在底部与结构断离，然后将芯样提出。取出芯样应进行编号，并检查外观质量情况，做好记录后，妥善保管，以备割成标准尺寸的芯样试件。钻芯后留下的孔洞应及时进行修补。

为了保证安全操作，取芯机操作人员必须穿戴绝缘鞋及其他防护用品。

(2) 芯样加工

1) 芯样切割加工与端面的修整：

① 芯样切割加工。采用切割机和人造金刚石圆锯片进行切割加工。正确选择芯样切割部位和正确操作切割机，是保证芯样切割质量的重要环节。芯样加工时，切除部分和保留部分应根据检测的目的确定。在一般情况下，应将影响强度试验的缺边、掉角、孔洞、疏松层、钢筋等部分切除。但是在一些特殊情况下，如为了检测混凝土受冻或疏松层的强度时，在切割加工中要注意保留这一部分混凝土。为了抗压强度试验的方便，在满足试验尺寸要求的前提下，同一批试件尽可能切割成同样的高度。

② 芯样端面的修整。芯样在锯切过程中，由于受到振动、夹持不紧或圆锯片偏斜等因素影响，芯样端面的平整度及垂直度很难完全满足试件尺寸的要求。此时，需采用专用机具进行磨或补平处理。芯样端面修整基本可分为磨平法和补平法两种。磨平法是在磨平机的磨盘上撒上金刚石砂砾（或直接用金刚石磨轮）对芯样两端进行磨平处理，或采用金刚石车刀在车床上对芯样端面进行车光处理，直到平整度与垂直度达到要求时为止。对于承受轴线压力芯样试件端面也可以用环氧胶泥或聚合物水泥砂浆补平，对于抗压强度低于 40MPa 的芯样试件，可采用水泥砂浆、水泥净浆或聚合物水泥砂浆补平，补平层厚度不宜大于 5mm；也可以采用硫磺胶泥补平，补平层厚度不宜大于 1.5mm。

芯样直径两端侧面测定钻取后芯样的高度及端面加工或端面加工后的高度，其尺寸差应在 0.25mm 之内。

2) 芯样尺寸要求及测量方法（图 12-5）：

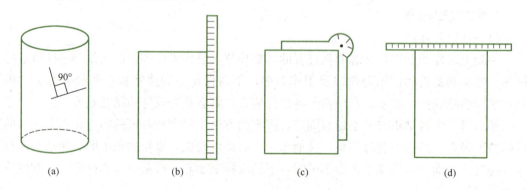

图 12-5 芯样尺寸测量示意图
(a) 测平均直径；(b) 测高度；(c) 测垂直度；(d) 测平整度

① 平均直径。在钻芯过程中，由于受到钻机振动、钻头偏移等因素的影响，沿芯样高度的任一直径在各个方向并不是均匀一致的。也就是说，同一芯样其直径有的部位大，有的部位小。为了方便计算芯样的截面积，以平均直径为代表。平均直径用游标卡尺在芯样试件中部互相垂直的两个位置上测量，取测量的算术平均值作为芯样试件的直

径,精确到 0.5mm。

② 芯样高度。抗压芯样试件的高度用钢卷尺或钢板尺进行测量,精确至 1mm,且与直径之比宜为 1。

③ 垂直度。芯样两个端面应互相平行且应垂直于轴线。芯样端面与轴线间垂直度过大,抗压时会降低强度,其影响程度还与试验的球座及试件的尺寸大小有关。垂直度用游标量角器测量芯样试件两个端面与母线的夹角,精确至 0.1°。

④ 端面平整度。芯样端面与立面方体试块的侧面一样,是进行抗压强度试验时的承压面,其平整度对抗压强度影响很大。端面不平时,向上比向下引起的应力集中更为剧烈,如同劈裂抗拉强度破坏一样,强度下降更大。因此,国内外标准对芯样端面平整度有严格要求。平整度用钢板尺或角尺紧靠在芯样试件端面上,一面转动钢板尺,一面用塞尺测量钢板尺与芯样试件端面之间的缝隙,也可采用其他专业设备量测。

3) 芯样试件尺寸偏差及外观质量超过下列数据时,相应的测试数据无效:

① 芯样试件实际高径比小于要求高径比的 0.95 或大于 1.05。

② 沿芯样试件高度的任一直径与平均直径相差大于 2mm。

③ 抗压芯样试件端面的不平整度在 100mm 长度内大于 0.1mm。

④ 芯样试件端面与轴线的不垂直度大于 1°。

⑤ 芯样有裂缝或其他较大缺陷。

(3) 抗压强度试验

芯样在进行抗压强度试验时,可分为潮湿和干燥两种状态。在干燥状态下试验的试件,其强度通常比经过浸润的芯样强度高。芯样试件宜在与被检测结构或构件混凝土湿度基本一致的条件下进行抗压试验,如结构工作条件比较干燥,芯样试件应以自然干燥状态进行试验;如结构工作条件比较潮湿,芯样试件应以潮湿状态进行试验。按自然干燥状态进行试验时,芯样试件在受压前应在室内自然干燥 3d;按潮湿状态进行试验时,芯样试件应在 (20±5)℃的清水中浸泡 40~48h,从水中取出后应立即进行抗压试验。

1) 抗压强度试验步骤

① 取出试件,清除表面污垢,擦去表面水分,仔细检查后,在其中部量出高度和宽度,精确至 1mm。在准备过程中,要求保持试件温度无变化。

② 在压力机下压板上放好试件,几何对中,球座最好放在试件顶面并使凸面朝上。

③ 加荷速率,强度等级不大于 C30 的混凝土,取 0.3~0.5MPa/s;强度等级为 C30~C60 时,则取 0.5~0.8MPa/s;强度等级不小于 C60 时,则取 0.8~1.0MPa/s。当试件接近破坏而开始迅速变形时,应停止调整试验机油门,直至试件破坏,记下最大荷载。

2) 抗压强度计算

芯样试件的混凝土抗压强度值可按下式计算:

$$f_{cu,cor} = F_c/A = \frac{4F_c}{\pi d^2} \tag{12-21}$$

式中　$f_{cu,cor}$——芯样试件的混凝土抗压强度值(MPa);

　　　F_c——芯样试件的抗压试验测得的最大压力(N);

A——芯样试件的抗压截面面积（mm²）；

d——芯样截面的平均直径（mm）。

以 3 个试件测值的算术平均值为测定值，结果精确至 0.1MPa。三个测值中的最大值或最小值中有 1 个与中间值之差超过中间值的 15%，则取中间值为测定值；如最大值和最小值与中间值之差均超过中间值的 15%，则该组试验结果无效。圆柱体试件与立方体试件抗压强度关系见表 12-7。

圆柱体试件与立方体试件抗压强度关系　　　　表 12-7

混凝土强度等级	28d 抗压强度（MPa）	
	圆柱体（150mm×300mm）	立方体（150mm×150mm×150mm）
C2/2.5	2.0	2.5
C4/5	4.0	5.0
C6/7.5	6.0	7.5
C8/10	8.0	10.0
C10/12.5	10.0	12.5
C16/20	16.0	20.0
C20/25	20.0	25.0
C25/30	25.0	30.0
C30/35	30.0	35.0
C35/40	35.0	40.0
C40/45	40.0	45.0
C45/50	45.0	50.0
C50/55	50.0	55.0

注：遇中间值换算时，可直线插入。

【复习思考】

1. 简述结构混凝土强度现场常用的检测方法及其各自特点。
2. 简述回弹法测试结构混凝土抗压强度的原理。
3. 回弹法测试混凝土抗压强度过程中，测区应该如何布置？
4. 简述超声-回弹综合法测试结构混凝土抗压强度的原理。
5. 超声-回弹综合法测试混凝土结构强度时，构件的混凝土抗压强度如何推定？
6. 简述钻芯法检测结构混凝土强度时，芯样的尺寸要求及测量方法。

教学单元 13　桥梁荷载试验与承载力评定

【教学目标】

了解桥梁静载和动载试验的方法流程；熟悉桥梁荷载试验的主要仪器设备及技术要求；熟悉桥梁荷载试验前的相关准备工作；了解静载试验加载的实施与控制方法；掌握静载试验数据的整理和分析方法；了解动载试验加载的实施与控制方法；掌握动载试验数据的整理和分析方法；掌握桥梁实际承载能力评定的方法；能够描述静态与动态荷载试验的基本原理；能参与桥梁荷载试验；能够对静载和动载试验的数据进行整理和分析。

【案例引入】

某城市一座人行天桥为跨度62m的系杆拱桥，桥面板宽3.3m，主孔计算跨径为60m，矢高为12m。拱肋采用高1.0m、宽0.5m的工字形截面，为C40钢筋混凝土，拱肋轴线为二次抛物线；系梁采用高1.05m、宽0.5m的矩形梁，为C50预应力混凝土构件；桥面系分为端横梁和中横梁；全桥11根吊杆采用直径15.24mm预应力钢绞线，标准强度为1860MPa；桥面采用水泥混凝土铺装，中心厚度为15cm；下部再用桩基接盖梁的结构，该桥建于1987年，为某园区的人行及自行车通道，设计荷载为$5kN/m^2$，由于年代较久，准备对该桥进行静载试验，评估结构承载能力。

静载试验方案确定测试项目主要为：拱肋控制截面在试验荷载作用下的应力及挠度、系梁控制截面在试验荷载作用下的应力及挠度及试验前后梁体的开裂情况。静载试验采用砂袋分4级进行加载。

通过试验发现，主桥各控制截面处在荷载作用下挠度实测值均小于理论计算值且挠度变化基本符合线性变化趋势，处于良好的弹性工作状态；应力实测值均小于理论计算值，其结构强度满足设计要求，且在试验荷载下具有一定的安全储备；试验前后结构各关键部位和控制截面无明显可见裂缝产生，结构抗裂性基本满足设计要求。

13.1　概　　述

随着我国建设事业的飞速发展，我国桥梁工程设计、施工的水平不断提高，目前已建设完成大量各种类型的桥梁，还有大量的桥梁正在设计或施工过程中。为保证新建桥梁的工程质量，除了应在桥梁设计、施工的过程中必须对桥梁工程所用原材料、桥梁结构构件进行严格的检测，还要对桥梁的整体承载能力进行验证。同时，部分在用桥梁随着服务年限的增加，可能会出现混凝土开裂、钢筋锈蚀、梁体挠曲过大甚至局部沉陷等缺陷。当桥梁破坏部位较多，对整体承载能力影响较大时，也应对桥梁的整体承载能力重新进行评估。

一座桥梁的承载能力通常是指其在保证安全使用条件下整体能承受的最大作用。对于城市桥梁结构实际承载能力的评定一般采用两种方法：一种是适用于大多数在用桥梁的，通过桥梁结构检测，结合结构验算评定桥梁承载能力的方法。另一种是荷载试验法，其也是确定新建或在用桥梁承载能力最直接、有效的方法。一般桥梁荷载试验的任务有：

（1）检验桥梁设计与施工的质量。
（2）评定桥梁结构的实际承载能力。
（3）验证桥梁结构设计理论和设计方法。
（4）桥梁结构动力特性及动态反应的测试研究。

桥梁荷载试验大致可分为三个阶段：桥梁结构的考察、试验方案设计及试验准备阶段；加载与观测阶段；试验结果的分析与总结阶段。

桥梁荷载试验按照试验性质不同分为：鉴定荷载试验和验收荷载试验。鉴定荷载试验是指通过荷载试验确定桥梁结构容许承载能力的极限，一般用于在用桥梁承载力评定、桥梁加固改造新技术应用、对设计或施工质量有疑问时等情况。验收荷载试验是指通过荷载试验来检验桥梁结构承载能力是否符合设计要求，一般在新建桥梁和加宽、加固改造后的桥梁交（竣）工验收时采用，用于确定能否交付正常使用。桥梁荷载试验按加载方式不同又分为静载试验和动载试验。

13.2 桥梁静载试验

桥梁静载试验时通过在桥梁结构上施加与设计荷载或使用荷载基本相当的静态外加荷载，利用检测仪器测试桥梁结构的控制截面和控制部分在各级试验荷载作用下的挠度、变形、应力以及混凝土桥可能出现的裂缝、荷载横向分布规律等力学效应，并与桥梁结构按在相应荷载作用下的计算值及有关规范规定值作比较，评定桥梁结构承载能力。它是桥梁荷载试验的主要内容，是评估桥梁成桥质量和承载能力等最为成熟的基本方法。

13-1 桥梁静荷载试验

1. 仪器设备

桥梁静载试验的目的是要获得桥梁结构作用与响应的各种参数，如反力、应变、位移、倾角、裂缝等，为了得到这些参数，需要使用各种专业仪器设备。按其测试对象和工作原理，可将仪器进行表13-1所示分类。

桥梁荷载试验仪器分类表　　　　　　　　表13-1

序号	测试参数	机械式仪器设备	电（声、光）测仪器
1	变位	千（百）分表、挠度计、连通管	位移计、水准仪、全站仪
2	应变	千分表引伸仪	电阻应变计、电阻应变仪、计算机数据采集系统
3	裂缝	裂缝尺、引伸仪	超声波探测仪、读数显微镜
4	振动参数	—	测振传感器、放大器、动态信号采集记录分析系统

（1）变位测试仪器

1）线位移测量仪表

桥梁测试中最常用的位移测量仪表是千分表、百分表和挠度计，这类机械式仪表一般可以方便地直接测读结构的位移。图 13-1 所示为典型机械式百分表和电子位移测量仪表，这些仪表的使用都需要相对不动的支架，所以它们适合用在桥梁净空不高、方便搭设支架或布设不动点的地方或测量支座位移（图 13-2）。

图 13-1　机械、电子位移测量仪表

图 13-2　测量支座位移

2）连通管

连通管是一种可用来测量桥梁结构挠度的简单装置。利用物理学上"连通器中处于水平面上的静止液体的压强相同"的原理，可临时用在桥上测挠度，用 $\phi 10mm$ 的白塑料软管和三通，配普通钢卷尺，人工可测读到 1mm 精度，十分方便。使用前，先沿桥梁跨度方向布置管子，然后在每个测点位置剪断管子，接上三通，把三通开口的一端管子竖起来绑在支架上，最后灌水至标尺位置，如图 13-3 所示。

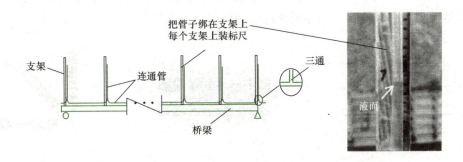

图 13-3　用连通管测桥梁挠度

3）光学（光电）仪器

可用以测量桥梁变位的光学仪器比较多，比较适合桥梁变位测量的有：测量静态变位的高精度全站仪、精密水准仪和测量桥梁动态变位的光电测量仪等。

（2）应变测试仪器设备

1）千分表引伸计

利用千分表 0.001mm 的读数精度，可将其装配成测大型结构构件应变的千分表引伸计，由于使用方便，在实际桥梁测试中有较多应用（图 13-4）。

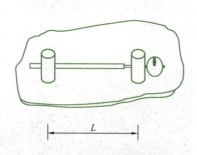 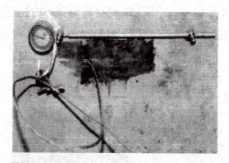

图 13-4　千分表引伸计

2）电阻应变测量技术

电阻应变测量技术是桥梁应变（力）测试中应用最广的手段之一。

电阻应变测量技术是用电阻应变计测定构件的应变，再根据应力、应变的关系，确定构件应力状态的一种试验应力分析方法。电阻应变测量使用电阻应变计及其测量仪器的工作原理是：将电阻应变计粘贴在被测构件上，当构件变形时，应变计与构件一起变形，致使应变计的电阻值发生相应的变化；通过电阻应变测量装置，可将这种变化测量出来，换算成应变值或输出与应变成正比的模拟电信号，用记录仪器记录或直接用计算机采集处理，得到所需要的应变值。

① 电阻应变计

电阻应变计是电阻应变测量技术中最重要的基本元件。电阻应变计一般由敏感金属栅、基底及引出线三部分组成。图 13-5 所示是目前通用的箔式应变计，其敏感元件是通过光刻技术、腐蚀工艺制成的一种很薄的金属箔栅。将单轴电阻应变计按不同角度（如 45°、60°、120°等，桥梁多用 45°）组合成应变花，测试构件的平面应力或平面应变。实桥上也可直接将三片大标距普通应变计组合起来使用。

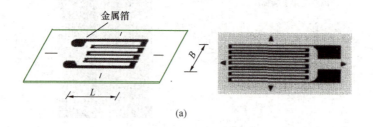 

图 13-5　箔式电阻应变计
(a) 普通应变计；(b) 应变花

电阻应变计尺寸小，质量轻，粘贴方便。它测量灵敏度高，配备合适的测量仪器后最小应变读数可达 10^{-5} 应变（$1\mu s$），测量应变量程一般可达到 $\pm(20000 \sim 30000)\mu s$。由于测量结果是电信号，便于实现长距离测量和采集记录自动化。

a. 电阻应变计的选用

应变计品种和规格很多，选用时必须从满足测试要求原则出发，结合被测构件的环境条件、材料的匀质程度、测点部位的应变大小和方向等多方面因素综合考虑。实桥测试需要选择应变计的标距。当结构材料为匀质（如钢材）或局部应力集中梯度比较大时，宜选用小标距应变计；当结构材料为非匀质（如混凝土）或应变梯度小又均匀时，可选用大标距应变计（对混凝土标距 $L \geqslant 4 \sim 5$ 倍最大集料直径）。

具体，测钢构件（或混凝土内钢筋）应变，一般选用 $2mm \times 3mm$ 或 $2mm \times 6mm$ ($B \times L$) 的应变计；测混凝土结构表面应变，一般选用 $10mm \times (80 \sim 100)mm$($B \times L$) 的应变计。测试桥梁构件平面应力可选用 $45°$ 应变花。

b. 电阻应变计的粘贴和连接

用测试术语来说，电阻应变计是一次仪表（传感元件），而一次仪表的能量转换或传感能力好坏将直接影响整体测试质量。有过电阻应变测试工作经验的都知道，这里所说的质量好坏很大程度上依赖于电阻应变计的粘贴质量，必须对电阻应变计的粘贴和连接环节有足够的重视。粘贴时应掌握的技术环节包括：选片、定位、贴片和干燥固化。

② 应变测量仪器

应变测量仪器种类繁多，但其原理基本相同，工作过程也大同小异。

由于由机械应变引起的电阻应变计阻值的变化通常很小，由此产生的电信号十分微弱，而且应变值还有拉、压和动、静之分，所以必须有专门测量应变的仪器进行测量分辨。这种专门的应变测量仪器的系统框图见图13-6。

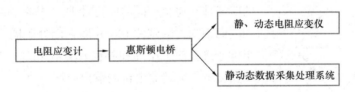

图 13-6 应变测量仪器系统

a. 惠斯顿电桥

测量应变的仪器设备类型比较多，有静态的和动态的，还有模拟的和数字式的，但无论采用何种仪器设备，都要通过惠斯顿电桥转换得到电信号。惠斯顿电桥是一种常用的电阻-电压转换装置，它能把应变计电阻的微小变化转换为适合放大和处理的电压。图13-7所示是标准惠斯顿电桥。图中，R_1、R_2、R_3 和 R_4 分别为电阻器或应变计，其输出电压 $U_{out}=0$ 或 $\neq 0$ 表示电桥输出平衡或不平衡。可以证明，该电桥的输出与应变近似呈线性关系，且关系式为：

$$U_{out} = \frac{1}{4}k(\varepsilon_1 - \varepsilon_2 + \varepsilon_3 - \varepsilon_4)U_{in} \tag{13-1}$$

式中　　U_{out} ——电桥的输出电压；

ε_1、ε_2、ε_3、ε_4 ——R_1、R_2、R_3 和 R_4 电阻的应变值；

U_{in} ——电桥的输入电压。

实用上，可以将电桥输出的平衡理解为应变计桥路的初始（调零）状态；而不平衡则可理解为需要调整或测试（读数）的状态。

电桥桥路的不同连接和组合，在实际测试技术上有很好的应用。可以利用电桥的桥臂特性，把不同数量的应变计接入电桥构成半桥或全桥等，如图 13-8 所示。

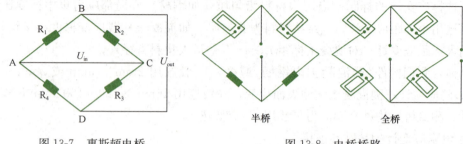

图 13-7 惠斯顿电桥　　　　　　　图 13-8 电桥桥路

实桥测试上，半桥多用于静态应变测试，全桥则用于动态应变测试和应变传感器桥路组合。

桥路组合（即桥路不同连接方法）的最实际应用是实现温度补偿。

接入电桥的电阻应变计的电阻值随温度变化，这一变化当然要引起电桥输出电压，一般每升温 1℃，应变放大器输出的变量可达几十微应变。显然，这是非受力应变，需要排除，这种排除温度影响的措施，叫温度补偿。利用电桥桥路的不同组合，半桥和全桥接法均可有效实现温度补偿。

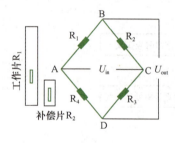

图 13-9 温度补偿

如图 13-9 所示，用一片和工作片 R_1（贴在被测件上的应变计）完全相同的应变计 R_2，贴在一块与被测件材料相同而不受力的试件上，并使它们处于同一温度场，使用半桥连接（使工作片和补偿片处在相邻桥臂中），这样温度变化就不会造成电桥的输出电压。

这里工作应变计 R_1 的应变变化包括由力 F 和温度 T 引起的两部分，$\varepsilon_1 = \varepsilon_F + \varepsilon_T$；补偿应变计 R_2 不受力，它的应变变化只是由温度 T 而致，$\varepsilon_2 = \varepsilon_T$。根据式 (13-2)，电桥的输出将为：

$$U_{\text{out}} = \frac{1}{4}k(\varepsilon_1 - \varepsilon_2 + \varepsilon_3 - \varepsilon_4)U_{\text{in}} = \frac{k}{4}\varepsilon_F U_{\text{in}} \tag{13-2}$$

补偿片可采用单点补偿多点的办法，具体补多少点要根据被测物的材料特性、测点位置及环境条件决定。一般（钢结构或混凝土）桥梁应变测量，可以一点补多点。野外应变测试温度补偿时必须注意大、小范围温度场的不同或变化（如迎风面和背风面，桥面上方和下方等），对这种特殊场合的温度补偿一般要求一对一。有些实桥应变测试时，出现数据回零差、重复性差或漂移不稳等问题，很可能是温度补偿不到位，所以要充分重视温度补偿问题。将应变计接成全桥桥路，也能起到温度补偿的作用，有时还能提高电桥的灵敏度。很多用应变计制作成的传感器都是采用全桥接法。

b. 电阻应变仪

电阻应变仪是一种专用应变测量放大器，属模拟电子仪器。它们一般具有三个功能：第一，装有几个电桥补充电阻（以适用于半桥测量）并提供电桥电源；第二，能把微弱的电信号放大；第三，把放大后的信号变换显示出来或送给后续设备。

按测量对象的不同，应变仪分为静态电阻应变仪和动态电阻应变仪。静、动态电阻应变仪从原理上讲没有本质不同，主要区别在于：静态应变仪本质上是一台电桥平衡指示器，按电阻变化→桥路不平衡→调节平衡装置→电桥重新平衡→产生读数差→被测应变值，多点测量只需通过多点转换箱（也称平衡箱）切换而不增加放大单元。而动态应变仪测量的信号与时间有关，应变仪本身无法读值，多点测量一般需一对一配置放大单元，需要有后续记录仪器。

c. 静态应变数据采集器

静态应变数据采集器是一种基于单板计算机技术的专用数据采集器。该类采集器测量静态应变时，一台主机可以控制几百、上千个测点的测量和计算。它的特点是扫描箱触点质量好、测点多、速度快，对应变数据进行采集和简单处理都很方便。除测量应变外，它们还可以测量和处理其他物理量，如应力、温度、压力、荷载、角度、电压、功率等。这种采集器不能测量动态信号。

d. 静、动态数据采集处理系统

静、动态数据采集处理系统是基于计算机虚拟仪器技术，既能进行数据采集又能实时处理数据的测试仪器系统。

静态数据采集处理系统由多点扫描箱用 USB 接口接入计算机，用计算机程序进行如桥路平衡、灵敏度修正等系列操作，并完成静态应变采集和分析。一台笔记本可以控制数百个测点的测量和计算。目前市售静态数据采集处理系统都可连接多个接口扫描箱，量程一般为±（20000～30000）$\mu\varepsilon$。

多通道动态应变测试分析系统其实也是由一台笔记本连接多台多通道数据采集箱组成。其与静态数据采集的差别是通道之间的 A/D 转换要求，以及采样频率等都不一样。目前市售动态数据采集处理系统一般量程达到 30000$\mu\varepsilon$，A/D 转换分辨率 16bit，采样频率大于 100kHz，可同时测量多个通道数据。

静、动态数据采集处理系统给实桥应变测试带来了莫大的方便，但有的（特别是动态）系统在现场测量中经常会出现各种抗干扰性差（如应变飘移、信噪比降低等）问题，应引起重视。

(3) 裂缝量测仪器

桥梁工程上混凝土出现裂缝的情况十分普遍，这里所提到的裂缝均指可视性裂缝。对可视性裂缝的检测主要包括裂缝的长度、宽度和深度以及裂缝的分布和走向。裂缝的长度、分布和走向等只需通过普通几何测量即可得到，下面主要介绍裂缝宽度和深度测量仪器设备。

1) 测裂缝宽度的读数显微镜和裂缝尺

读数显微镜是可以用来测量裂缝宽度的常用光学仪器，读数显微镜种类很多，图 13-10 所示为一种便携式读数显微镜照片。该类显微镜读数精度一般为 0.01mm，量程几毫米。它主要由物镜、目镜、刻度分划板和测微机械装置等组成，体积小，质量轻，便于现场使用。

裂缝尺，实质可以是一张硬质的纸片，上面刻印有许多大小不等的标准线条，见图13-11。在现场测试中，只要再配一块放大镜，用比照的方法即可方便地量测裂缝宽度。为提高卡片使用寿命，有人将裂缝尺制作成磁卡大小的厚塑料片，对这类有一定厚度的裂缝尺在实际使用时要注意视角误差。

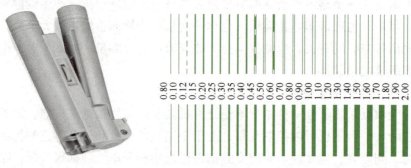

图 13-10　读数显微镜　　　　图 13-11　裂缝读数尺（mm）

2）裂缝深度测试仪

超声波脉冲法可以测量裂缝深度。其原理：当混凝土无裂缝时，超声波发射探头发射的信号沿着混凝土表面行进，被接收探头接收；当混凝土有裂缝时，超声波发射探头发射的信号绕过裂缝行进，被接收探头接收。为测得裂缝深度，要求分别测量不过缝混凝土声时和跨缝混凝土声时，再进行相应计算。

由于声传播距离有限，实际用超声波探测仪测量混凝土裂缝深度有限（超声法检测规程规定仅适用于深度 500mm 之内的裂缝）。当裂缝深度过深，或受条件限制不能采用平测法时，还可采用钻孔法，此时超声波发射探头和接收探头分置一边，沿空洞往下行进，根据接收信号的变化判断裂缝深度。

2. 试验准备

为使桥梁荷载试验顺利实施，首先要做好试验的总体设计和组织工作。试验组织者必须熟悉荷载试验的各个方面，做好准备阶段、荷载试验阶段和试验数据整理阶段等三个阶段的工作（图 13-12）。

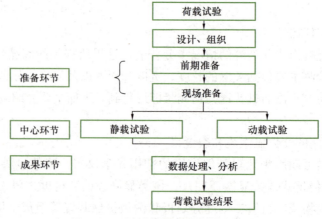

图 13-12　桥梁荷载试验各环节框图

实桥荷载试验组织准备工作一般包括试验前期准备和现场准备。前期准备工作主要有资料收集、试验方案拟定、仪器配套以及相应的试验计算等。现场准备工作则有：荷载准备，工作脚手架和桥检车准备，测点、测站布置等。

（1）前期准备

1）资料收集

① 书面资料

组织桥梁荷载试验时要向有关部门收集与试验有关的设计资料，仔细阅读与试验有关的文献资料，以便对试验对象有透彻的了解，并对试验进行必要的分析计算。

荷载试验需要收集的资料一般有：

结构的设计资料：如设计图纸、相关计算等，必要时还要设计的原始资料。

结构的施工资料：如竣工图纸、材性试验报告、有关施工记录、隐蔽工程报告和重要质量差错报告等。

对有些桥梁，须收集试验前结构尺寸变化的数据资料，如拱轴线的变形、墩台和拱顶的沉降观察资料等。

② 现场资料

收集书面资料的同时，应该对桥梁试验现场进行踏勘，收集有关资料。

找负责设计、施工、监理或养护部门的工程师，了解与试验对象有关的设计、施工、监理和养护等问题，了解得越多越好。

对实桥进行踏勘，了解结构物的现状、周围的环境条件和试验条件。

2）试验方案拟定

拟定试验方案是荷载试验前期准备工作中最重要的环节。通过分析收集到的有关资料，充分了解试验对象以及试验现场的情况后，根据试验目的和客观条件着手拟定试验方案，一个完整的桥梁荷载试验方案应包括以下方面。

① 试验对象工程概况

主要叙述试验对象的结构、与设计和施工有关的技术资料、试验任务的性质等基本情况。

② 试验目的和要求

试验目的是桥梁荷载试验之纲，如新建桥梁的交竣工验收、旧桥承载力评估或改建加固等的试验目的和要求，既有相似之处，又各有侧重。所以，试验目的一定要非常明确，有了明确的目的才能提具体要求，才能有具体内容。

③ 试验内容

要详细列出试验检测内容，实桥静力荷载试验一般应包括被测试结构的参数，如变形、应力（应变）、裂缝等。

④ 试验方法

这部分内容要定得很细，包括荷载的考虑、测点布置、仪器选用以及具体的测试步骤等，并列出试验程序（工况）表。具体应考虑以下几点。

a. 荷载

必须依据设计荷载的大小并根据现场可能提供荷载的情况来拟定试验加载方案。对实桥荷载试验，有一个试验加载效率的概念。拟订方案的同时或之前，应进行必要的与试验有关的计算，如计算试验荷载作用下主要测试断面的内力或变形控制值、静力加载效率等。

鉴于方便和实用的理由，现场实桥试验荷载一般选用三轴载重车辆（图 13-13），很少采用其他（有些无行车条件的桥梁也采用水箱、堆物等）加载形式。方案须列清楚车辆的种类、吨位、数量以及要求车辆的轴重、总重等。

图 13-13　试验载重车辆

确定荷载大小和加载方式后，需编制加载细则，一般要求具体到每个工况。

b. 测点和测站布置

根据试验的目的要求，应用桥梁专业知识，考虑各种桥梁体系的受力特点，还要结合测试技术的可行性，确定被测桥梁的控制断面和测点布置。

各种桥梁体系的主要部位是一般静载试验必须观测的部位。方案上应画出结构简图，注明测点测站的位置、测点总数和测站数等。

c. 选用仪器设备

方案要列出试验选用仪器设备的型号、数量等。

⑤ 试验程序（步骤）

一般可列一张工况流程表，列清楚试验的工况序号、加载方式（纵向、横向怎么布置，荷载如何分级）、测读内容、时间间隔等内容。

⑥ 参加试验的人员安排

对于规模较大的桥梁荷载试验，通常需要较多的测试人员，有时单靠某一个单位的专业测试人员不够，需要几个单位的测试人员合作；另外，是否需要临时找辅助人员、具体怎样安排等，方案中均应提出。

⑦ 试验时间安排

方案要列出整个试验的进度计划。

⑧ 安全措施

现场交安措施、试验人员、结构物、加载设备和测试仪器等的安全措施等。

⑨ 其他

方案中有哪些未定因素、一些补充说明内容等须提出来。一些特别重要的桥梁荷载试验方案，还需要经过专家评审。

试验方案拟订以后，应分发给参加试验的有关单位和个人，并着手测试仪器设备的准备和试验人员的组织。

3）仪器配套以及相应的试验计算

按照已经拟定的"试验方案"准备仪器（选用和配套）。

① 选用原则

试验仪器的选用原则是必须确保试验仪器的规格、数量、测试精度等都能够满足试验的要求，以保证试验顺利进行。

a. 根据被测对象的结构情况，选择精度和量程。如被测对象是一座大跨度桥梁，它的试验挠度期望值达几十厘米，那么选精度为毫米级的量测仪器足够；反之，测一座小跨径桥梁的挠度，毫米级的量测精度就不够；等等。

b. 根据现场环境条件，选择仪器种类。如一座桥上应变测点很多，就应考虑在设置测站方便的同时，选用有合适测点的多点测量仪器，还要估计导线的长短；又如现场有电磁干扰源存在则须带抗干扰性能比较好的仪器，必要时宁可采用机械式仪器。

c. 选用可靠性好的仪器。实桥试验往往是一次性的，仪器使用性能的可靠与否至关重要。

d. 尽量考虑仪器设备的便携性，就轻弃重，能小不大。

e. 要强调经验。一个有经验的试验人员一般能做到对每次试验所需的仪器设备心中有数，同样，一个有经验的试验检测单位都应配备有几套适合不同要求的仪器设备供选用。

② 配套准备

试验用的仪器一经选定，试验前期还应做好配套准备工作。具体有：

a. 对所有被选用的仪器设备进行系统检查。各级仪器要逐一开机，从整机到通道进行调试。各类表具要逐个检查，要保证带到现场去的仪器设备质量完好。

b. 如有需要，对所有仪器设备进行系统标定，逐个编号。

c. 根据测点和测站位置，备齐备足测量导线，每根导线都要逐一检查并使之完好。如连接应变计的导线，可以预先焊好锡，以减少现场工作量。

d. 对初次使用的仪器设备或第一次要做的测试内容，先进行模拟测试，使测试人员熟悉测试过程和仪器操作。

仪器设备的完善配备，某种程度上是建立在从事试验的单位和人员平时对仪器的性能熟悉并正确维护的基础之上的，要十分认真地对待这项工作。有不少试验场面颇大，试验结果却不理想，究其原因往往是测试仪器这一关没能把握住，所以要保证现场试验的成功，必须充分重视仪器设备的准备和使用。

（2）现场准备

一般情况下，试验现场的具体准备工作要占去全部试验的大部分工作量，要保证试验的成功，这部分工作必须有条不紊地进行。

1）荷载准备

荷载（车辆荷载或重物荷载）准备工作要有专人负责。

① 车辆加载

a. 落实车辆型号、数量和装载物。

b. 车辆过秤。在有条件的地方，用地磅称重比较方便，过磅时除称总重外，还要分轴称出各车轴的轴重。在没有地磅的地方，也可用移动电子秤称重。

c. 记录下每辆车的车号、轴距、轮距和轴重指标。

d. 分批编号。按实际轴重和车型编号，对大型桥梁试验用车较多的情形，还要考虑多辆车横向重量的均匀性，以减少计算误差。

e. 对准备作动载试验的车辆，还要求车上时速表准确灵敏，以控制车速。

② 重物加载

当确定选用重物加载，且加载仅为满足控制截面内力要求时，可采用直接在桥面堆放重物或设置水箱的方法。试验前应采取可靠的方法对加载物进行称量，采用水箱或采用在桥面直接堆放重物加载时，可通过测量水体积或堆放重物的体积与重度来换算加载物的重力，分级加载也一样。加载物的堆放应合理。

由于重物加载准备工作量大，加卸载所需周期一般较长，试验受温度变化、仪器稳定性等影响较大，所以实桥加载试验选用重物加载的情况不多。以下不再叙述这部分内容。

2）工作脚手架和桥检车

比较多的桥梁检测需要工作脚手架，供测试人员粘贴应变计或安装其他表具等；对一些使用相对式仪器测量变形的情况，人员工作脚手架和架设仪器脚手架要分开设置。

目前，桥梁检测车已经十分普及，在许多无架设脚手架条件的地方有很大的优势。

3）测点、测站布置

实桥测点布置的具体工作就是按试验方案放样，测站布设则要根据现场情况确定。

① 应变测量准备

应变测点如果比较多，那么这部分准备工作会占据整个试验现场准备大部分工作量，其一般内容有：

a. 放样。把方案上的测点布置到桥上，在准备粘贴应变片的测点上，预画定位线、线定准位置和方向（对应变花尤其重要）。

b. 粘贴应变计。包括对试件表面的前处理、贴片、焊接等。必须指出，钢筋混凝土受拉区应变测点应（凿去保护层混凝土）粘贴在钢筋上，全预应力混凝土构件可直接在混凝土表面粘贴。

c. 检查绝缘度。对钢筋测点和混凝土测点绝缘电阻有最低要求（一般大于100Ω）。

d. 敷设测量导线。把所有编号导线与测点一一对应焊好，另一端拉到测站位置，绑好捆牢。测量导线的长短与测站的设立位置有关，所以测站设置时要尽可能考虑优化（尽量不用过长导线）。

全部测点接线完成之后，调试仪器，逐点检查，对质量不好的测点，要查出原因予以更正，必要时重新贴片。

e. 防潮。野外条件下温度、湿度影响比较大，要注意及时采取防潮措施。短期使用时可用无水凡士林或703胶等；长期使用情况要用专门配制的防护剂，如环氧树脂掺稀释剂和固化剂。

② 变形测量准备

变形测量包括挠度、支座位移、桥塔水平位移等内容，凡是考虑要布置测点的地方，都要做必要的准备，怎样准备往往与具体采用的测量方法有关。

4）其他准备

① 桥上画停车线。按方案排定的工况，用醒目涂料或油漆在桥面行车道上画停车线，停车线要画得清楚、醒目。

② 如要测裂缝，须在试验梁上画格子线，一般先在试件上刷一层薄薄的石灰水，然后画格子线（格子线不宜太密）。

③ 运营中的桥梁作荷载试验会遇到交通问题，试验前要统筹好桥上交通和桥下航道的管制问题。试验如在夜间进行，要做好照明准备工作。

3. 试验荷载

（1）试验控制荷载的确定

对于城市桥梁静力荷载试验的控制荷载选用，应符合下列规定：

1）鉴定性荷载试验的控制荷载应按原设计荷载或目标荷载选用；对结构检测和检算后认定承载能力不足的桥梁，可降低控制荷载等级。

2）常规桥梁验收性荷载试验的控制荷载应采用现行行业标准《城市桥梁设计规范》CJJ 11 规定的汽车和人群荷载标准值；当设计另有规定时，应从其规定。

3）特大桥或结构体系复杂桥梁的验收性荷载试验，其控制荷载宜通过内力或变位计算值与设计值核验后确定。

（2）试验荷载确定

根据《城市桥梁检测与评定技术规范》CJJ/T 233—2015 的规定：实际试验的工况荷载和加载位置可采用荷载试验效率进行控制。静力荷载试验效率应按下式计算：

$$\eta_s = \frac{S_{\mathrm{stat}}}{S_k(1+\mu)} \tag{13-3}$$

式中 η_s——静力荷载试验效率，对验收性荷载试验，其值应大于或等于 0.85，且不得大于 1.05；对鉴定性荷载试验，其值应大于或等于 0.95，且不得大于 1.05；

S_{stat}——在静力试验的实际工况荷载作用下，控制截面的最大内力或变位计算值；

S_k——在静力试验的实际工况荷载作用下，控制截面的最大内力或变位计算值；

μ——设计冲击系数。

4. 加载试验

加载试验是整个实桥静载试验的核心内容，也是对试验准备工作的考核。

实桥静载试验宜选在昼夜温差小的阴天或温差小的时段进行，同时宜布置适量的温度测点，空载时量测结构温度场的变化，同时观测结构温度变化对测点应变及变位的影响；对不具有温度补偿能力的传感器测点，应在同一温度场中设置无应力补偿测点，在加载过程中观测受力测点测值变化的同时，扣除无应力补偿测点的测值变化。加载试验过程如下。

（1）静载初读数

静载初读数是指试验正式开始时的零荷载读数，不是准备阶段调试仪器的读数。从初读数开始整个测试系统就开始运作，测量、读数记录人员进入状态各司其职。

(2) 加载

正式加载试验前，宜对试验结构预加载，预加载的荷载宜取 1~2 级分级荷载。

试验荷载应分级施加，逐级增加到最大试验荷载，然后逐级或一次性卸载至零。加载级数应根据试验荷载总量和荷载分级增量确定，可分成 3~5 级。

加载过程中，应保证非控制截面内力或位移不超过控制荷载作用下的最不利值；当试验条件限制时，附加控制截面可只进行最不利加载。

加载时间间隔应满足结构反应稳定的时间要求。应在前一荷载阶段内结构反应相对稳定、进行了有效测试及记录后方可进行下一荷载阶段。当进行主要控制截面最大内力（变形）加载试验时，分级加载的稳定时间不应少于 5min；对尚未投入营运的新桥，首个工况的分级加载稳定时间不宜少于 15min。

(3) 加载控制

应根据各工况的加载分级，对各加载过程结构控制点的应变（或变形）、薄弱部位的破损情况等进行观测与分析，并与理论计算值对比。当试验过程中发生下列情况之一时，应停止加载，查清原因，采取措施后再确定是否进行试验：

1) 控制测点应变值已达到或超过计算值。
2) 控制测点变形（或挠度）超过计算值。
3) 结构裂缝的长度、宽度或数量明显增加。
4) 实测变形分布规律异常。
5) 桥体发出异常响声或发生其他异常情况。
6) 斜拉索或吊索（杆）索力增量实测值超过计算值。

(4) 卸载读零

一个工况结束，荷载退出桥面。各测点读回零值，同样要有一个稳定过程。

试验加卸载要求稳定后读数，实际要观测结构残余变形或残余应变，当结构变形或应变在卸载后不能正常回复时，反映的可能是结构承载能力不足或其他原因，需要仔细分析。

(5) 重复加载要求

试验过程中必须时时关心几个控制点数据的情况，一旦发现问题（数据本身规律差或仪器故障等）要重新加载测试。对一些特大桥的主要加载工况，一般也要求重复加载。

5. 试验数据整理与分析

(1) 试验资料的修正：

测试数据应根据仪器设备的检定或校准结果进行修正。当出现下列情况时，应对测试数据进行补偿修正。

1) 当温度变化对测试数据的预估影响大于或等于最大测量绝对值的 1% 时，应按下式进行温度补偿修正：

$$\Delta S = \Delta S' - \Delta t \cdot K_t \tag{13-4}$$

式中　ΔS——温度修正后的测点加载测值；

$\Delta S'$——温度修正前的测点加载测值；

Δt——观测事件段内的温度变化（℃）；

K_t——空载时温度上升1℃时测点测值变化量。

2) 当采用电阻应变式传感器测量，但未采用六线制长线补偿时，应按下列公式对实测应变值进行导线电阻修正：

半桥测量时 $$\varepsilon = \varepsilon' \cdot \left(1 + \frac{r}{R}\right) \tag{13-5}$$

全桥测量时 $$\varepsilon = \varepsilon' \cdot \left(1 + \frac{2r}{R}\right) \tag{13-6}$$

式中　ε——修正后的应变值；

　　　ε'——温度修正前的测点加载测值；

　　　r——导线电阻（Ω）；

　　　R——应变计电阻（Ω）。

3) 当支点发生沉降时，支点沉降修正量应按下式计算：

$$C = \frac{l-x}{l} \cdot a + \frac{x}{l} \cdot b \tag{13-7}$$

式中　C——测点的支点沉降修正量；

　　　l——A支点到B度测点到A支点的距离；

　　　a——A支点沉降量；

　　　b——B支点沉降量。

(2) 各测点变位（挠度、位移、沉降）与应变的计算：

1) 测点位移或应变可按下列公式计算：

$$S_t = S_l - S_i \tag{13-8}$$

$$S_e = S_l - S_u \tag{13-9}$$

$$S_p = S_t - S_i = S_u - S_i \tag{13-10}$$

式中　S_t——试验总荷载作用下测量的结构总位移（或总应变）值；

　　　S_e——试验总荷载作用下测量的结构弹性位移（或应变）值；

　　　S_p——试验总荷载作用下测量的结构残余位移（或应变）值；

　　　S_i——加载前的测值；

　　　S_l——加载达到稳定时的测值；

　　　S_u——卸载后达到稳定时的测值。

2) 测点的相对残余位移（或应变）可按下式计算：

$$\Delta S_p = \frac{S_p}{S_t} \tag{13-11}$$

式中　ΔS_p——相对残余位移（或应变）；

　　　S_p、S_t——意义同前。

(3) 结构校验系数的计算：

为了评定结构整体受力性能，需对桥梁荷载试验结果与理论分析值进行比较，以检验新建桥是否达到设计要求的荷载标准或者判断旧桥的承载能力。为了良好描述试验值与理论分析值比较的结果，引入结构校验系数：

$$\eta = \frac{S_e}{S_s} \tag{13-12}$$

式中　　S_e——试验荷载作用下量测的弹性变位（或应变）值；

S_s——试验荷载作用下的理论计算变位（或应变）值。

（4）试验数据处理时，宜根据测试内容绘制下列加载工况下的试验图表：

1）荷载与控制测点的实测变位或应变的关系曲线。

2）实测变位或应变沿桥纵向和横向的变化曲线。

3）测点实测变位或应变与相应计算值的对照表及其关系曲线。

4）结构出现裂缝后典型裂缝的形态随试验荷载增加的变化开展图。

6. 试验报告

（1）试验报告应包括下列基本内容：

1）委托单位名称。

2）桥梁的概况，包括工程的名称、地点和建造年代，桥梁的类型、结构形式、跨径布置、横向布置、荷载等级和设计车速。

3）试验目的、依据、内容及方法。

4）试验的日期及时间。

5）仪器设备及其测量准确度，变形观测系统及其观测级别。

6）结构承载能力评定。

（2）试验报告应包括下列试验情况的描述：

1）试验桥跨的加载工况照片。

2）加载前结构外观状态、病害现状的描述。

3）控制荷载的选用，不同试验加载工况时的等效荷载、荷载布置及对应的荷载效率。

4）试验中出现的异常情况描述。

（3）试验报告应包括下列测试成果：

1）控制界面各测点的变位或应变校验系数、相对残余变位或相对残余应变。

2）结构典型裂缝的形态随试验荷载增加的变化开展情况。

3）各试验加载工况下控制测点的变位或应变随试验荷载的变化曲线。

13.3　桥梁动载试验

桥梁是承受动荷载的结构物，当车辆荷载以一定速度行驶在桥上，桥梁结构便产生振动，桥面凹凸不平或发动机颤抖等原因会使振动加剧。此外，人群荷载、强风或地震的作用也会引起桥梁产生振动。所以，我们不仅要研究桥梁结构本身的动力特性，还要研究由车辆移动荷载引起的车致振动以及其他动力响应等。桥梁动载试验是实现上述关注或研究的一个重要手段。

桥梁动载试验主要包括主体结构自振特性试验、行车动力响应试验以及振动法测试索力试验。开展桥梁静载试验时，宜同时进行动载试验。动载试验所采用的测试方法和仪器设备均较静力加载试验复杂，测试技术要求相对也要高一些。

1. 仪器设备

桥梁结构振动的测试仪器包括测振传感器、放大器、记录和分析设备等几大部分。

（1）测振传感器

测振传感器具有把振动物理量（位移、加速度等）转化成电量的功能，它的性能直接关系到是否能真实反映原振动参数，所以在整个测振系统中测振传感器的作用非常重要。它的基本原理是，由惯性质量、阻尼和弹簧组成一个动力系统，这个动力系统固定在振动体上，即传感器外壳固定在振动体上与振动体仪一起振动。通过测量惯性质量相对于传感器外壳的运动，就可以得到振动体的振动（图13-14）。测振传感器除了要通过惯性质量、弹簧和阻尼

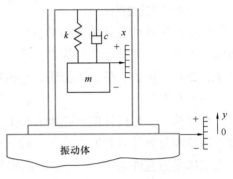

图13-14 测振传感器力学原理

系统感受振动外，还要将感受到的振动信号通过各种方式转换成电信号，其转换方式有磁电式、压电式、电阻应变式等。

（2）测振放大器

测振放大器的种类很多，其输入和输出特性、频响特性等往往都是根据测振传感器而定，将传感器信号真实地放大、输出又能适应各种下一级仪器要求。如磁电式传感器通常只要求匹配带有微积分电路的电压放大器，以便求得速度、加速度等力学量；压电式加速度计因为它的输出阻抗相当高，一般配电荷放大器，但大质量的压电式加速度计因已在传感器内部实施了阻抗变换，所以可直接接电压放大器。总之，放大器选用应注意与测振传感器的匹配性能。

（3）滤波器

在测试系统中，测振传感器拾取的信号一般会有比较宽的频带，有时也会包含许多与测量无关的信号（噪声）成分。滤波器能够提取感兴趣的频率并去掉那些噪声信号，即可以使信号中有用的成分通过，滤去不需要的成分。桥梁测振中最常用的是低通滤波器，有时也用带通滤波器。

现在一些测振放大器，把滤波器置于放大器前端并与放大器集为一体的"滤波放大器"，其低通滤波频率可以设到很低（1Hz）很细。测振时，先把测振传感器感应的信号按需要的频率进行滤波，再把获取的感兴趣的低频信号进行放大，这对提高超低频信号的信噪比很有用处。使用该类"滤波放大器"要注意低通滤波频率的设置。和传统信号处理（在放大器后做低通滤波）频率可反复调试不一样，使用该类放大器时，现场一经设置、测量，所采集到的数据频率上限（即低通滤波频率）不可再变，故有漏测感兴趣频率的风险。

（4）信号分析处理设备

20世纪90年代前后，一些国外进口的专用信号分析处理设备曾被广泛应用于振动测试。它们以快速傅立叶（FFT）变换为核心，对振动信号进行采集、分析。随着计算

机软硬件技术的发展，现在便携式动态信号采集分析系统的使用已十分普及。它们方便地将信号采集、显示记录和处理分析功能集合在一起。操作界面友好，使用和携带都十分方便。目前早已商品化的国内动态信号采集分析系统的性能和价格均优于国外同类产品。

2. 桥梁自振特性测试

桥梁自振特性测试主要是对桥梁结构的自振频率、阻尼比和振型的测试。根据激振方法的不同，其测试方法分为自振法、共振法和随机激振法。根据激振源不同有环境激振法、跑车余振法、跳车激振法、起振机激振法以及人工激励法。

（1）自振法

给结构一个初位移或初速度使结构产生振动，因结构的自振特性只与它本身的刚度、质量和材料等固有形式有关，故无论施加何种方式的力、初位移或初速度大小（当然在结构受力允许条件下），只要求能够激发起结构的振动并能够测到结构的自由振动衰减曲线。通过对该曲线的分析处理可以得到一些自振特性参数。

能使桥梁产生自由振动的方法很多，撞击、跳车、突然释放等（只要求给结构一个瞬态激振力），实际做起来，这一类方法比较活，往往根据不同的要求因地制宜。如为测竖向振动可采用跳车、撞击等方法；为测横向或扭转振动可采用突然释放、撞击等方法，见图 13-15。

现场测试前，测试仪器要先行调好，特别是放大器的衰减挡要得当，以保证仪器能够记录到完整的瞬态响应信号；此外，同样工况一般要求重复几次以利数据分析。

实测自由振动衰减曲线的典型形状如图 13-16 所示，通过对它的分析可以求出频率、阻尼和振型等参数。

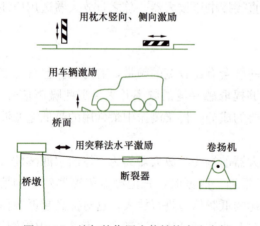

图 13-15 施加外作用力使结构产生自振

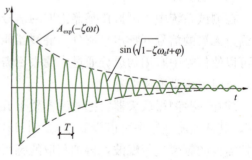

图 13-16 自由振动衰减曲线

自振法的优点是激励形式可以多变，比较容易实现，对于一些只要求得到结构基本频率或其他较低阶频率是很方便的，对测试仪器的要求也不高，所得到的频率（特别是基频）对应的阻尼比也比较准确。

（2）共振法

实桥强迫振动法通常是利用激振器械对结构进行连续正弦扫描，根据共振效应，当扫描频率与结构的某一固有频率相一致时，结构振幅会明显增大，用仪器测出这一过程、绘出频率-幅值曲线（共振曲线），通过曲线得到结构的自振特性参数。

把激振器按要求安装在桥上，根据理论计算得到的期望值对桥梁结构进行扫描激振，同时记录下扫描过程中的输出幅值。把它与相应的频率分别作为纵、横坐标，画出如图13-17所示的曲线。

强迫振动法在测频率、阻尼的同时，还可对桥梁的振型进行测量。当桥梁结构在其某一共振频率上产生共振时，总对应着一个主振型，此时只要在桥上布置足够的测点，同时记录它们在振动过程中的幅值和相位差就可分析得到所要求的振型曲线。

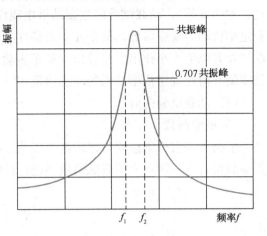

图13-17 共振曲线

强迫共振法的优点是方法可靠、激出来的自振特性参数精度比较高。对实桥试验来说，它最大的缺点是激振设备和器械庞大，搬装费时费力，所以国内实桥振动试验极少采用。日本为得到桥梁可靠的阻尼比，大跨径桥梁一般都用大型激振器作振动试验。

（3）随机激振法

随机激振是利用外界各种自然因素（如地脉动、风、水流等）形成的微小不规则的脉动引起桥梁结构产生振动现象的一种激振方法，在桥梁的动载试验中，常用载重车队以由低到高的不同速度驶过桥梁，使桥梁产生不同程度的强迫振动。在若干次运行车辆荷载试验中，当某一行驶速度产生的激振力的频率与结构的固有频率相接近时，结构便产生共振现象，此时结构各部位的振动响应达到最大值。当车辆驶离桥跨以后，结构作自由衰减振动，这时可由记录到的波形曲线分析得到结构的动力特性。

对于大跨径悬吊结构，如悬索桥、斜拉桥桥跨结构、塔墩以及具有分离式拱肋的大跨径下承式或中承式拱桥，可利用结构由于外界各种因素所引起的微小且不规则的振动来确定结构的动力特性。这种微振动通常称为"脉动"，它是由附近的车辆、机器等振动或附近地壳的微小破裂和远处的地震传来的脉动所产生。

结构的脉动有一重要特性，就是它能明显地反映出结构的固有频率。由于结构的脉动是因外界不规则的干扰所引起的，因此它具有各种频率成分，而结构的固有频率的谐量是脉动的主要成分，在脉动图上可以直接量出。如果在结构不同部位同时进行检测，记录在同一纸上，读出同一瞬时各测点的振幅值，并注意它们之间的相位关系，则可分析得到某一固有频率的振型。

在桥梁结构的正常运营条件下，经常地作用于结构上的动力荷载是各类车辆荷载，在进行桥梁的动载试验中，首先应考虑采用车辆荷载作为试验荷载，以便确定桥梁在使用荷载作用下的动力特性和响应。对需要考虑风动荷载或地震荷载的桥梁，应结合桥梁的结构形式作进一步的研究。

3. 桥梁动载试验

桥梁动载试验主要是测定桥梁在车辆荷载等作用下的动力参数（如动应力、动挠度、加速度等），动载试验的数据结果也能作结构动力特性分析。从测试技术的角度看，测定结构动力反应参数，就是在动力特性测试方法的基础上，进一步对所测信号的时程曲线及其峰值大小作出定量分析。如车辆动载试验中，可以实测桥梁结构的动应变、动挠度值并由此确定桥梁结构的动态增量。

(1) 动载试验内容

1) 试验荷载

根据《城市桥梁检测与评定技术规范》CJJ/T 233—2015 规定：动力试验工况荷载和加载位置可采用动力荷载试验效率进行控制。动力荷载试验效率应按下式计算：

$$\eta_d = \frac{S_{dyn}}{S_k} \tag{13-13}$$

式中 η_d ——动力荷载试验效率，其值宜取高值，但不得大于 1；
  S_{dyn} ——在动力试验的实际工况荷载作用下，控制截面的最大内力或变位计算值；
  S_k ——控制荷载作用下，控制截面的最不利内力或变位计算值。

一般情况下，一辆或几辆载重车（实桥动载试验时，即使是特大型桥梁，也都采用一辆或几辆载重车作为动载试验荷载）很难满足式（13-13）要求的加载效率，当然它可能适用于那些一辆或几辆载重车能满足设计控制荷载效应的小桥。所以，实桥上（和静载试验不同）将设计控制荷载模拟成（能使结构控制截面产生最大内力或变形的）试验动荷载会有难度。

2) 加载方式

根据《城市桥梁检测与评定技术规范》CJJ/T 233—2015 规定，实桥动力响应试验工况包括下列主要内容。

① 无障碍行车（跑车）试验

宜采用接近运营条件的重载车以不同车速过桥，跑车速度宜按下列方式选取：

当车速不大于 10km/h 时，宜按 5km/h 间隔递增选取。

当车速大于 10km/h 时，宜按 10km/h 间隔递增选取并直至设计车速。

② 有障碍行车（跳车）试验

跳车试验可在预定激振位置设置 10~15cm 高垫木或三角块，斜边朝向汽车。一辆满载重车以后轮越过垫木或三角块落下。

③ 制动（刹车）试验

刹车试验的车速宜取 30~50km/h，刹车部位应为结构动态响应较大的位置。

加载车可以是单辆，也可以两辆或多辆，两辆或多辆加载时应要求车辆保持同速同步。加载过程中，发现车辆明显偏位或车速明显不对或多辆车不同步等情况，应重新加载。

(2) 动载试验过程

动载试验过程如图 13-18 所示。

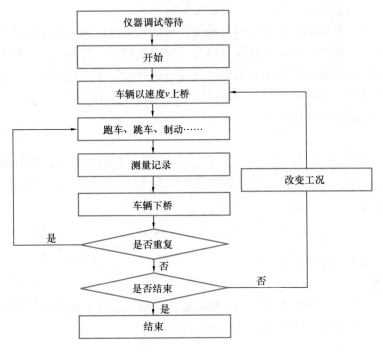

图 13-18 动载加载试验过程框图

1) 仪器调试

所有仪器设备在准备阶段应已调试完毕,要考虑好记录的具体方法。如使用动态电阻应变仪,必须根据估计应变的大小确定增益、标定值范围等,调整记录速度和记录幅值等。如采用计算机动态数据采集系统直接采样、记存,其增益、标定值等条件设置大同小异,只是更方便而已。

2) 车辆控制

要控制好车辆上下桥车速、位置和时间。要协助驾驶员准确控制好行车速度,注意每次上桥的行车路线,对一些大跨度桥梁,还要确定车辆行驶到各个断面时的位置信息。

3) 测试记录

① 跑车

跑车测试的目的是判别不同车行速度下桥梁结构的动态响应(如位移或应力的动态增量和时程曲线),还可以分析出动态响应与车速之间的关系。

② 跳车

跳车试验的作用是模拟桥面不平整状况下重车过桥所产生的动态效应。

③ 制动

车辆以一定速度行进,到规定位置突然紧急制动,记录此制动时的动态响应时程曲线。

④ 实时在线车辆荷载作用

相当于桥梁日常或特殊运营情况下的实时监测,主要测试峰值交通量或特殊车辆作用下的结构动态时程曲线、响应峰值或动态增量等。

动载试验中，要特别注意仪器的正确操作和信号实时控制。防止信号中断或幅值超限，发现信号记录明显出错或被遗漏等情况，应重新加载。另外，在各种不同工况中应抓住主要内容，如要求记录结构动态响应的完整过程时，重点记录信号的完整性；而只为确定动态增量时，则要求能记录到响应信号的峰值及其附近部分。

（3）动载试验数据整理与分析

1）动应变

如图 13-19 所示，最大动应变 ε_{max} 是最大正应变，它的度量可由前置放大器的标定值按比例换算，如 ε_{max} 为测值，相应的仪器峰值为 H_{max}，为（与仪器标值 H_x 对应的）标定值，则可得

$$\varepsilon_{max} = \varepsilon_x \frac{H_{max}}{H_x} \tag{13-14}$$

最小负应变 ε_{min} 的确定也一样。

2）动挠度

如图 13-20 所示，最大动挠度 Y_{max} 是叠加在相应静载挠度曲线上的波峰值，它的度量可以根据标定值得到，其原理和动应变一样。

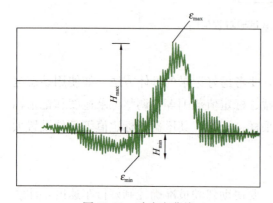

图 13-19 动应变曲线

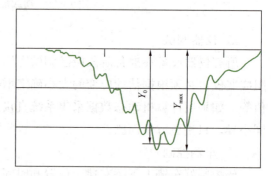

图 13-20 动挠度曲线

3）动态增量和冲击系数

动态增量（动力增大系数）定义为最大动挠度与最大静挠度之比，或最大动应力与最大静应力之比。冲击系数则为最大动挠度与最大静挠度之差比最大静挠度的值，或为最大动应力与最大静应力之差比最大静应力的值。根据图 13-21 和图 13-22，可按下面公式确定动态增量和冲击系数。

挠度动态增量：
$$\phi_Y = \frac{Y_{max}}{Y_0} \tag{13-15}$$

应变动态增量：
$$\phi_\varepsilon = \frac{\varepsilon_{max}}{\varepsilon_0} \tag{13-16}$$

式中 Y_0、ε_0 ——分别为动荷载相应静荷载作用下测点的最大挠度和应变。

冲击系数：
$$\mu = \frac{Y_{max} - Y_0}{Y_0} \tag{13-17}$$

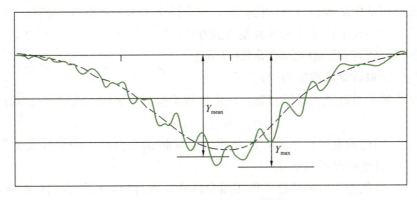

图 13-21　典型动挠度时程曲线

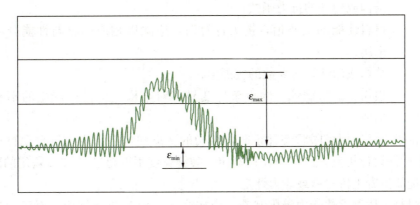

图 13-22　实测得到的动力响应时程曲线

或
$$\mu = \frac{\varepsilon_{max} - \varepsilon_0}{\varepsilon_0} \tag{13-18}$$

试验和研究表明，动态增量与桥梁固有频率、结构的阻尼、车行速度、车辆数以及桥面平整度等都有关系。大量实桥试验表明：即使在桥面平整情况下，由于共振原因，最大动态增量也会发生在基频为 2.5~4Hz 的桥梁上。动态增量与行车速度不一定呈正比关系，对此不同桥梁结构有不同的结果。有的在低速时动态增量比较大，有的动态增量随车速的提高而提高，有的（如大跨径斜拉桥）这种关系则不明显；一般情况下，单辆车的动态增量会大于多辆车；而桥面平整与否，对动态增量的影响极大。不进行全面动态测试，各种因素很难量化、分析。

实际公路桥梁的冲击系数一直是国内外学者研究的热点之一，目前对一些实桥动力响应参数（如试验冲击系数、车致振动加速度等）的定量评估尚缺乏标准或规范。

13.4　桥梁实际承载能力评定

对于城市桥梁结构实际承载能力的评定一般采用两种方法：一种是适用于大多数在用桥梁的，通过桥梁结构检测，结合结构验算评定桥梁承载能力的方法。另一种是荷载试验法，这种方法也是确定新建或在用桥梁承载能力最直接、有效的方法。

本节先介绍基于结构检查和结构验算，评定桥梁实际承载能力的方法，然后介绍通过荷载试验，如何确定桥梁实际承载能力的方法。

1. 基于桥梁结构检测和结构验算的承载能力评定

（1）圬工结构桥梁承载能力评定

圬工结构桥梁承载能力极限状态，应根据桥梁检测结果按下式进行技术评定：

$$\gamma_0 S \leqslant R(f_m, a_m, f_{ad}) \tag{13-19}$$

式中 γ_0 ——结构的重要性系数，对新建桥梁应根据城市桥梁的设计安全等级确定，其他情况可取 1.0；

S ——承载能力极限状态下作用组合的效应设计值，应符合现行行业标准《公路桥涵设计通用规范》JTG D60—2015 的规定；

$R(\cdot)$ ——结构或构件的抗力函数；

f_m ——材料性能的实测值，抗力计算时，应除以相应的材料性能分项系数后采用；

a_m ——结构或构件几何参数的实测值；

f_{ad} ——损伤、钢筋锈蚀、约束条件变异等对结构或构件所产生的不利影响附加值。

圬工桥梁正常使用极限状态评定时，结构的变形和构造评定应符合现行行业标准《公路圬工桥涵设计规范》JTG D61 的规定，裂缝宽度不得超过表 13-2 规定的限值。

（2）配筋混凝土桥梁承载能力评定

配筋混凝土桥梁承载能力极限状态，应按式（13-19）进行评定。对已发生钢筋锈蚀的钢筋混凝土构件承载能力进行评定时，应计入钢筋锈蚀导致的钢筋截面减少和粘结力退化的综合影响，对钢筋截面进行折减。截面折减系数按表 13-3 确定。

裂缝宽度限值　　　　表 13-2

结构类别	裂缝部位	限值（mm）	附加要求
钢筋混凝土梁	主筋附近竖向裂缝	0.25	—
	腹板斜向裂缝	0.30	—
	组合梁结合面	0.50	不得贯通结合面
	横隔板与梁体端部	0.30	—
	支座垫石	0.50	—
全预应力混凝土梁	梁体竖向裂缝	不允许	—
	梁体横向裂缝	不允许	—
	梁体纵向裂缝	不允许	—
A 类预应力混凝土梁	梁体竖向裂缝	不允许	—
	梁体横向裂缝	不允许	—
	梁体纵向裂缝	不允许	—
B 类预应力混凝土梁	梁体竖向裂缝	0.15	—
	梁体横向裂缝	0.15	—
	梁体纵向裂缝	0.20	—

续表

结构类别	裂缝部位			限值（mm）	附加要求
砖、石、混凝土拱	拱圈横向			0.30	裂缝在垂直方向的投影高度应小于截面高的50%
	拱圈纵向			0.50	裂缝长度应小于1/8跨径
	拱波与拱肋结合处			0.20	—
墩台	墩台帽			0.30	
	墩台身	经常受侵蚀性水的影响	有筋	0.20	不得贯通墩台身截面的50%
			无筋	0.30	
		常年有水，但无侵蚀性影响	有筋	0.25	
			无筋	0.35	
		干沟或季节性有水河流		0.40	
		有冻结作用部分		0.20	

钢筋混凝土的钢筋截面折减系数　　　　　　　　　　　　表 13-3

缺损程度评定	截面折减系数 ξ_s
完好	$0.98 < \xi_s \leq 1.00$
轻微	$0.95 < \xi_s \leq 0.98$
中等	$0.90 < \xi_s \leq 0.95$
严重	$0.80 < \xi_s \leq 0.90$
危险	$\xi_s \leq 0.80$

配筋混凝土桥梁正常使用极限状态承载能力评定时，应符合下列规定：

1）预应力混凝土构件抗裂性能应符合现行行业标准《公路钢筋混凝土及预应力混凝土桥涵设计规范》JTG 3362—2018 的规定。

2）采用作用频遇组合并考虑长期作用影响计算的挠度值，不得大于表 13-4 规定的限值；长期作用影响应按现行行业标准《公路钢筋混凝土及预应力混凝土桥涵设计规范》JTG 3362 的规定取值。

3）桥梁正常使用阶段的结构刚度变化，可通过计算挠度值与设计挠度值的比较进行评价。

4）采用现行行业标准《公路钢筋混凝土及预应力混凝土桥涵设计规范》JTG 3362—2018 规定的作用组合计算的裂缝宽度，不得超过表 13-2 规定的限值。

挠度限值　　　　　　　　　　　　表 13-4

桥梁类型		挠度限值
钢筋圬工拱桥		一个桥跨范围内正负挠度的最大绝对值之和不大于 $L/1000$
钢筋混凝土与预应力混凝土桥	梁桥主梁跨中	$L/600$
	梁桥主梁悬臂端	$L/300$
	桁架、拱	$L/800$
	斜拉桥预应力混凝土主梁	$L/500$
	悬索桥预应力混凝土加筋梁	$L/500$

续表

桥梁类型		挠度限值
钢桥	简支梁或连续桁架	$L/500$
	简支梁或连续板梁	$L/500$
	斜拉桥钢主梁	$L/400$
	悬索桥钢加劲梁	$L/250$

注：L 为简支梁、桁架、拱、斜拉桥或悬索桥的计算跨径。

（3）钢结构桥梁承载能力评定

钢结构桥梁承载能力评定，应符合下列规定：

1）承载能力极限状态下，钢结构或构件的承载力、稳定性和疲劳性能评定，应符合现行行业标准《公路钢结构桥梁设计规范》JTG D64—2015 的规定。

2）正常使用极限状态下，按现行行业标准《公路钢结构桥梁设计规范》JTG D64—2015 规定的作用组合计算的挠度值，不得超过本规范表 13-4 规定的限值。

（4）钢结构桥梁承载能力评定

拉索、吊索、系索的抗拉承载力应符合下式要求：

$$\frac{T_c}{A_j} \leqslant f_d \tag{13-20}$$

式中 T_c——采用作用的基本组合与偶然组合分别计算的索力值（N），偶然作用应计入索的更换、断裂、裹冰等偶然工况影响，当恒载作用下计算的索力值小于实测索力值时，恒载作用下的计算索力值取实测索力值；

A_j——计入损伤影响后索的实际面积（mm²）；

f_d——拉索、吊索、系索的抗拉强度设计值（N/mm²）。

拉索、吊索、系索的疲劳性能评定，宜按现行行业标准《公路钢结构桥梁设计规范》JTG D64—2015 的规定执行。

2. 基于荷载试验的承载能力评定

《公路桥梁承载能力检测评定规程》JTG/T J21—2011 中规定：当检算的作用效应与抗力效应的比值为 1.0～1.2 时，应通过荷载试验评定桥梁承载能力。这主要是考虑按规范检算时材质参数取值留有一定的安全储备，在保证桥梁安全的前提下，为充分发挥桥梁的承载能力，对作用效应大于抗力效应且在 20% 以内的桥梁，可通过荷载试验进一步评定其实际承载能力。

荷载试验的结果必须非常明确地表明，桥梁是否具有承受达到正常使用极限状态或承载能力极限状态作用荷载的能力。

通过试验荷载作用下结构或构件控制断面变形和应力实测值与对应理论计算值的分析和比较，得到变形和应力校验系数。这个校验系数的大小显然与桥梁实际结构的承载能力大小有关，所以可以用以评估试验桥梁的实际承载能力（图 13-23）。

（1）桥梁结构校验系数

试验荷载作用下，结构主要控制断面或构件控制测点的弹性变形或应力实测值与对应理论计算值的比值，以校验系数 η 的形式表示：

$$\eta = \frac{S_e}{S_s}$$

式中 S_e——试验荷载作用下量测的弹性变位（或应变）值；

S_s——试验荷载作用下的理论计算变位（或应变）值。

校验系数 η 是反映结构工作状态的一个重要指标。实际工程上总是取各控制断面或最不利受力（如简支梁跨中下缘受拉应力）测点值进行计算，并作为整桥校验系数的控制值。简单理解：校验系数小于1，说明桥梁结构实际强度或刚度有安全储备；大于1，则表明强度或刚度不足。但实际桥梁的 η 值因不同桥型、桥跨，或不同材质，差别较大。如有些钢结构桥梁，由于材质稳定、计算准确（附加刚度或质量影响小），其应力校验系数会十分接近。所以，主要应从实测值与对应计算值比较的思路和方法上理解。一方面，校验系数的大小肯定与桥梁结构实际承载能力有关；另一方面，结构校验系数与实测值和计算值关系都很直接。这实际意味着，当出现偏小或偏大的时候，除了要确认实测值的可靠性外，还应核实结构尺寸、材料性能以及计算方法和结果是否正确。

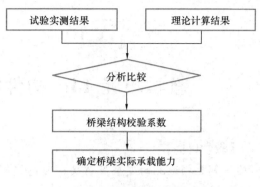

图 13-23　由荷载试验结果确定桥梁承载能力的过程

（2）实桥承载能力评定

对于荷载试验结果，《城市桥梁检测与评定技术规范》CJJ/T 233—2015 中规定：当出现下列情况之一时，应判定桥梁承载能力不满足要求：

1）主要测点静力荷载试验校验系数大于1。

2）主要测点相对残余变位或相对残余应变超过 20%。

因为按对桥梁进行荷载试验的条件是检算的作用效应大于抗力效应且在 20% 以内，此检算结果已经预判了被测桥梁的承载能力有不满足要求的可能性。所以，如荷载试验的结果控制断面的校验系数仍大于1，那就应评定桥梁承载能力不满足要求。而相对残余变位或相对残余应变过大，表明桥梁结构在试验荷载作用下有较大的不可恢复的部位或应变，使结构的实际状况偏不安全，所以可直接依据试验结果判定承载能力不满足要求。

【复习思考】

1. 简述静态荷载试验的基本原理。
2. 简述动态荷载试验的基本原理。
3. 桥梁荷载试验前的准备工作有哪些？
4. 桥梁动力特性参数有哪些？用什么方法来测定？
5. 桥梁动载试验的加载方式有哪些要求？
6. 简述桥梁实际承载能力评价的方法。

教学单元 14 构件材质状况无损检测

【教学目标】

了解无损检测的发展及意义;熟悉钢筋锈蚀电位检测的机理,掌握半电池电位法测试钢筋锈蚀的方法与步骤,熟悉钢筋锈蚀电位的判定标准;熟悉碳化深度检测的机理,掌握碳化深度检测的方法与步骤,熟悉碳化深度检测的判定标准;熟悉混凝土结构厚度的测试方法,掌握冲击回波法测试混凝土厚度的原理,掌握IE系统测试混凝土厚度的步骤及方法,熟悉数据的整理计算;掌握混凝土中钢筋分布及保护层厚度的检测;熟悉混凝土结构内部缺陷的检测方法;掌握混凝土裂缝的检测方法及步骤。能够了解无损检测的意义;能够熟练利用半电池电位法测试钢筋的锈蚀;能够比较熟练地测试混凝土的碳化深度;能够理解冲击回波法的原理,能够利用IE系统测试混凝土的厚度,并能进行结果的计算及分析;能够比较熟练地测试钢筋分布及保护层的厚度;能够熟练运用无损检测的方法测试混凝土的内部缺陷及裂缝。

【案例引入】

混凝土出现裂缝十分普遍,许多钢筋混凝土结构的破坏都是从裂缝开始的,裂缝的深度对判断结构损伤程度、明确裂缝成因有非常重要的意义。

某桥梁使用8年后出现裂缝(图14-1),众所周知一旦混凝土桥梁中出现了桥梁裂缝,那么遇到相对湿润的环境,桥梁裂纹里的二氧化碳和水泥中的氢氧化钙、硅酸三钙、硅酸二钙就会在相互作用下转变为碳酸盐,进而中和水泥的碱性,其后果就是会致使桥梁的混凝土碱度下降,最终造成桥梁钢筋的纯化膜受到损坏,引起钢筋锈蚀进而威胁到桥梁结构的安全。

图 14-1 某桥梁裂缝现象

为了不影响桥梁的使用性能,采用无损检测中的相位反转法对裂缝深度进行检测,以便得到最佳的裂缝处置方案。

14.1 无损检测概述

早在 20 世纪 30 年代，人们就着手探讨工程结构无损检测技术。其中，主要探讨的内容之一就是针对混凝土结构的无损检测。1948 年，第一台回弹仪在瑞士科学家施密特（E. Schmidt）的主导下研制成功；1949 年，超声脉冲被成功用于混凝土的检测；20 世纪 60 年代，声速、回弹综合法被弗格瓦洛（I. Facaoaru）提出用来推算混凝土强度；20 世纪 80 年代中期，弹性波（也称为机械波）反射法被美国的 Mary Sansalone 等用来进行混凝土无损检测；20 世纪 90 年代以来，国外在混凝土无损检测这方面的研究工作方兴未艾。值得一提的是，随着社会进步与科技的发展，无损检测技术（如红外谱、脉冲回波、微波吸收、雷达扫描等）也取得了突破性的进展。常用的强度推定及内部缺陷检测被用于更深入的领域，且其应用功能也由事后质量检测，发展到了事前的质量控制评估。

工程无损检测的发展历经以下几个阶段：

第一阶段，无损探伤（Non Destructive Inspect，简写 NDI）：主要用于对结构内部的缺陷、损伤进行探测。

第二阶段，无损测试（Non Destructive Test，简写 NDT）：除了对结构内部的缺陷、损伤进行探测外，还对材料的性质、构件的几何尺寸、位置等进行测试。

第三阶段，无损评估（Non Destructive Evaluate，简写 NDE）：在上述无损测试（NDT）的基础上，增加了对结构质量、安全、健康状态的评估等功能。

工程无损检测技术的发展速度快慢不定，但由于工程建设的巨大需求，它始终具有较强的生命力。与钻孔取芯等破损检测技术相比，无损检测技术具有以下优点：

（1）低成本、高效率，适用于普遍性检测，从而提高了结构检测的代表性和检测覆盖率。

（2）对结构损伤小，不影响结构的耐久性、强度等。

（3）可以通过连续的定点检测，判断测试对象的劣化趋势和速度，达到对结构进行监测的目的。

由于具有上述优点，无损检测技术的应用日益广阔。检测项目从混凝土结构强度、缺陷等检测发展到对有效预应力、锚杆锚固质量、基桩健全性等的检测，检测领域延伸至建筑、大坝、桥梁、隧道、道路、铁路、港口等几乎所有的工程领域。

14.2 钢筋锈蚀电位的检测与判定

随着钢筋混凝土结构规范要求越来越高，目前钢筋混凝土耐久性问题已引起广泛重视，在使用过程中就出现的种种影响使用功能、危及结构安全的问题，越来越引起人们的广泛关注，而这些问题的出现，较多是结构耐久性出现问题所致。我国是发展中国家，现正处于基础设施建设的高峰时期，在不断提高建筑速度、高度、强度的同时，建筑的品质也应不断提高，减少使用过程中高昂的维修费用，避免高成本重复建设，是当前建筑行业实施可持续发展战略的关键所在。影响钢筋混凝土结构耐久性的因素是多方面的，随着工业污染及建筑结构的老化，钢筋锈蚀问题越来越突出，直接影响到结构物的安全使用。了解混凝土中钢筋的锈蚀机理、影响原因和钢筋锈蚀检测方法，有利于提高钢筋混凝土结构的耐久性，延长使用寿命。

1. 混凝土中钢筋锈蚀机理

钢筋锈蚀是影响钢筋混凝土结构耐久性的一个重要因素。我们知道钢筋锈蚀是一个电化学过程，然而电化学过程的起始与发展还取决于许多复杂的因素，一些工程技术人员往往不重视或不甚了解这些因素的作用原理与钢筋锈蚀的密切关系，甚至在设计、施工及使用过程中增加一些不利的人为因素，使结构物过早出现腐蚀问题。此外，一切防护措施，均应在全面分析和了解影响钢筋锈蚀的各种因素的基础上制订和实施，才能达到预期的效果。

以硅酸盐水泥为例，详细介绍混凝土中钢筋表面钝化膜的破坏与腐蚀半电池的形成机理。硅酸盐水泥在水化过程中产生一定的碱性化合物：

$$2[3CaO \cdot SiO_2] + 6H_2O \rightarrow 3CaO \cdot 2SiO_2 \cdot 3H_2O + 3Ca(OH)_2$$

$Ca(OH)_2$一部分溶解于混凝土的液相中，使混凝土 pH 为 13～14，另一部分则沉淀于混凝土的微孔中，处于强碱环境中的钢筋，其表面生成致密氧化膜，使钢筋处于钝化状态，同时混凝土对钢筋也起着物理保护作用。

但是从热力学的角度来看，钢筋的钝化是不稳定的，钝化状态的保持具有一定的条件，一旦条件改变，钢筋便会由钝化状态向活化状态转变。

混凝土内部一般会分布着许多连续且贯通的毛细孔隙，水泥水化反应完后这些毛细孔隙被水泥水化过程中所产生的自由水和固体 $Ca(OH)_2$ 所填充。但是随着时间的推移，暴露在空气中的混凝土，会逐渐释放出一部分自由水，其原来占有的孔隙空间就会被空气所填补，但是由于空气中含有大量的 CO_2 和酸性气体，它们进入混凝土孔隙后便会与混凝土中的碱性成分发生反应，空气中的 CO、SO_2、SO_3 等酸性气体能中和混凝土中的 $Ca(OH)_2$，方程式如下：

$$CO_2 + Ca(OH)_2 \rightarrow CaCO_3 + H_2O$$

$$SO_2 + Ca(OH)_2 \rightarrow CaSO_3 + H_2O$$

$$SO_3 + Ca(OH)_2 \rightarrow CaSO_4 + H_2O$$

以上是混凝土碳化的机理。混凝土碳化会使得混凝土的 pH 降低，当 pH 小于 11 时，混凝土中钢筋表面的致密钝化膜就被破坏，不仅如此，$CaSO_3$、$CaSO_4$ 还会与水泥水化产物中的铝酸三钙反应，生成物体积增大，从而使混凝土胀裂，这就是硫酸盐侵蚀破坏。常说的碱性集料反应或者叫碱性反应破坏机理，也与此相似。当混凝土中的碱浓度超过一定临界值后，集料中的微晶和隐晶硅等活性矿料就会起化学反应而生成一种凝胶，而这种凝胶往往是吸水膨胀的，一旦混凝土遭受水的侵蚀，就使凝胶膨胀，从而产生过高的内应力，导致混凝土胀裂，这样一来就加快了混凝土的表面剥落。

一旦钢筋表面钝化膜局部破坏或变得致密度差，即不完整，则钝化膜处就会形成阳极，而周围钝化膜完好的部位构成阴极，从而形成了若干个微电池。虽然有些微电池处于抑制状态，但在一定条件下可以激化，从而使其处于活化状态发生氧化还原反应，这样就造成钢筋的锈蚀，宏观上混凝土和握裹其中的钢筋形成半电池，而我们也正是通过检测以上所述的处于活化状态的钢筋锈蚀半电池电位来判断当下混凝土内的钢筋锈蚀的活化程度。

2. 半电池电位法

（1）检测机理

半电池电位法是指利用混凝土中钢筋锈蚀的电化学反应引起的电位变化来测定钢筋锈蚀状态。"Cu+CuSO$_4$饱和溶液"形成的半电池与"钢筋+混凝土"形成的半电池构成一个全电池系统。由于"Cu+CuSO$_4$饱和溶液"的电位值相对恒定，因而混凝土中钢筋因锈蚀产生的化学反应将引起全电池的变化。混凝土中钢筋的活化区（阳极区）和钝化区（阴极区）显示出不同的腐蚀电位，钢筋在钝化时，腐蚀电位升高，电位偏正；由钝态转入活化态（锈蚀）时，腐蚀电位降低，电位偏负。因此，电位值可以评估钢筋锈蚀状态。此方法主要针对半电池电位法检测混凝土中钢筋锈蚀状况的原理，规定仪器的使用方法、检测方法和判定标准的应用方法。

14-1 钢筋锈蚀性状的检测

（2）适用范围

钢筋锈蚀状况检测范围应为主要承重构件或承重构件的主要受力部位，或根据一般检查结果有迹象表明钢筋可能存在锈蚀的部位。用于估测现场和试验室硬化混凝土中无镀层钢筋的半电池电位，测试与这些钢筋的尺寸和埋在混凝土中的深度无关，可以在混凝土构件使用寿命中的任何时期使用。

此方法用于检测混凝土中钢筋的锈蚀活化程度。已经干燥到绝缘状态的混凝土或已发生脱空层的混凝土表面，测试时不能提供稳定的电回路，不适用本方法。对特殊环境，如海水浪溅区、处于盐雾中的混凝土结构等，不具有普遍适用性。电位的测量需由有经验的、从事结构检测的工程师或相关技术专家完成并解释，除了半电池电位测试之外，还有必要使用其他数据，如氯离子含量、碳化深度、层离状况、混凝土电阻率和所处环境调查等，以掌握钢筋腐蚀情况及其对结构使用寿命可能产生的影响。

3. 测量装置

（1）参考电极（半电池）

1）由参与反应的刚性有机玻璃管、一只通过毛细作用保持湿润的多孔塞、一个处在刚性管里饱和硫酸铜溶液中的紫铜棒构成。

2）"Cu+CuSO$_4$"参考电极温度系数为 0.9mV/℃。

（2）二次仪表的技术性能要求

1）测量范围大于 1000mV。

2）准确度优于 0.5%F.S.±1mV。

3）输入电阻大于 $10^{10}\Omega$。

4）仪器使用环境条件：环境温度 0～40℃；相对湿度≤95%。

（3）导线

导线总长不应超过 150m，一般选择截面积大于 0.75mm^2 的导线，以使在测试回路中产生的电压降不超过 0.1mV。

(4) 接触液

为使 $Cu+CuSO_4$ 电极与混凝土表面有较好的电接触,可在水中加适量的家用液态洗涤剂对被测表面进行润湿,减小接触电阻与电路电阻。

(5) 使用情况

在使用接触液后仍然无法得到稳定的电位差时,应分析是否因电回路的电阻过大或是附近存在与桥梁连通的大地波动电流,如果存在以上情况,则不应使用半电池电位法。

4. 测试方法

(1) 测区的选择与测点布置

1) 钢筋锈蚀状况检测范围应为主要承重构件或承重构件的主要受力部位,或根据一般检查结果有迹象表明钢筋可能存在锈蚀的部位。但测区不应有明显的锈蚀胀裂、脱空等现象。

2) 在测区上布置测试网格,网格节点为测点,网格间距可选 20cm×20cm、30cm×30cm 或者 20cm×10cm 等,根据构件尺寸而定,测点位置距构件边缘应大于 5cm,一般不宜少于 20 个测点。

3) 当一个测区内相邻测点的读数超过 150mV 时,通常应减小测点的间距。

4) 测区应统一编号,注明位置,并描述外观情况。

(2) 混凝土表面处理

用钢丝刷、砂纸打磨测区混凝土表面,去除涂料、浮浆、污迹、尘土等,并用接触液将表面润湿。

(3) 二次仪表与钢筋的电连接

1) 现场检测时,"$Cu+CuSO_4$"电极一般接二次仪表的正输入端,钢筋接二次仪表的负输入端。

2) 局部打开混凝土或选择裸露的钢筋,在钢筋上钻一小孔并拧上自攻螺钉,用加压型鳄鱼夹夹住并润湿,按要求的测试系统连接方法进行连接,确保有良好的电连接。若在远离钢筋连接点的测区进行测量,必须用万用表检查内部钢筋的连续性,如不连续,应重新进行钢筋的连接。

3) "$Cu+CuSO_4$"参考电极与测点的接触。

测量前应预先将电极前端多孔塞充分浸湿,以保证良好的导电性,正式测读前应再次用喷雾器将混凝土表面润湿,但应注意被测表面不应存在游离水。

(4) "$Cu+CuSO_4$"电极的准备

饱和硫酸铜溶液由硫酸铜晶体溶解在蒸馏水中制成。当有多余的未溶解硫酸铜结晶体沉积在溶液底部时,可以认为该溶液是饱和的。电极铜棒应清洁,无明显缺陷;否则,需用稀释硅酸溶液清洁铜棒,并用蒸馏水彻底冲净。硫酸铜溶液应注意更换,保持清洁,溶液应充满电极,以保证电连接。

(5) 测量值的采集

测点读数变动不超过 2mV,可视为稳定。在同一测点,同一支参考电极重复测读的差异不应超过 10mV;不同参考电极重复测读的差异不应超过 20mV。若不符合读数稳定要求,应检查测试系统的各个环节。

5. 影响测量准确度的因素及修正

混凝土含水率对测值的影响较大，测量时应保证构件处在自然干燥状态。为提高现场评定钢筋状态的可靠度，一般要进行现场比较性试验。现场比较性试验通常按已暴露钢筋的锈蚀程度，在它们的周围分别测出相应的锈蚀电位。比较这些钢筋的锈蚀程度和相应测值的对应关系，提高评判的可靠度，但不能与有明显锈蚀胀裂、脱空、层离现象的区域比较。若环境温度在 (22±5)℃ 范围之外，应对铜/硫酸铜电极作温度修正。此外，各种外界因素产生的波动电流对测量值影响较大，特别是靠近地面的测区，应避免各种电、磁场的干扰。混凝土保护层电阻对测量值有一定影响，除测区表面处理要符合规定外，仪器的输入阻抗要符合技术要求。

6. 钢筋锈蚀电位的一般判定标准

（1）在对已处理的数据（已进行温度修正）进行判读之前，按惯例将这些数据加上负号，绘制等电位图，然后进行判读。

（2）按照表 14-1 的规定判断混凝土中钢筋发生锈蚀的概率或钢筋正在发生锈蚀的锈蚀活化程度。

混凝土桥梁钢筋锈蚀电位评定标准　　　　　　　　　表 14-1

电位水平（mV）	钢筋状况	评定标度
≥−200	无锈蚀活动性或锈蚀活动性不确定	1
(−200, −300]	有锈蚀活动性，但锈蚀状态不确定，可能坑蚀	2
(−300, −400]	有锈蚀活动性，发生锈蚀概率大于90%	3
(−400, −500]	有锈蚀活动性，严重锈蚀可能性极大	4
<−500	构件存在锈蚀开裂区域	5

注：① 量测时，混凝土桥梁结构或构件应为自然状态。
　　② 表中电位水平为采用铜/硫酸铜电极时的量测值。

14.3　混凝土碳化深度的检测与评定

1. 混凝土碳化概述

混凝土的碳化是混凝土所受到的一种化学腐蚀。空气中的 CO_2 气体渗透到混凝土内，与其碱性物质起化学反应后生成碳酸盐和水，使混凝土碱度降低的过程称为混凝土碳化，又称作中性化，其化学反应式为：

$$Ca(OH)_2 + CO_2 = CaCO_3 + H_2O$$

水泥在水化过程中生成大量的 $Ca(OH)_2$，使混凝土空隙中充满了饱和氢氧化钙溶液，其碱性介质对钢筋有良好的保护作用，使钢筋表面生成难溶的 Fe_2O_3 和 Fe_3O_4，称为钝化膜（碱性氧化膜）。碳化后使混凝土的碱度降低，当碳化超过混凝土的保护层时，在水与空气存在的条件下，就会使混凝土失去对钢筋的保护作用，钢筋开始生锈。可见，混凝土碳化作用一般不会直接引起其性能的劣化，对于素混凝土，碳化还有提高混凝土耐久性的效果，但对于钢筋混凝土来说，碳化会使混凝土的碱度降低，同时，增加混凝土孔溶液中的氢离子数量，因而会使混凝土对钢筋的保护作用减弱。

影响混凝土碳化速度的因素是多方面的。首先，影响较大的是水泥品种，因不同的水泥中所含硅酸钙和铝酸钙盐基性高低不同；其次，影响混凝土碳化主要还与周围介质中 CO_2 的浓度高低及湿度大小有关，在干燥和饱和水条件下，碳化反应几乎终止，所以这是除水泥品种影响因素以外的一个非常重要的原因；在渗透水经过混凝土时，石灰的溶出速度还将决定于水中是否存在影响 $Ca(OH)_2$ 溶解度的物质，如水中含有 Na_2SO_4 及少量 Mg^{2+} 时，石灰的溶解度就会增加，如水中含有 $Ca(HCO_3)_2$ 和 $Mg(HCO_3)_2$ 对抵抗溶出侵蚀则十分有利。因为它们在混凝土表面形成一种碳化保护层。另外，混凝土的渗透系数、透水量、混凝土的过度振捣、混凝土附近水的更新速度、水流速度、结构尺寸、水压力及养护方法与混凝土的碳化都有密切的关系。

对于混凝土碳化破坏的防治，主要有以下措施：

首先是在施工中应根据建筑物所处的地理位置、周围环境，选择合适的水泥品种。对于水位变化区以及干湿交替作用的部位或较严寒地区选用抗硫酸盐普通水泥，冲刷部位宜选高强度水泥。

其次是分析骨料的性质，如酸性骨料与水、水泥的作用对混凝土的碳化有一定的延缓。

最后要选好配合比，适量的外加剂，高质量的原材料，科学的搅拌和运输，及时的养护等各项严格的措施，可以减少渗流水量和其他有害物质的侵蚀，以确保混凝土的密实性。除此之外，若建筑物地处环境恶劣的地区，宜采取环氧基液涂层，保护效果较好，对建筑物地下部分在其周围设置保护层，用各种熔注液浸注混凝土，如：用熔化的沥青涂抹。若建筑物发生了混凝土碳化，最好采用环氧材料修补，若碳化深度较大，可凿除混凝土松散部分，洗净进入的有害物质，将混凝土衔接面凿毛，用环氧砂浆或细石混凝土填补，最后以环氧基液作涂基保护。

2. 检测方法

钢筋锈蚀电位测试结果表明，应对可能存在钢筋锈蚀活动的区域（表14-1，钢筋锈蚀电位评定标度值为3、4、5）进行混凝土碳化深度测量。另外，碳化深度的检测也是混凝土强度检测中需要进行的一项工作。

混凝土碳化状况的检测通常采用在混凝土新鲜断面喷洒酸碱指示剂，通过观察酸碱指示剂颜色变化来确定混凝土碳化深度的方法。

3. 检测步骤

碳化深度检测时，测区位置的选择原则可参照钢筋锈蚀自然电位测试的要求，若在同一测区，应先进行保护层和锈蚀电位、电阻率的测量，再进行碳化深度及氯离子含量的测量，具体检测步骤如下。

(1) 测区及测孔布置

1) 测区应包括锈蚀电位测量结果有代表性的区域，同时能反映不同条件及不同混凝土质量的部位，结构外侧面应布置测区。

2) 测区数不应少于3个，测区应均匀布置。

3) 每一测区应布置3个测孔，3个测孔应呈"品"字排列，孔距根据构件尺寸大小确定，但应大于2倍孔径。

4) 测孔距构件边角的距离应大于 2.5 倍保护层厚度。

（2）形成测孔

1) 用冲击钻在测点位置钻孔，要求冲击钻的钻头直径为 20mm。
2) 成孔后用圆形毛刷将孔中碎屑、粉末清除，露出混凝土新茬。
3) 将测区测孔统一编号，并绘出示意图。

（3）碳化深度的测量

1) 检测前配制好指示剂（酚酞试剂）：5%的酒精溶液与白色酚酞粉末配置成浓度为 1%~3%的酚酞溶剂，装入喷雾器备用，溶剂应为无色透明的液体。
2) 将酚酞指示剂喷到测孔壁上。
3) 待酚酞指示剂变色后，用测深卡尺测量混凝土表面至酚酞变色交界处的深度，准确至 1mm。酚酞指示剂从无色变为紫色时，混凝土未碳化，酚酞指示剂未改变颜色处的混凝土已碳化。

（4）数据整理

1) 将测量结果标注在测区、测孔布置图上。
2) 将测量值整理列表，应列出最大值、最小值和平均值。

4. 碳化深度检测结果的评定

混凝土碳化深度对钢筋锈蚀影响的评定，可取构件的碳化深度平均值与该类构件保护层厚度平均值之比 K_c，并考虑其离散情况，参考表 14-2 对单个构件进行评定。

混凝土碳化评定标准　　　　　　　　　　　　　表 14-2

K_c	评定标度
<0.5	1
[0.5, 1.0)	2
[1.0, 1.5)	3
[1.5, 2.0)	4
≥2.0	5

14.4　混凝土结构厚度检测

对于混凝土结构来说，保证其结构尺寸与设计一致是非常重要的。桥梁预制空心板的顶、底、腹板以及地下结构的衬砌等均可能出现与设计值不符的现象。梁板厚度不足，会降低梁板顶面的承载力。目前，预制梁板的施工多采用一次性浇筑成型的施工工艺，内模固定不牢、控制内膜上浮的压杠布置不当和混凝土振捣时因挤压力的作用使内模上浮，造成板梁底面超厚和顶板厚度不足。梁板顶板局部厚度除两端部分以外在实际检查中又是很难发现和量测的，尤其是梁板的跨中部分，往往是顶板最薄的部分，当荷载集中时，梁板顶板无法承受集中荷载而破坏，进而造成桥面破坏。因此，对于混凝土结构厚度的检测是非常有必要的。

测试梁板厚度的方法主要有两类：对于仅有一面露出（如基础、隧道和地下结构的衬砌）的结构，应采用冲击弹性波反射或雷达法从露出面检测；对于两侧面露出，且钢筋不十分密集的板型结构（如楼板），可采用电磁衰减的方法，从板的两端对测。这里主要介绍冲击弹性波法测混凝土结构的厚度。

1. 冲击弹性波

冲击弹性波是指通过人工锤击、电磁激振等物理方式，诱发弹性结构表面产生弹性变形所产生的弹性波。冲击弹性波厚度检测适用范围为 0.05~2m，龄期不少于 14d，且抗压强度不小于 15MPa 的钢筋及预应力混凝土构件。

（1）基本原理

在结构表面激发冲击弹性波（图 14-2），通过测试其在结构底部反射的时间 T 和材料的冲击弹性波波速 V_c，可测试结构的厚度 H，即

$$H = V_c \cdot \frac{T}{2} \quad (14\text{-}1)$$

式中 H——混凝土构件厚度（m）；
V_c——实测 P 波波速（m/s）；
T——冲击回波传播时间（s）。

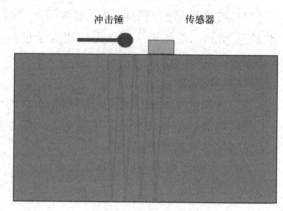

图 14-2 冲击锤激振示意图

（2）单一反射法

当测试对象较厚，激振信号与反射信号能够分离时，可以直接得到反射时间 T，该方法的关键在于从测试信号中识别并抽出反射信号。此外，为了进一步提高对反射时间 T 的提取精度，以及同定波速 V_c，还可以采用 CDP 重合法、TAR（真振幅回归）等方法。

（3）重复反射法（冲击回波法）

当测试对象较薄，激振信号与反射信号不能很好分离时，通过频谱分析的方法可以算出一次反射的时间（即周期），据此即可测出对象的厚度。该方法也称 E 法（冲击回波法）。

冲击回波法的测试技术具有如下特点：

1）可单面测试。与楼板厚度测试仪需要在楼板的上下两面对测相比，该方法可在一个作业面上进行测试。不仅提高了测试效率，而且可适用于隧道、基础、底板等各类结构。

2）测试范围广。采用不同的激振波长和方法（单一反射法或 E 法），可测试从数厘米到数米的厚度。

3）测试稳定性较好。影响测试稳定性和精度的重要因素之一为波速。相比电磁波在混凝土中的波速，冲击弹性波的波速变化要小得多，从而有利于提高测试的精度和稳定性。

4）易于获取波速参数。既可以利用已知厚度的地点对波速进行标定，也可以结合设备中对波速的测试方法现场测试波速，而无须钻孔取芯。

薄板结构的振动成分需要尽力避免。底部反射成分、激振引起的自由振动成分和传感器的共振成分的频率相近时，会合成一个频谱，此时最为理想。而激振引起的自由振动成分和传感器的共振成分相近时，会引起明显的伪峰。因此，选用合适的激振方式、

传感器及固定方式都是非常重要的,如图 14-3 所示。

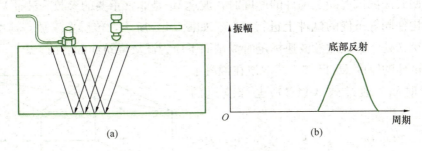

图 14-3　冲击回波法原理

2. 检测流程

用 IE 测试系统检测混凝土厚度的主要步骤如图 14-4 所示。

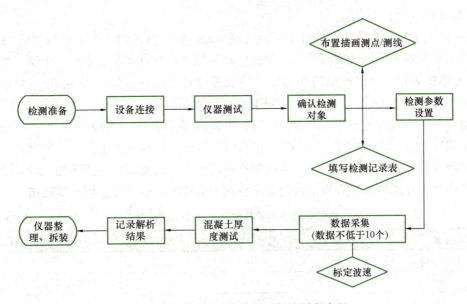

图 14-4　IE 测试系统检测混凝土厚度流程

3. 检测步骤

（1）检测准备

1）清点仪器配件，确认设备配置齐全。

2）选用合适的冲击锤激振，重复测试以确认测定波形的再现性。一般来说，对于厚板，需要选用较大的冲击锤以提高激发能量，对于薄板则需要注意的是，当采用冲击回波法时，激振弹性波的固有波长应当短于测试对象厚度的 2 倍。

3）待测构件表面应干燥并清除其上的污垢和碎屑。当表面不平整时，应使用钢锉、打磨石等处理，正在养护的混凝土不应布置测试点；在混凝土结构表面选择接收传感器及敲击点位置，避开混凝土表面蜂窝、接缝、裂缝等缺陷。测线应与纵向钢筋、横向钢筋成 45°布设；将传感器固定在测试面上，冲击器的冲击点距传感器的距离应小于被测混凝土板厚度。

（2）波速标定

冲击回波法测试混凝土构件的厚度时，波速 V_c 是非常重要的参数。波速 V_c 一般是在跟待测构件同等条件的试件上进行标定。如图 14-5 所示，传感器安放点应为测试对象对角线交叉处。还应注意波速标定时测试面不应为试块浇筑面和底面。

所用试件的厚度 H_0 已知，读取波在混凝土中传播的时间，通过式（14-2）进行波速的计算。

$$V_c = H_0 / \frac{T_0}{2} \qquad (14\text{-}2)$$

式中　　H_0——试件的厚度（m）；

V_c——波速（m/s）；

T_0——波在试件中的反射时间（s）。

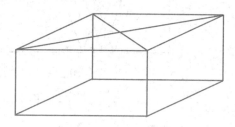

图 14-5　波速标定

（3）厚度检测

1）测点选择。在待测试构件上画出待测区域，每个测区测点不少于 10 个。在测点的选择上尽量避开主筋、表面蜂窝、裂缝等缺陷位置，测点表面应平整、干燥、洁净。

2）数据采集。根据被测构件的设计厚度选择合适的冲击锤（表 14-3），冲击锤的大小对产生的激振弹性波自由振动的频率是有影响的。冲击锤越小，产生的频率越高。通常情况下，当混凝土厚度小于 20cm 时，可以选择 D10 锤；当厚度为 20~40cm 时，宜选用 D17 锤；当厚度大于 40cm 时，宜选用 D30 锤。一般情况下打击对象越硬，冲击锤与被测体间的接触时间越短，产生的频率也越高。冲击点距传感器的距离应小于 0.4 倍构件厚度，传感器宜与混凝土表面受压密贴，必要时，也可使用耦合剂粘结。

典型条件下激振弹性波自由振动的频率　　表 14-3

混凝土强度等级	C20	C30	C40	C50	C60
E_C（GPa）	25.5	30.0	32.5	34.5	36
D6	41.06	43.48	44.71	45.64	46.31
D10	24.64	26.09	26.83	27.38	27.78
D17	14.49	15.35	15.78	16.11	16.34
D30	8.21	8.70	8.94	9.13	9.26
D50	4.93	5.22	5.37	5.48	5.56

3）数据整理，计算结果。用冲击锤敲击构件，采集数据，然后解析出波传播的时间 T，代入式（14-1），即可算出混凝土的厚度。

14.5　混凝土中钢筋分布及保护层厚度的检测

混凝土结构中钢筋位置很大程度上与施工有关，而其又对构件（尤其是受弯构件）的结构性能造成很大的影响。我国现浇混凝土结构施工时钢筋移位是常见的通病。钢筋移位的直接反应是混凝土保护层厚度的变化。保护层变小时，较薄的混凝土层对钢筋的握裹力减弱，会引起锚固性能和预应力传递性能的不足，影响结构抗力。同时，从长远看，保护层过小会引起混凝土碳化、脱钝，促使钢筋的锈蚀加快，影响结构的耐久性和使用年限。钢筋保护层过大，则意味着截面有效高度的减少，对受弯构件的承载力、刚度和裂缝控制性能影响极大。最常见的是负弯矩钢筋移位引起混凝土开裂。

根据现行的《混凝土中钢筋检测技术标准》JGJ/T 152 等进行检测，检测的内容包括间距、保护层厚度等。

1. 钢筋位置检测原理（电磁感应法）

根据电磁场理论，传感器线圈是磁偶极子，当信号源供给交变电流时，它向外界辐射出电磁场；钢筋是一个电偶极子，它接收外界电场，从而产生大小沿钢筋分布的感应电流。钢筋的感应电流重新向外界辐射出电磁场（即二次场），使原激励线圈产生感生电动势，从而使传感器线圈的输出电压产生变化，钢筋位置测定仪正是根据这一变化来确定钢筋所在的位置及其保护层厚度。而且在钢筋的正上方时，线圈的输出电压受钢筋所产生的二次磁场的影响最大。因此在测试中，探头移动的过程中，可以自动锁定这个受影响最大的点，即信号值最大的点。根据保护层厚度和信号之间的对应关系得出厚度值。

电磁感应法适用于浅层钢筋且钢筋不太密集处的位置、保护层厚度的检测。当钢筋间距密集时，仪器接收信号的变化值较小，易造成漏判。一般情况下，钢筋水平间距大于 1.5 倍保护层厚度时，对检测结果无影响；钢筋间距小于保护层厚度时，钢筋越密，仪器示值偏小越多。

2. 钢筋位置及保护层厚度检测流程（图 14-6）

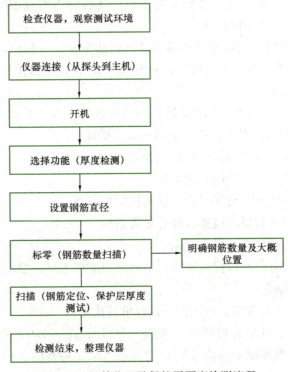

图 14-6　钢筋位置及保护层厚度检测流程

（1）检测准备

查看结构或构件名称以及相应的钢筋设计图纸资料，尤其要查清钢筋保护层设计要求并在原始记录中注明清楚。检查混凝土是否采用带有铁磁性的原材料配制,待检的结构构件中是否有预留管道、金属预埋件等。

根据钢筋设计资料,确定检测区域内钢筋可能分布的状况,选择适当的检测面。检测面应清洁、平整,并应避开金属预埋件、钢筋接头和绑丝,钢筋间距应满足钢筋探测仪的检测要求。

(2) 检测步骤及要点

1) 连接仪器,并开机检查。

2) 设定好钢筋直径,沿垂直于被测钢筋轴线方向移动探头(注意选择对相邻钢筋影响较小的位置)。首先粗略扫描,在听到报警声后往回平移探头,尽量放慢速度(探头前进速度不得超过 20mm/s),且听到第二次声音报警时,信号值会发生变化,如此往复直至保护层厚度值最小,读取指示的保护层厚度,此时探头中心线与钢筋轴线应重合,在相应位置做好标记。每根钢筋的同位置重复检测 2 次,每次读取一个读数。按上述步骤将相邻的其他钢筋位置逐一标出。

3) 同一读取的 2 个保护层厚度值相差大于 1 时,应检查仪器是否偏离标准状态并及时进行调整(如重新调零)。不论仪器是否调整,其前次检测数据均舍弃,在该处重新进行 2 次检测并再次比较,如 2 个保护层厚度值相差仍大于 1mm,则应该更换检测仪器或采用钻孔、剔凿的方法核实。

4) 当实际的保护层厚度小于仪器最小示值时,可以采用附加垫块的方法进行检测。垫块对仪器不应产生电磁干扰,表面光滑平整,其各方向厚度值偏差不大于 0.1mm。所加垫块厚度在计算时应予以扣除。

5) 检测钢筋间距时,应将连续相邻的被测钢筋位置一一标出,不得遗漏,测试的范围不少于 1.5m 且不宜少于 7 根钢筋,分别量出相邻钢筋间的间距,取其平均值作为所测钢筋间距的代表值。

6) 遇到下列情况之一时,应选取至少 30% 的钢筋且不少于 6 处(当实际检测数量不足 6 处时应全部抽取),采用钻孔、剔凿等方法验证:

① 钢筋实际根数、位置与设计有较大偏差。

② 采用具有铁磁性原材料配制的混凝土。

③ 构件饰面层未清除的情况下检测钢筋保护层厚度。

④ 钢筋以及混凝土材质与校准试件有显著差异。

⑤ 认为相邻钢筋对检测结果有影响。

⑥ 钻孔、剔凿的时候不得损坏钢筋,实测采用游标卡尺,量测精度为 0.1mm。

3. 数据处理及结果评定

(1) 计算平均值、均方差、特征值及设计值的比值

根据《公路桥梁承载能力检测评定规程》JTG/T J21—2011 检测构件的钢筋保护层厚度后,应计算实测厚度平均值(X)、均方差(S)、特征值(D_{ne})及特征值与设计值(D_{nd})的比值(D_{ne}/D_{nd})。

$$D_{ne} = X - K_p \times S \tag{14-3}$$

式中 D_{ne}——特征值(mm);

X——实测厚度平均值（mm）；

K_p——判定系数；

S——均方差（mm）。

其中，K_p 按表 14-4 取用。

混凝土钢筋保护层厚度检测点数、判定系数表　　表 14-4

实测厚度点数（n）	10～15	16～24	≥25
判定系数（K_p）	1.695	1.645	1.595

（2）使用特征值与设计值的比值（D_{ne}/D_{nd}）判定混凝土保护层厚度标度

混凝土保护层厚度标度是构件混凝土厚度检测后定性的量度，按表 14-5 进行评定。

钢筋保护层厚度评定标准　　表 14-5

特征值/设计值（D_{ne}/D_{nd}）	对结构钢筋耐久性的影响	评定标度
>0.95	影响不显著	1
(0.85，0.95]	轻度影响	2
(0.70，0.85]	有影响	3
(0.55，0.70]	有较大影响	4
≤0.55	钢筋易失去碱性保护发生锈蚀	5

14.6　混凝土结构内部缺陷的检测

由于混凝土结构在施工或运行期间因振捣、各种应力不均衡等多方面原因，在混凝土内部出现空洞、蜂窝或者材质疏松、裂缝、剥离等现象。这类缺陷将直接影响结构的强度、耐久性、防渗性等，同时也会影响结构的承载力，最终影响结构的安全运行。因此，对于该类缺陷进行必要的检测，对排除影响结构承载力的安全隐患显得尤为重要。

在对结构进行检测时，根据检测作业面的情况，分为适合单面检测的反射法和适合双面检测的透过法；根据检测媒介的不同，分为冲击弹性波、超声波、雷达等方法。这里主要介绍超声法检测混凝土结构内部缺陷。

1. 超声波法检测混凝土缺陷的基本依据和方法

（1）基本依据

1）根据超声波在混凝土中传播时遇到缺陷的绕射现象，按声时和声程的变化来判别和计算缺陷的大小。

2）依据超声波在缺陷界面上的反射，及抵达接收探头时能量显著衰减的现象，来判别缺陷的存在和大小。

3）依据超声波脉冲各频率成分在遇到缺陷时不同程度的衰减，从而造成接收频率明显降低，或接收波频谱与反射波频谱产生差异，来判别内部缺陷。

4）根据超声波在缺陷处波形转换和叠加，造成波形畸变的现象来判别缺陷。

（2）测试方法

用超声法检测混凝土缺陷时，发射和接收换能器与测试面之间应具备良好的耦合状态，发射和接收换能器的连线必须离开钢筋一定距离或与钢筋轴线形成一定夹角，并力求混凝土处于自然干燥状态。

超声法检测混凝土内部缺陷与表层损伤的方法总体上可分为两类：第一类为用厚度振动式换能器进行平面测试；第二类为采用径向振动式换能器进行钻孔测试。

1）第一类平面测试方法

① 对测法：一对发射和接收换能器分别置于被测结构相互平行的两个表面，且两个换能器的轴线位于同一直线上。

② 斜测法：一对发射和接收换能器分别置于被测结构的两个表面，但两个换能器的轴线不在同一直线上。

③ 单面平测法：一对发射和接收换能器置于被测结构的同一表面上进行测试。

2）第二类钻孔测试方法

① 孔中对测：一对换能器分别置于两个对应的钻孔中，位于同一高度进行测试。

② 孔中斜测：一对换能器分别置于两个对应的钻孔中，但不在同一高度，而是在保持一定高程差的条件下进行测试。

③ 孔中平测：一对换能器置于同一钻孔中，以一定高程差同步移动进行测试。

由于混凝土的内部结构复杂，包括粒径、直径不同的集料、钢筋等。利用超声波对混凝土结构进行检测时，超声波的高频信号遇到集料及钢筋时会产生散射现象，因此几乎不能对混凝土的内部缺陷进行检测。但近年来，出现了基于相阵列的超声波检测方法，该方法通过多点激发及多点接收的方式，并结合数字成像的方法对信号进行处理，大幅提高了对缺陷的分辨力。

2. 声学参数测量

（1）一般规定

1）检测前应取得有关资料：工程名称、检测目的与要求、混凝土原材料品种和规格、混凝土浇筑和养护情况、构件尺寸和配筋施工图或钢筋隐蔽图，以及构件外观质量及存在的问题。

2）依据检测要求和测试操作条件，确定缺陷测试的部位（简称"测位"）。测位混凝土表面应清洁、平整，必要时可用砂轮磨平或用高强度的快凝砂浆抹平，抹平砂浆必须与混凝土粘结良好。

3）在满足首波幅度测读精度的条件下，应选用较高频率的换能器。换能器应通过耦合剂与混凝土测试表面保持紧密结合，耦合层不得夹杂泥砂或空气。

4）检测时应避免超声传播路径与附近钢筋轴线平行，如无法避免，应使两个换能器连线与该钢筋的最短距离不小于超声测距的 1/6。

5）检测中出现可疑数据时，应及时查找原因，必要时进行复测校核或加密测点补测。

（2）声学参数测量

1）模拟式超声检测仪测量

① 检测之前应根据测距大小将仪器的发射电压调在某一档，并以扫描基线不产生明显噪声干扰为前提，将仪器"增益"调至较大位置保持不动。

② 声时测量。应将发射换能器（简称"T 换能器"）和接收换能器（简称"R 换能器"）分别耦合在测位中的对应测点上。当首波幅度过低时，可用"衰减器"调节至便于测读，再调节游标脉冲或扫描延时，使首波前沿基线弯曲的起始点对准游标脉冲前沿，读取声时值 t_1（精确至 $0.1\mu s$）。

③ 波幅测量。在保持换能器良好耦合状态时采用下列两种方法之一进行读取。

a. 刻度法：将衰减器固定在某一衰减位置，在仪器荧光屏上读取首波幅度的格数。

b. 衰减值法：采用衰减器将首波调至一定高度，读取衰减器上的分贝值。

④ 主频测量。应先将游标脉冲调至首波前半个周期的波谷（或波峰），读取声时值 t_1（μs），再将游标脉冲调至相邻的波谷（或波峰），读取声时值 t_2（μs），按式（14-4）计算出该点（第 i 点）第一个周期波的主频（精确至 $0.1 kHz$）。

$$f_i = \frac{1000}{t_1 - t_2} \tag{14-4}$$

⑤ 在进行声学参数测量的同时，应注意观察接收信号的波形或包络线的形状，必要时进行描绘或拍照。

2) 数字式超声检测仪测量

① 检测之前根据测距大小和混凝土外观质量情况，将仪器的发射电压、采样频率等参数设置在某一档并保持不变。换能器与混凝土测试表面应始终保持良好的耦合状态。

② 声学参数自动测读：停止采样后即可自动读取声时、波幅、主频值。当声时自动测读光标所对应的位置与首波前沿基线弯曲的起始点有差异或者波幅自动测读光标所对应的位置与首波峰顶（或谷底）有差异时，应重新采样或改为手动游标读数。

③ 声学参数手动测量：先将仪器设置为手动判读状态，停止采样后调节手动声时游标至首波前沿基线弯曲的起始位置，同时调节幅度游标使其与首波峰顶（或谷底）相切，读取声时和波幅值，再将声时光标分别调至首波及其相邻的波谷（或波峰），读取声时差值 $\Delta t(\mu s)$，$1000/\Delta t$ 即为首波的主频（kHz）。

④ 波形记录：对于有分析价值的波形，应予以储存。

3) 混凝土声时值计算

$$t_{ci} = t_i - t_0 \tag{14-5}$$

或

$$t_{ci} = t_i - t_{00} \tag{14-6}$$

式中　t_{ci}——第 i 点混凝土声时值（μs）；

　　　t_i——第 i 点测读声时值（μs）；

　　　t_0、t_{00}——声时初读数（μs）。

当采用厚度振动式换能器时，t_0 应参照仪器使用说明书的方法测得；当采用径向振动式换能器时，t_{00} 可按下述的"时-距"法测得。

使两个径向振动式换能器保持轴线相互平行，置于清水中同一水平高度，两个换能器内边缘间距先后调节在 l_1（如 200mm）、l_2（如 100mm），分别读取相应声时值 t_1、t_2。由仪器及其高频电缆所产生的声时初读数 t_0 应按下式计算：

$$t_0 = \frac{l_1 t_1 - l_2 t_2}{l_1 - l_2} \tag{14-7}$$

用径向振动式换能器在钻孔中进行对测时,声时初读数 t_{00} 应按下式计算:

$$t_{00} = t_0 + \frac{d_2 - d}{v_w} \tag{14-8}$$

用径向振动式换能器在预埋声测管中检测时,声时初读数 t_{00} 应按下式计算:

$$t_{00} = t_0 + \frac{d_2 - d_1}{v_g} + \frac{d_1 - d}{v_w} \tag{14-9}$$

式中 t_{00}——钻孔或声测管中测试的声时初读数（μs）;
  t_0——仪器设备的声时初读数（μs）;
  d——径向振动式换能器直径（mm）;
  d_1——声测孔直径或预埋声测管的内径（mm）;
  d_2——声测管的外径（mm）;
  v_w——水的声速（km/s）,按表 14-6 取值;
  v_g——预埋声测管所用材料的声速（km/s）,用钢管时,$v_g = 5.80$km/s,用 PVC 管时,$v_g = 2.35$km/s;
  l_1——第一次调节换能器内边缘间距（mm）;
  l_2——第二次调节换能器内边缘间距（mm）。

水的声速取值　　　　表 14-6

水温度（℃）	5	10	15	20	25	30
水声速（km/s）	1.45	1.46	1.47	1.48	1.49	1.50

当采用一只厚度振动式换能器和一只径向振动式换能器进行检测时,声时初读数可取该两换能器初读数的平均值。

4) 超声传播距离（简称测距）的测量

当采用厚度振动式换能器对测时,宜用钢卷尺测量 T、R 换能器辐射面之间的距离;当采用厚度振动式换能器平测时,宜用钢卷尺测量 T、R 换能器内边缘之间的距离;当采用径向振动式换能器在钻孔或预埋管中检测时,宜用钢卷尺测量放置 T、R 换能器的钻孔或预埋管内边缘之间的距离。测距的测量误差应不大于±1%。

3. 混凝土不密实区和空洞的检测

混凝土结构在施工过程中,因漏振、漏浆或石子架空在钢筋骨架上,会导致混凝土内部形成蜂窝状不密实或空洞等隐蔽缺陷。检测时,宜先根据现场施工记录和外观质量情况,或者在结构的使用过程中出现了质量问题后,初步判定混凝土内部缺陷的大致位置,或采用大范围的粗测定位方法（大面积扫测）确定隐蔽缺陷的大致位置,然后再根据粗测情况对可疑区域进行细测。检测不密实区和空洞时,构件的被测部位应具有一对或两对相互平行的测试面,测试范围原则上应大于有怀疑的区域,同时应在同条件的正常混凝土区域进行对比测试。一般地,对比测点数不宜少于 20 个。

采用平面测试法和钻孔或预埋管测法时,需注意以下问题:

(1) 当结构被测部位具有两对平行表面时,可采用一对换能器,分别在两对互相平行的表面上进行对测。如图 14-7 所示，先在测区的两对平行表面上分别画出间距为 200～300mm 的网格，并逐点编号，定出对应测点的位置，然后将 T、R 换能器经耦合剂分别置于对应测点上，逐点读取相应的声时 t_i、波幅 A_i 和频率 f_i，并量取测试距离 l_i。

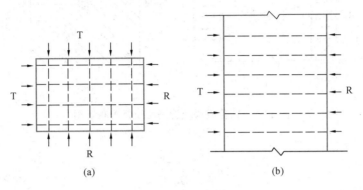

图 14-7 对测法换能器布置
(a) 平面图；(b) 立面图

（2）当结构物的被测部位只有一对平行表面可供测试，或被测部位处于结构的特殊位置时，可采用对测和斜测相结合的方法，换能器在对测的基础上进行交叉斜测，测点布置如图 14-8 所示。

（3）对于大体积混凝土结构，由于其断面尺寸较大，如直接进行平面对测，接收到的脉冲信号微弱，甚至无法识别首波的起始位置，不利于声学参数的读取和分析。为了缩短测试距离，提高检测灵敏度，可采用钻孔或预埋管测法。如图 14-9 所示，在测位预埋声测管或钻出竖向测试孔，预埋管内径或钻孔直径宜比换能器直径大 5～10mm，预埋管或钻孔间距宜为 2～3m，其深度可根据测试需要确定。检测时可用两个径向振动式

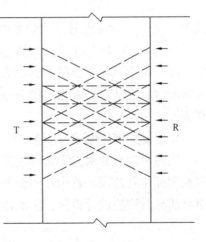

图 14-8 斜测法测缺陷

换能器分别置于两测孔中进行测试，或用一个径向振动式与一个厚度振动式换能器，分别置于测孔中和平行于测孔的侧面进行测试。根据需要，可以将两个换能器置于同一高度，也可以将二者保持一定的高度差，同步上下移动，逐点读取声时、波幅和频率值，并记下孔中换能器的位置。

（4）每一测点的声时、波幅、主频和测距，应按本节所述方法进行测量。

（5）由于混凝土本身的不均匀性，以及混凝土的原材料品种、用量及混凝土的湿度和测距等因素对声学参数值的影响，一般宜采用统计方法进行不密实区和空洞的测定。

（6）测位混凝土声时（或声速）、波幅及频率等声学参数的平均值 m_x 和标准差 s_x，可按下列公式计算：

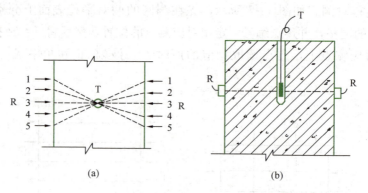

图 14-9 钻孔或预埋管测法换能器布置图
(a) 平面图；(b) 立面图

$$m_{\mathrm{x}} = \frac{1}{n}\sum_{i=1}^{n} x_i \tag{14-10}$$

$$s_{\mathrm{x}} = \sqrt{\frac{\sum_{i=1}^{n} x_i^2 - n \cdot m_{\mathrm{x}}^2}{n-1}} \tag{14-11}$$

式中　x_i——第 i 点某一声学参数的测量值；

n——参与统计的测点数。

（7）声学参数观测值中异常值的判别。当测位混凝土中某些测点的声学参数被判为异常值时，可结合异常测点的分布及波形状况，确定混凝土内部不密实区和空洞的位置和范围。

4. 混凝土结合面质量的检测

用超声法检测两次浇筑混凝土结合面的质量时，应先查明结合面的位置及走向，明确被测部位及范围。若构件的被测部位具有声波垂直或斜穿结合面的测试条件，可采用对测法与斜测法进行检测。换能器的具体布置方法如图 14-10 所示。

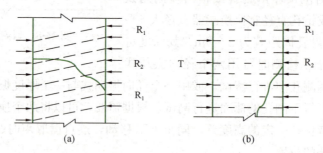

图 14-10　混凝土结合面质量检测示意图
(a) 斜测法；(b) 对测法

（1）测点布置

1）使测试范围覆盖全部结合面或有怀疑的部位。

2）各对 T-R_1（声波传播不经过结合面）和 T-R_2（声波传播经过结合面）换能器连线的倾斜角测距应相等。

3）测点间距应根据被测结构尺寸和结合面的外观质量情况确定，一般为 100～300mm，间距过大易造成缺陷漏检。

（2）声时、波幅和主频率测量

按布置好的测点分别测出各点的声时、波幅和主频率。

（3）数据处理及判定

1）将同一测位各点声速、波幅和主频道分别按式（14-10）和式（14-11）进行统计计算。

2）当测点数无法满足统计法判断时，可将 T-R_2 的声速、波幅等声学参数与 T-R_1 进行比较，T-R_2 声学参数比 T-R_1 显著更低，则该点可判为异常测点。

3）当通过结合面的某些测点的数据被列为异常，并查明无其他因素影响时，可判定混凝土结合面在该部位结合不良。

5. 混凝土表面损伤层的检测

冻害、高温或化学腐蚀会引起混凝土表面层损伤。检测表面损伤层厚度时，被测部位和测点的确定应满足下列要求：根据构件的损伤情况和外观质量选取有代表性的部位布置测位；构件被测部位表面应平整并处于自然干燥状态，且无接缝和饰面层；检测时，为保证检测结果的可靠性，宜作局部破损验证。

（1）测试方法

用超声法检测混凝土表面损伤层厚度的方法大致有两种：一是单面平测法，二是逐层穿透法。

1）单面平测法。此法可应用于仅有一个可测表面的结构，也可应用于损伤层位于两个对应面上的结构或构件。如图 14-11 所示，将发射换能器 T 置于测试面某一点保持不动，再将接收换能器 R 以测距 l_i＝30mm、60mm、90mm……依次置于各点，读取相应的声时值 t_i。每一测位的测点数不得少于 6 个，当损伤厚度较厚时，应适当增加测点数，当构件的损伤层厚度不均匀时，应适当增加测位数量。

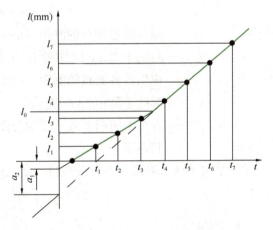

图 14-11　采用平测法检测损伤层厚度示意图

2）逐层穿透法。在损伤结构的一对平行表面上，分别钻出一对不同深度的测试孔，孔径为 50mm 左右，然后用直径小于 50mm 的平面式换能器，分别在不同深度的一对测孔中进行测试，读取声时值和测试距离，并计算其声速值，或者在结构同一位置先测一次声速，然后凿开一定深度的测孔，在孔中测一次声速，再将测孔增加一定深度，再测声速，直至两次测得的声速之差小于 2% 或接近于最大值时为止，如图 14-12 所示。

表层损伤层平测法检测时，宜选用 30～50kHz 的低频厚度振动式换能器。

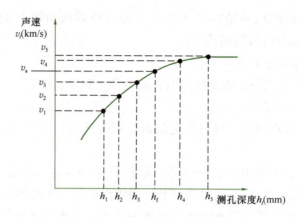

图 14-12 采用逐层穿透法检测损伤厚度的 v-h 曲线

(2) 数据处理及判断

1) 当采用单面平测时,将各测点的声时测值 t 和相应的测距值绘制"时距"坐标图。如图 14-11 所示,由图可求得声速改变所形成的转折点,该点前、后分别表示损伤和未损伤混凝土的 l 与 t 相关直线。用回归分析方法分别求出损伤、未损伤混凝土 l 与 t 的回归直线方程。

损伤混凝土:

$$l_f = a_1 + b_1 t_f \tag{14-12}$$

未损伤混凝土:

$$l_a = a_2 + b_2 t_a \tag{14-13}$$

式中　l_f——损伤前各测点的测距(mm);

　　　t_f——对应于图 14-11 中的 l_1、l_2、l_3 的声时 t_1、t_2、t_3(μs);

　　　l_a——损伤后各测点的测距(mm),对应于图 14-11 中的 l_4、l_5、l_6 和 l_7;

　　　t_a——对应于测距 l_4、l_5、l_6 和 l_7 的声时 t_4、t_5、t_6 和 t_7(μs);

　　　a_1、a_2、b_1、b_2——直线的回归系数,分别为图 14-11 中损伤和未损伤混凝土直线的截距和斜率。

2) 采用单面平测法检测的损伤层厚度 h_f(mm) 可按下式进行计算:

$$L_0 = \frac{a_1 b_2 - a_2 b_1}{b_2 - b_1} \tag{14-14}$$

$$h_f = \frac{l_0(b_2 - b_1)}{2(b_2 + b_1)} \tag{14-15}$$

3) 当采用逐层穿透法检测时,可以每次测量的声速值(v_i)和测孔深度值(h_i)绘制"v-h"曲线,如图 14-12 所示,当声速趋于基本稳定时的测孔深度,便是混凝土损伤层的厚度 h_f。

6. 混凝土匀质性检验

结构混凝土的匀质性一般宜采用平面式换能器进行穿透对测法检测。

检测时,要求被测结构应具备一对相互平行的测试表面,并保持平整、干净。先在两个测试面上分别画出等间距的网格,并编上对应的测点序号,网格的间距大小取决于结构的种类和测试要求，一般为 200～300mm。对于测距较小、质量要求较高的结构，测点间距宜小些，而对于大体积结构，测点间距可适当取大些。

其次，应使 T、R 换能器在对应的一对测点上保持良好的耦合状态，逐点读取声时值 t_i。超声测距的测量方法可根据构件的实际情况确定，如果各测点的测距完全一致，便可在构件的不同部位抽测几次，取其平均值作为该构件的超声测距值 l。当各测点的测距不尽相同（相差≥1%）时，应分别进行测量，有条件时最好采用专用工具逐点测量 l_i 值。

最后，根据被测结构混凝土的"声速 v－强度 R"关系曲线，先计算出被测构件测位处测点换算强度值 R，然后，再计算测位处测点换算强度的平均值 m_R、标准差 S_R 和离差系数（变异系数）C_R。

14.7 混凝土的裂缝检测

1. 混凝土裂缝概述

（1）混凝土裂缝的原因

裂缝是钢筋混凝土结构中常见的现象。混凝土裂缝产生的原因很多，有变形引起的裂缝：如温度变化、收缩、膨胀、不均匀沉陷等原因引起的裂缝；有外载作用引起的裂缝；有养护环境不当和化学作用引起的裂缝等。

1）干缩裂缝。干缩裂缝多出现在混凝土养护结束后的一段时间或是混凝土浇筑完毕后的一周左右。产生的原因最主要是混凝土内部空隙水蒸发变化时引起的毛细管引力。水泥水化产生大量的水化硅酸钙胶体，其具有大量微细孔隙，在干燥条件下，胶体中自由水逐渐蒸发产生毛细管引力，胶体孔隙受到压缩，胶体的体积随着水分的蒸发减少而不断收缩，从而引起混凝土体积收缩。干缩裂缝多为表面性的平行线状或网状线细裂缝，宽度多为 0.05～0.2mm。由于干缩仅发生在表层很浅的地方，显然干缩对混凝土薄壁结构如板、墙等构件影响程度相对较大，干缩裂缝主要和水灰比、水泥的成分、水泥的用量、骨料的性质和用量、外加剂的用量有关。

2）塑性收缩裂缝。塑性收缩是指混凝土在凝结之前，表面因失水较快而产生的收缩。塑性收缩裂缝一般在气温高或大风天气出现，裂缝呈不规则的鸡爪形。其产生的主要原因为：混凝土在终凝前几乎没有强度，或者混凝土刚刚终凝强度很小时，受高温或较大风力的影响使混凝土表面失水过快，造成毛细管中产生较大的负压而使混凝土体积急剧收缩，而这时混凝土的强度又无法抵抗其本身收缩，因此产生龟裂。影响因素主要有水灰比、混凝土的凝结时间、环境温度、风速、相对温度等。

3）沉陷裂缝。沉陷裂缝的产生是结构地基土质不匀、松软，或回填土不实、浸水而造成不均匀沉降所致；或者因为模板刚度不足，模板支撑间距过大或支撑底部松动等所致。此类裂缝多属深进或贯穿性裂缝，一般沿与地面垂直或呈 30°～45°角方向发展，较大的贯穿性沉陷裂缝，往往上下或左右有一定的错位，裂缝宽度往往与沉降值成正比关系，而与温度变化关系不大。地基变形稳定之后，沉陷裂缝也基本趋于稳定。

4）温度裂缝。温度裂缝多发生在大体积混凝土表面或温差变化较大地区的混凝土结构中。混凝土浇筑后，在硬化过程中，水泥水化产生大量的水化热，由于混凝土的体积较大，大量的水化热聚积在混凝土内部不易散发，导致内部温度急剧上升，而表面混凝土散热较快，这样就形成内外较大的温差，然而较大的温差造成热胀冷缩使混凝土表面应力产生一定的拉应力，当拉应力超过混凝土的抗拉强度极限时，混凝土表面就会产生裂缝。温度裂缝的走向通常无规律。大面积结构温度裂缝往往是纵横交错，梁板类温度裂缝多平行于短边，贯穿的温度裂缝，一般与短边平行或接近平行，裂缝宽度一般在0.5mm以下，表面温度裂缝多在施工期间出现，贯穿的温度裂缝在浇筑后经2~3个月或更长时间发生，缝宽是冬季宽夏季变窄，沿截面深度，裂缝多数呈上宽下窄，个别也有下宽上窄，遇顶部和底部配筋较多的结构，也有中间宽、两端梭形的裂缝。此种裂缝的出现会引起钢筋的锈蚀、混凝土的碳化，降低混凝土的抗冻融、抗疲劳及抗渗能力。

5) 化学反应引起的裂缝。碱-骨料反应和钢筋锈蚀引起的裂缝是钢筋混凝土结构中最常见的由于化学反应引起的裂缝，混凝土拌合后会产生一些碱性离子，这些离子与某些活性骨料产生化学反应并吸收周围环境中的水而体积增大，造成混凝土酥松、膨胀开裂。若施工当中混凝土保护层厚度不合格，保护层就会受二氧化碳侵蚀碳化至钢筋表面，使钢筋周围混凝土碱度降低，或由于氯化物介入，钢筋周围氯离子含量较高，均可引起钢筋表面氧化膜破坏。钢筋中的铁离子与侵入到混凝土中的氧气和水分发生锈蚀反应，其锈蚀物氢氧化铁体积比原来增长2~4倍，从而对混凝土产生膨胀应力，导致保护层混凝土开裂、剥离，沿钢筋纵向产生裂缝，并有锈迹渗到混凝土表面，因而结构承载力下降，导致结构破坏。这种裂缝一般出现在使用期间。

(2) 混凝土裂缝形状分类

1) 纵向裂缝。多数平行于混凝土构件底面，顺筋分布，主要是由钢筋锈蚀作用引起的。

2) 横向裂缝。垂直于构件底面，主要是由荷载作用、温差作用引起的。

3) 剪切裂缝。主要是由于竖向荷载或振动位移引起的。

4) 斜向裂缝。八字形或倒八字形裂缝。常见于混凝土墙体和混凝土梁，主要因地基的不均匀沉降以及温差作用引起。

5) X形裂缝。常见于框架梁、柱的端头以及墙面上，由于瞬间的机械撞击作用或者振动荷载作用引起。

6) 各种不规则裂缝。如反复冻融或火灾等引起的裂缝。有直缝及不规则形状裂缝，此种裂缝中间宽并且贯通，两头深度较浅，多发生于混凝土楼板。

(3) 裂缝的危害

1) 影响结构承载力和使用安全性，如大坝裂缝。

2) 影响结构防水性，如房屋裂缝。

3) 影响结构耐久性和使用寿命，如化学侵蚀、冻融循环、碳化、钢筋锈蚀、碱集料反应等都会对混凝土结构产生破坏作用，缩短混凝土寿命。

2. 裂缝检测方法

对混凝土裂缝进行检测时，通常检测"三度、一向、力大小"。"三度"指长度、宽度、深度；"一向"指裂缝发展方向；"力大小"指引起裂缝的应力大小。由于长度检测较为简单（通常使用长度工具如钢尺、卷尺即能解决），在此不再赘述，这里主要介绍裂缝宽度和深度的检测。

（1）裂缝宽度检测

目前最常用的裂缝测宽方法主要有：

1）读数显微镜。裂缝宽度的量测常用读数显微镜，它是由光学透镜与游标刻度等组成的复合仪器。其最小刻度值要求不大于0.05mm。

2）塞尺。用印刷有不同宽度线条的裂缝标准宽度板（裂缝卡）与裂缝对比测量；或用一组具有不同标准厚度的塞尺进行试插对比，刚好插入裂缝的塞尺厚度，即裂缝宽度。

（2）裂缝深度检测

裂缝深度的检测按对混凝土实体的影响可分为有损检测和无损检测两大类。传统的有损检测主要是采用局部凿开法进行检测，必要时可钻取芯样进行验证；无损检测主要有相位反转法、传播时间差法和面波法。

1）相位反转法

当激发的弹性波（包括声波、超声波）信号在混凝土内传播，穿过裂缝时在裂缝端点处产生衍射，其衍射角与裂缝深度具有一定的几何关系。相位反转法正是根据衍射角与裂缝深度的几何关系，来对裂缝深度进行快速测试。将激振点与接收点沿裂缝对称配置，从近到远逐步移动。

当激振点与裂缝的距离与裂缝深度相近时，接收信号的初始相位会发生反转，如图14-13所示。测试过程中只需移动冲击锤或换能器，确定首波相位反转临界点，就可确定混凝土的裂缝深度。

相位反转法与其他混凝土裂缝深度检测方法相比，具有操作简便、无须通过公式计算、简单直观的特点，有较高的实用价值。但是检测过程中受裂缝面的接触、钢筋、水分、溶出物的影响大，要求裂缝内无积水或泥浆，所测试裂缝深度一般不宜过大，30cm以内的裂缝可以用此方法检测。

测区的选择宜符合下列要求：

① 测区应避开混凝土表面蜂窝、结构缝位置。

② 测线应与裂缝走向正交，测点表面应平整。

③ 传感器与锤击点之间只能有一条裂缝，传感器应垂直于检测表面。

采用相位反转法检测时，在裂缝两侧等距离移动冲击锤和换能器，确定首波相位反转临界点，并应把激振点与裂缝位置的距离视为构件裂缝深度。

2）传播时间差法

传播时间差法适合测试混凝土结构物中的开口裂缝。其测试原理是激励产生的弹性波遇到裂缝时，被直接隔断，并在裂缝端部衍射通过。该方法通过测试波在有裂缝位置和没有裂缝的健全部位传播的时间差来推定裂缝深度，如图14-14所示。裂缝深度越大，传播时间差也越长。

传播时间差法又可以分为平测法和斜测法。

① 平测法。将超声波发射探头与接收探头安装在构件同一表面裂缝的同一侧，用

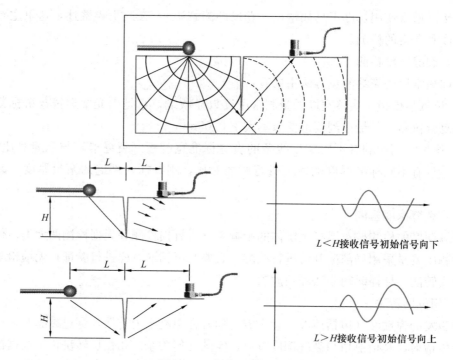

图 14-13 相位反转法原理

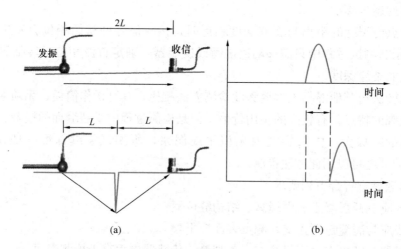

图 14-14 传播时间差法原理

直尺量测发射与接收探头的直线距离 $L(\mathrm{m})$（精确到 mm），量得发射到接收超声波的时间 $T_0(\mu s)$，根据公式（14-16）计算出无裂缝部位混凝土波速 $V(\mathrm{m/s})$。然后将超声波发射探头与接收探头等距离分别放置在裂缝两侧，量测发射探头到接收探头之间的距离 $L(\mathrm{m})$，检测超声波从发射到接收的时间 $T_1(\mu s)$，根据第一步计算出的混凝土波速 V，根据公式（14-17）计算裂缝深度 D，如图 14-15 所示。

$$V = \frac{L}{T_0} \tag{14-16}$$

$$D = \frac{L}{2}\sqrt{\left(\frac{VT_1}{L}\right)^2 - 1} \tag{14-17}$$

式中　　D——裂缝深度（mm）；

　　　　V——波速（m/s）；

　　　　L——发射与接收探头的直线距离（精确到 mm）；

　　　　T_0——无缝平测传播时间（μs）；

　　　　T_1——绕缝的传播时间（μs）。

② 斜测法。对于钢筋混凝土梁上面出现的裂缝进行检测时，可以将发射探头和接收探头分别安装在梁的两个侧面，采用斜测法检测裂缝深度。如图 14-16 所示，共布置 5 对测点，其中，1 号测点的传播路径上没有裂缝，而超声波沿 2 号测点路径传播时遇到裂缝，声波发生绕射，3 号测点的绕射距离更长，根据接收信号，就可以判断裂缝达到的深度。

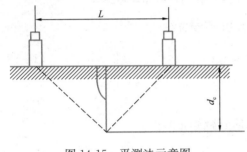

图 14-15　平测法示意图

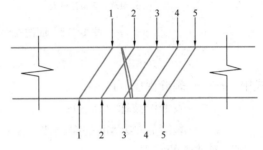

图 14-16　斜测法示意图

3）面波法

面波法是采用 R 波（面波的一种）的衰减特性，来测试混凝土构造物中的裂缝深度。该方法测试范围大，受充填物、钢筋、水分的影响小，特别适合测试较深的裂缝。

① 面波法基本原理

R 波是由于 P 波和 S 波在媒体边界面上相互作用而形成，其传播速度比 S 波稍慢，并主要集中于媒体表面和浅层部分。利用此特点探测裂缝深度，测试效果较理想，如图 14-17、图 14-18 所示。

面波法测试混凝土裂缝深度有以下特点：R 波在媒体表面受冲击所产生的弹性波中，能量最大，信号采集容易；R 波大部分

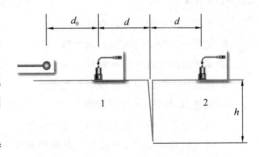

图 14-17　面波法测试裂缝深度示意图

能量主要集中在从表面开始的 1 倍波长的范围内；依存于材料的剪切力学特性，从而对裂缝更为敏感。

② 面波法测试裂缝深度计算公式

R 波在传播过程中所发生的几何衰减和材料衰减，可以通过系统补正，而保持其振幅不变。但是，R 波在遇到裂缝时，其传播在某种程度上被中断，在通过裂缝以后波的能量和振幅会减少。因此，根据裂缝前后的波的振幅的变化（振幅比），便可以推算其深度。

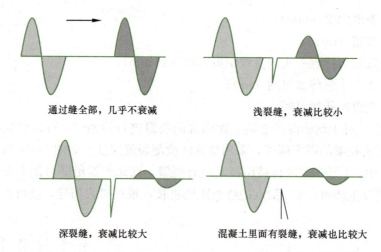

图 14-18 面波在混凝土中的传播特性

$$H = -0.7429\lambda\ln(x) \tag{14-18}$$

式中 H——裂缝深度（mm）；

λ——表面波波速（m/s）；

x——裂缝后/裂缝前的振幅比（需经几何衰减修正）。

③ 面波法的特点

面波法测试裂缝的范围很大，可深至数米，受充填物、水分的影响较小，测试精度高；该方法适合表面波法测试，但不适合狭窄结构，因为表面波受边界条件（如侧壁、边角等）的影响较大；有剥离的场合，会引起板波和振动，导致测试误差大。

【复习思考】

1. 工程无损检测的特点有哪些？
2. 简述半电池电位法的检测机理。
3. 简述混凝土碳化深度测量的方法。
4. 简述冲击弹性波测试厚度的机理。
5. 简述 IE 测试系统检测混凝土厚度的流程。
6. 简述电磁感应法检测钢筋位置的原理。
7. 钢筋位置及保护层厚度的检测流程有哪些？
8. 超声波法检测混凝土缺陷的基本依据有哪些？
9. 混凝土裂缝的原因及种类有哪些？
10. 简述相位反转法测试混凝土裂缝的原理。

参 考 文 献

[1] 吴佳晔. 土木工程检测与测试 [M]. 北京：高等教育出版社，2015.

[2] 龙建旭. 土木工程结构检测与测试 [M]. 北京：人民交通出版社，2017.

[3] 中华人民共和国交通运输部. 公路路基路面现场测试规程：JTG 3450—2019 [S]. 北京：人民交通出版社，2020.

[4] 交通运输部安全与质量监督管理司，交通运输部职业资格中心. 公路水运工程试验检测专业技术人员职业资格考试用书 [M]. 北京：人民交通出版社，2022.